focusing the whole brain

# 全脳革命

## ヘミシンクで無限の可能性を広げ、人生や実生活に役立てよう

ロナルド・ラッセル 編著
坂本政道 監訳 日向やよい 翻訳

ハート出版

FOCUSING THE WHOLE BRAIN by Ronald Russell

Original English language edition published Hampton Roads Publishing

Japanese translation rights arranged with Hampton Roads Publishing Company
through Japan UNI Agency, Inc., Tokyo.

いまから40年以上も前、わたしの父、ロバート・モンローは、自分の初期の研究がこれほどの幅と広がりを持つようになるとは思ってもいませんでした。ロン・ラッセルによって実にみごとに編纂された本書は、非常に実用的な用途から人間の意識のもっとも遠い到達点の探求まで、ヘミシンクの驚くほど幅広い応用範囲を鮮やかに描き出します。父が遺したものに対して、また非常な熱意と献身をもって彼の仕事を受け継いでいる人々に対して、これほどすばらしい贈り物はありません。心からの感謝を捧げます。わたしたちは、ともに手を携えて、世界を変えつつあるのです！

——ローリー・モンロー（1951-2006）前モンロー研究所所長

# 監訳者まえがき――本書の魅力とその役割

坂本　政道（モンロー研究所レジデンシャル・ファシリテーター）

近年、「脳活」という言葉がよく使われるようになってきている。脳の活性化ということだが、脳活に効くというふれ込みで、いくつもの方法が提案され、類書が本屋に氾濫している状況である。それだけ、人々の関心が高いということだろう。

脳は人類にとって宇宙や深海と同様にいまだ解明されていないことが多い領域である。わかっていることのほうが少ないと言われている。

脳をフルに活用できるようになれば、我々人類のもつ能力は格段に飛躍するとまで言われているのだ。

**ヘミシンク**というアメリカ発のオーディオ・ガイダンス技術をご存じだろうか？　特殊な音をステレオヘッドフォンで聴くことで、左右の両脳が同期（シンクロ）した状態へと安全かつ効率的に導く技術である。右脳と左脳がバランスして活動する、いわば全脳状態が導かれる。集中して学習するのに適した状態へも導くことも可能で、これぞ、究極の脳活技術と言ってもよいかもしれない。

ヘミシンクはロバート・モンローにより１９６０年代から70年代に開発され、その後モンロー研究所によるさまざまな専門機関との40年以上にわたる共同研究により、その安全性、有効性が科学的、臨床的に証明されてきている。

それでは、ヘミシンクにより導かれる左右両脳が同期した状態とは、どのような状態なのだろうか。

「あの人は左脳タイプだ」とか、「右脳タイプだ」、という言葉があるように、人はとかく左右の脳のどちらかを偏って使う傾向があると言われている。左脳タイプとは、理知的で論理的、なにごとも論理を追って考えるタイプである。それに対して、右脳タイプとは、直感的で感覚的、ひらめきで動く芸術家タイプである。

ただ、左脳タイプの人といっても、絵を見たり、音楽を聴いて感動するときには、右脳タイプに変身する。だから、常に左脳だけ使ってるわけでは無論ない。

右脳タイプの人だって、お金の計算をするときは、真剣になって左脳を使う。

ここで重要な点は、どちらのタイプにしても、両方を同時に使うということはめったにないという点である。

それがヘミシンクを聴くと、左右の両脳がバランスした状態へと導かれる。脳波パターンを測定すると、左右対称の、均衡のとれた形になるのである。右脳、左脳が共にシンクロして活動している状態ということもできる。

ヘミシンクはブレンドする周波数を選ぶことで、脳波をベータ波が多い状態へ導くことも、アルファ波やシータ波、あるいはデルタ波が多い状態に導くことも可能である。

ちなみにベータ波とは、我々が日常活発に活動している状態で見られる脳波である。アルファ波はリラックスした状態、シータ波は浅い睡眠、デルタ波は深い睡眠状態で一般的に見られる脳波である。

従って、ヘミシンクを使ってどの脳波が多い状態に導くかで、同じ左右両脳がバランスした状態と言っても、得られる効果は異なってくる。

たとえば、ベータ波が多い状態へと導いた場合、左右がバランスした状態なので、集中して学習したり、作業したりするのに適した状態となる。これは、教育現場や仕事環境において非常に有用な状態だと言える。たとえば、職場でそういったヘミシンクをバックグランドに流せば、みな集中して仕事に励むことができる環境になる。

アルファ波やシータ波が多い状態へと導けば、深くリラックスすることが可能であり、また創造性が高められる場合もある。深くリラックスすることは、緊張感を和らげる効果もある。この種のヘミシンクＣＤの中には、手術中に聴くためのものもあり、手術の緊張感を緩和するという効果が期待できる。

また、シータ波やデルタ波が多い状態へと導くことで、入眠を促すことができる。これを利用することで、睡眠障害のある人の睡眠を手助けするとか、時差ぼけ対策にも使える。適切な睡眠をとることは、癒しの効果や免疫力を高めるという効果も期待できる。

ここに挙げたのはヘミシンクの可能性のほんの一部である。これら以外にも実用の面でヘミシンクは数多くの応用が可能である。本場米国では、モンロー研究所が中心となって、医療機関や教育機関などとタイアップした実践的な研究が40年以上にわたってなされてきている。

本書はこういったヘミシンクの実用面での応用に焦点を当てている。

## 医療、精神医学、教育、睡眠導入、介護現場などでの応用

具体的に言うと、医療での応用、精神医学と心理療法での応用、学習障害児や自閉症児に対する応用、介護施設での応用、睡眠障害における応用、教育における応用、ビジネスにおける応用などである。

本書では、こういった分野におけるヘミシンクの驚くべき効果を数多くの実例を挙げて紹介している。紹介している人たちは、医療現場のドクターや精神科医、心理療法士、物理学者、教育者、カウンセラーなどであり、その報告は専門的な立場からの信頼性の高いものとなっている。厳密に科学的な手法を用いた、学術的にも意義の高い研究も含まれている。

本書で紹介される多くの実例の中から、ほんのいくつかを挙げよう。

①従来の手法ではなかなか効果が得られなかった何人もの学習困難児が、ヘミシンクにより集中できるようになった。
②手術中にヘミシンクを聴いた患者は、手術中、対照群の4分の1の量の鎮痛薬しか必要としなかった。術後にも、鎮痛薬が少ししか必要なかった。
③どの学校からも追い出され、行き場のなかった若者たちが集まる教室で、授業中にヘミシンクを聴かせたところ、彼らの多くが授業を真面目に受けるようになった。
④癌を含む複数の合併症を持ってホスピスに入院した患者が、死への恐れを解消し安らかな気持

ちで旅立っていくことができた。

⑤ヘミシンクを聴くことで集中力が上がり、そのおかげで仕事の能率が上がったり、適度にリラックスすることができて作業効率も上がった。

⑥痛みに伴う不眠や精神的な悩みに伴う不眠が解消され、夜ぐっすりと眠れるようになった。

⑦その他、多数の研究、報告あり。

実は、ヘミシンクというと、これまで、精神世界での深遠な体験やスピリチュアルな体験を手助けする方法という印象をもたれている方が多かったのではないだろうか。

実際、ヘミシンクによりアルファ波~デルタ波が主な脳波状態へと導かれる場合、通常では得られないような驚愕の体験をする場合が多々ある。

たとえば、難問が解けたり、英知を得たり、未来を見たり、体から抜け出して遠くを旅したり、他者や自己を癒したり、死後の世界を垣間見たり、神や仏とでも呼ぶべき存在と交信したり、大宇宙との一体感を体験したり、無償の愛を感じたり……。

私もヘミシンクでの自分の体験を『死後体験』シリーズや『ピラミッド体験』（ハート出版）など多くの著書に著してきた。

もちろんヘミシンクを聴いたからと言って、すぐにこういう体験ができるのではけっしてない。順を追った練習と慣れが必要なことは言うまでもない。そうは言うものの、逆に言えば、手順を踏んで着実に練習すれば、それなりの成果が得られるのも事実である。

こういう体験をアシストするためのヘミシンクＣＤとそれを聴くためのセミナーが開発されてい

て、モンロー研究所や私の会社であるアクアヴィジョン・アカデミーで参加することができる。

実はこういった非日常的な体験は古来幾多の聖者が報告してきていることがらでもある。彼らの多くは瞑想などの特殊な意識下でその体験を行なっている。

長年禅を実践してきた人の瞑想時の脳波は、左右対称のバランスのとれたパターンになること、しかも、アルファ波からシータ波が中心になることが知られている。

それは、ヘミシンクで導かれる脳波とよく似たパターンである。

つまり、ヘミシンクでアルファ波～デルタ波が主な脳波状態へと導く場合、禅僧などの瞑想時の脳波状態と同様の状態へと導かれると言える。だからこそ、類似の非日常的な体験をするのだろう。

ヘミシンクはこのように非日常的な体験へと導くことも可能である。

ただし、本書の主眼はこういった精神世界の体験にはない。もっと日常的な、実用的な応用についてである。ヘミシンクには、そういうすばらしい面がある。この点はあまり知られていないと思うが、もっと強調されてしかるべきだと思う。

ヘミシンクのもたらす左右両脳の同期した状態がもつ可能性は、実はまだすべてが解明されたわけではない。もしかすると、左右両脳の同期した、いわば全脳状態は、人類に無限の可能性への門戸を開くかもしれない。だとすれば、それは人類を「全脳革命」へと導くと言っても過言でないだろう。

本書を読まれた方々の中からひとりでも多くの方が、日本でのヘミシンクの実用的な応用に一歩踏み出されることを心から望む。本書の随所で紹介されているように、従来の手法ではうまく行かなかったことが、ヘミシンクを用いることで改善されることは大いに期待できるのである。

ただし、そのためには、乗り越えなければならない障壁は大きい。医療や教育、介護施設などの現場の理解を得ることは容易ではないと思われる。本書が、現場の理解を得る一助となれば幸いである。ともかく、今の段階は実例を積み上げていくことが必要とされていると思う。

なお、本書で紹介されているヘミシンクCDの中には、日本語版が未発売のものも多くある。日本語版について詳しくは、（株）アクアヴィジョン・アカデミー（電話　0476-73-4114　www.aqu-aca.com）にお問い合わせいただきたい。英語版についても、取り扱うことは可能である。

# 刊行によせて

ローリー・モンロー（1951‐2006）

わたしの父、ロバート・モンローは、1940年代から50年代にかけてニューヨーク市でラジオ番組のプロデューサーをしていましたが、1956年に、睡眠中の学習の可能性に興味を持ちました。人生の3分の1は寝て過ごすというのに、そのあいだの時間とエネルギーが無駄に費やされているのではないだろうかと思ったのです。音響の専門家だったので、睡眠のさまざまな段階を誘導できる周波数パターンを用いて実験を始めました。このわたしも、子供のころ、学習実験の被検者のひとりだったのを覚えています。

1958年、父はまったくなじみのない意識状態を体験しました。自分自身の肉体から抜け出し、完全に分離するという体験でした。正式の宗教教育も受けておらず、スピリチュアルな背景もなかった父は、そうした体験の説明を西洋科学に求めました。

しだいに、父の仕事の中心は意識の探求に移ってゆきました。研究者や技術者、教育者、心理療法師など多くの専門家が、この探求に加わりました。そうした多くの人々が興味を持ち、参加したおかげで、ヘミシンクの技法はこんにちのレベルにまで高められたのです。ロバート・モンローはいまでは意識の非局在性を探求した先駆者として、多くの書物で言及されています。

『Using the Whole Brain』は、文学修士のロナルド・ラッセルが編集し、1993年に初版が出た本ですが、ヘミシンク技術の使い方についての情報が豊富に納められています。ヘミシンクというツールを使って、これまでに何千人もの人々が、意識をより深く理解するという体験をしているのです。わたしは、今回の新しい版の編纂にラッセルがつぎこんだ膨大な時間とエネルギーに、感謝の気持ちでいっぱいです。長年に渡って、父の友人であり同僚であった彼は、モンロー研究所の仕事に打ち込み、ヘミシンク技術の実際的な応用の普及に努めて、多くの人に恩恵をもたらしました。この本はわたしたちの仕事に対する彼の支援と献身のあかしであるとともに、ヘミシンク技術の有効性のあかしでもあります。

ありがとう、ラス。あなたは、ヘミシンクの使い方を人々がよりよく理解できるよう、手助けをしてくれました。どう使えば、それぞれの成長を追求し、無限の可能性を花開かせることができるかを人々に伝えようとしたあなたの尽力に、感謝を捧げます。

# ヘミシンクの道

ロバート・A・モンロー（1915－1995）

因果律から逃れることはできない。状況がどうであろうと、あるいはどう受け止めようと、無視することはできないのだ。結果を気にいることもあれば気にいらないこともあるだろう。予想通りのことも、そうでないこともあるだろう。ともかく、ひとつの結果がもたらされる。たとえ何年もたってからであっても。

ヘミスフェリック・シンクロナイゼーション（hemispheric synchronization）、略してヘミシンク（Hemi- Sync）の場合が、まさにそうだった。1956年、ニューヨークを本拠地とするわたしたちの会社は、音声や音楽、効果音などを使ったラジオ番組の制作にかけてはリーダー的存在だった。しかしテレビのめざましい普及を前に、この新しい媒体に乗り換えるか、何か別の道を探すかの決断を迫られることとなった。

折しも、ある可能性がわたしたちの注意をひいた。睡眠中の学習である。人生の3分の1は寝て過ごす。その間わたしたちはほとんどなんのコントロールもできず、時間とエネルギーをむだにしているのかもしれない。そこで、睡眠中の学習の可能性を調べ開発する計画にとりかかったが、たちまち根本的な問題に突き当たった。テストをするあいだ被験者には寝ていてもらわなければならないのに、眠らせることができないのだ。かといって、睡眠薬で前後不覚になられては、学習という本来の目的に不都合ではないかと思われた。

わたしたちは専門知識を活用して、被験者にさまざまな音のパターンを試し、睡眠のいろいろな段階を誘発できるパターンを見つけようとした。なかなか根気のいる仕事だったが、ある程度の成功を収め、さらに研究を続けようという気持ちを掻き立てられた。

被験者の脳波を調べてみると、使用した音のパターンと同一とまではいかないにしろ似かよった波形を示したため、わたしたちはそれを周波数追従反応（frequency- following response: ＦＦＲ）と呼び始めた。のちに、バイノーラル・ビート・サウンド（両耳性唸り音）を使うようになると、類似の波形が脳の両側に同時に現れることがわかった。脳の両半球のこの同調が、やがてヘミシンクとして知られるようになるものである。

わたし自身、テストのおもだった被験者のひとりだったが、１９５８年に、まったくなじみのない意識状態を体験し始めた。恐ろしいと同時にわくわくする体験だった。ほかの被験者たちはそのような現象を体験しなかったのだが、ともかく、わたしたちは研究の方向をこの新しい領域に転換したのである。

何年かたつうちに、わたしたちの仕事はこの、見たところ新奇な方向で着実な進展を収め、数百人の研究者や科学者、技術者、教育者、医師、心理学者をはじめとする多くの人々の注目と関心を集めるようになった。参加を申し出る人さえ現れた。ヘミシンクの技術をこんにちのレベルにまで高めたのは、そうした人々である。わたしではない。わたしというたったひとりの人間の体験がきっかけとなってこうした成果がもたらされたとは、いまだに信じられない思いがする。

その効果はといえば、いまでは20万人以上の人たちが、薬剤の助けを借りずに、夜、熟睡できるようになっている。しかも、これはほんの入り口にすぎない。何千人もの人々が、知能、感情、肉体それぞれの面における自己をよりよく理解し、コントロールするすべを習得している。これはまったく新しい学習システムだと、わたしたちは信ずる。「生涯学習」とも呼ぶべき、ゆりかごから墓場まで使うことのできるシステムなのである。

というわけで、読者のみなさんにヘミシンクの実際の利用法をいろいろ紹介して、自分も使ってみようかと思っていただくことが、本書の目的である。毎日の生活はもちろん、ほかの多くの分野でも、さまざまな活用法が見つかることと思う。

（『Using the Whole Brain』（１９９３年）の序文より転載）

# はじめに

ロナルド・ラッセル

本書の前身である『Using the Whole Brain』は1993年に出版された。全体的に見て、ロバート・モンローがそこで述べた目的、すなわち、ヘミシンクとして知られる音響技術を一般の人々に紹介し、その多くの使い道を説明するという目的は、達成されたと思う。それはそれでいい。しかし、ものごとは動いていく。その本の寄稿者35人の望みや願いの多くは、その後実現した。この技術をもってすれば可能だと彼らが主張したことについては、試験や試用によって、科学的に受け入れられる証拠が十分に得られているのである。技術自体も格段の進歩をとげ、新しい分野、たとえば明晰夢を見る、自閉症に対処する、化学療法と併用する、ティーンエイジャーひとりひとりに合った能力開発コースを提供するといった分野に採用されるまでになった。いまでは米国以外にも17カ国で、研修コースやワークショップが利用でき、これまでに少なくとも50カ国の人々が、モンロー研究所での研修コースに参加している。

というわけで、新しい版を出すべき時は熟した。というより、ほぼ熟したように思われたというべきだろう。4年ほど前、新版の寄稿者を募集すると発表したところ、申し出があったのは6件だけ。明らかに、時期尚早だったのだ。時は流れ、2002年の春、研究所の専門委員会セミナーでの講話を終えようとしていたわたしは、ふと気づくと、『Using the Whole Brain』を改定しなくてはとか何とか口走っていた。「しまった、余計なことを。いったい何を考えているんだ?」と内心、ほぞを噛む思いだった。ところが……その24時間後には、少なくとも30件の寄稿が決まっていただけでなく、喜んで編集を手伝うという申し出まであって、それもありがたくお受けしていた。というしだいで、米国で開発され、おもに米国で利用されている技術を扱った本であり、米国で出版される予定の本でありながら、コンピュータ技術のおかげで、編集はスコットランドとメキシコで行われることとなった。しかも、ポーランドやニュージーランドといった、はるか遠くの国々からの寄稿も含まれる。

前の本と本書の出版のあいだには、いろいろな変化があった。まず挙げるべき最も重大な変化は、1995年3月17日のロバート・モンローの死去である。意識の探求における先駆者としての彼の偉大さは、いまでは広く認められている。この分野の草分け的存在である彼の3冊の著書が世界中で売り上げを伸ばしていることと、意識に関するさまざまな文献に彼の大きな影響がみられること(本書の11章418ページ「〝意識に関する〟出版物におけるロバート・モンローの影響力」を参照のこと)が、その何よりの証拠である。モンローの仕事をすぐれた洞察力をもって調査した最近の出版物として、ヤングズタウン州立大学宗教学教授のクリストファー・バーチェによる『Dark Night, Early Dawn(闇夜、薄明)』がある(リチャード・タルナスをして「近年読んだ最も重要な本」と言わしめた著作である)。バーチェはモンローの業績を、「近代精神を支配している物質主義的視点への根本的な挑戦」を提示したことだと述べている。その仕事はモンローの後継者たちに受け継がれ、モンロー研究所で提供される研修コースやヘミシンク製品の普及を通じて続けられており、誰でもその挑戦に参加できるようになっている。

モンローはヘミシンクについて次のように書いている。「これはまったく新しい学習システムだと、わたしたちは信ずる。（中略）ゆりかごから墓場まで利用できるシステムなのである」。その信念はいま､現実となっている。モンロー研究所の提供するヘミシンク・テープ（訳注：原書ではテープという表現が随所に使われている。本書では原書の表記を重んじ、そのままテープとしたが、現状ではヘミシンクCDが中心である）の『**オープニング・ザ・ウェイ**』シリーズは妊娠・出産を支援するガイドとして使うことができるし、本文に詳しく載っているスザンヌ・モリス医師やジャクリーヌ・マストといった人々の仕事は、ヘミシンクがごく幼い子供たちの問題や障害にどのような助けをさしのべられるかを､よく示している。人生のもういっぽうの端については､《ライフライン》コースや『**ゴーイング・ホーム**』シリーズがある。エリザベス・キューブラー＝ロス医師とチャールズ・タート名誉教授の助言のもとにモンロー自身が考案したもので、臨終の床にある人やその家族、介護者のための助けと支援を提供する。また、《エクスプロレーション27》コースとともに、死の向こうにあるものについて、無限の可能性を見せてくれる。

ロバート・モンローの死後、娘のローリーが跡を継いで研究所の所長となった。彼女の精力的な指揮のもと、ロバートとナンシーのモンロー夫妻が住んでいたロバート・マウンテンの家が、研究所の延長として使われることになった。家はリフォームされ、離れが建て増しされて、上級コースを受ける参加者16人が快適に滞在できる環境が整った。第二の研究施設が、モンローが仕事をし、『Ultimate Journey』（邦訳は『究極の旅』日本教文社刊）を執筆したログキャビンの隣りに建設された。いまはそこで、魅力的な多くのメタミュージック作品を含め、CDおよびテープでの新しいエクササイズがいくつか利用できる。新しい滞在型コースのほかに、《リモート・ビューイング実習コース》も設けられた。このコースは研究所の研究主任であるスキップ・アトウォーターが考案したもので、彼自身、トレーナーのひとりである。スキップはアメリカ軍の「スターゲート・リモート・ビューイング」計画の作戦および訓練将校だった。その計画で「リモート・ビューアー001」を務めたジョー・マクモニーグルは、情報収集作戦での功績により勲功章を得ている。彼は80年代にモンローといっしょに仕事をしており、自分の遠隔視能力の精緻化と自発的な体外離脱体験のコントロールにヘミシンクが役立つことを発見していた。ジョーはときどき、《リモート・ビューイング》コースの参加者に講話をすることがある。

ヘミシンクそのものやその多様な応用に関する研究が盛んになり、そこで得られた知見が、『アネステジア』から『ジャーナル・オブ・サイエンティフィック・エクスプロレーション』に至る多くの専門誌に載った。これを書いているいまも、北アリゾナ州立大学、西ワシントン大学、ヴァージニア大学看護学部、ライン研究センター、デューク大学医療センター、英国シドカップのサセックス大学およびクイーンメアリ病院、モントリオール大学、トランスパーソナル心理学研究所など、さまざまな大学や病院、研究機関で、研究や治験が進行中である。いちばん新しいところでは、国連が、ウルスラ・フルステンワルドによるヘミシンクの予備的研究を支援することに合意している。彼女は心的外傷後ストレス障害に苦しむ人々の支援機関であるOASISの理事長である。そうした人々を苦しめる一連の症状のひとつが深刻な睡眠障害だが、不眠症をやわらげるグループセラピーの効果を高める補助手段のひとつとして、ヘミシンクが使われることになっている。研究はデンマークのコペンハーゲンを中心に行われる予定である。

そもそも、ヘミシンク技術が米国以外でも注目を集めることになろうとは、ほとんど予想していなかった。それなのに、いまでは20あまりの国にトレーナーやワークショップ主催者がいるし、セミナーに参加するために、50カ国から人々がヴァージニアにやってくる。さまざまなエクササイズのテキストはフランス語とスペイン語に翻訳されており、ヨーロッパだけでなく中米および南米にも、ヘミシンクの広がる道が開かれた。ポーランド、スロヴァキア、ドイツなど、熱心なファンが自分でテキストを翻訳している国もある。

モンロー研究所は次のような前提のもとに運営されている。

**意識を深く集中させていけば、そのなかに、人生のさまざまな疑問への最終的な答えが見つかる。そうした意識は、学際的な手法を用いた協調的な研究を通して、より深く理解することができる。**

モンローは、睡眠学習の際の自分自身の体験を通して、またのちには自分の体外離脱体験を通して、意識の探求という道に踏み込んだわけだが、その後、意識というテーマは学問の世界でも、研究の中心に躍り出た。一方の側には、意識とは脳の一機能にほかならないとする物質主義者がいる。もし意識が脳の存在に依存しているなら、脳が機能を停止すれば、当然、意識も機能を停止しなければならない。もう一方の側には、意識こそ第一の存在だと主張する人々がいる。脳は意識を仲介するが、意識を創り出すわけではない。なぜなら、意識は宇宙に充満しているから——言い換えれば、意識こそ、存在するすべてだからだ。「我々の体験はすべて、意識の内部で構築されたものである」とピーター・ラッセルは言う。「意識は不滅であり、永遠に続く」

モンロー自身は、学術的な論争には決して加わらなかった。そんな必要はなかったのだ。彼の考案した音響技術――彼のヘミシンク――が、代わりに語ってくれた。ヘミシンクのおかげで、人は意識の探求を独自に行うことができるようになった。そしてもし望むなら、この物質界以外の現実を探求し、物質的な存在の境界を超えた領域に足を踏み入れることができるようになった。そうした探求を体験した人々は、意識の性質について、それ以上の説明を必要としない。

ごく少数の例外を除いて、本書の寄稿者はヘミシンクの実際的な応用をおもにとりあげている。個人の成長や発達を助けるうえでどれほど役立つか、病気の治療や精神・心理療法、自閉症児養育、老人ホームでのケア、睡眠訓練、教育などにどのように使えるか、といったことである。押しつけがましいところがなく、安価で、容易に利用できるため、ヘミシンクは多くの分野の専門家に好まれている。とはいえ、好まれる第一の理由は、非常に効果的なことである。また、日常生活に関連した実に多くの実用的な機能を発揮することが証明されている。いまでは、どのようにして効果を発揮するかが、以前にくらべて正確にわかっており、本書にもそれを実証する研究の例が収められている。

本書もその前身となった書籍も、研究所での専門セミナーでの討論から生まれた。そこでは研究所の専門委員会のメンバーが一堂に会して、ヘミシンクが有効だと証明された最新の研究成果や応用法に関するプレゼンテーションに耳を傾け、討論する。これまでに専門セミナーで基調講演をした人々には、エリザベス・キューブラー＝ロス博士、宇宙飛行士のエドガー・ミッチェル、ピーター・ラッセル、先端科学研究所のベヴァリー・ルービック、認識科学研究所の研究主任であるマリリン・シュリッツなどがいる。個人的なことを述べれば、このわたしが、なにごとにも慎重な英国人ならではの疑念を克服して１９８６年にゲートウェイ・コースの初体験の申し込みをしたのも、専門委員会の存在と、研究所があくまでも非営利の組織であるという事実によるところが大きい。

自信を持って未来に向き合うモンロー研究所は、「現状に一石を投じる」という点で一致できるほかの組織と手を組むことを躊躇しない。そうした組織のひとつが認識科学研究所（ＩＯＮＳ）である。広く知られているように、ＩＯＮＳは全世界に5万人近くの会員を擁する。モンロー研究所とＩＯＮＳは最近、戦略的パートナーとなり、カリフォルニア州ペタルーマにあるＩＯＮＳのキャンパスで《ゲートウェイ・ヴォエッジ》を提供している。両組織とも、「先端科学、個人的探究、学習コミュニティを通じて意識を探求し、世を目覚めさせる」ことを使命としている。

最後に、本書の出版に尽力したすべての人々にたいへん感謝していることを述べたい。多くは、急な依頼だったにもかかわらず協力してくださった。編集を助けてくれたジャン・バステリスとジル・ラッセルに感謝する。また、紙面のつごうで割愛せざるをえなかった人々の貢献にもお礼申し上げる。ここに収められた人々の興味や職業、体験の多様さが、ロバート・モンロー自身の言葉を借りるなら、ヘミシンクが本当に「価値あるもの」であることを、どのような演説よりも雄弁に語っている。

# フォーカス・レベル

本書のいくつかの章に、さまざまなフォーカス・レベルについての言及がある。これは意識の特定の状態すなわちフェーズ（相）を指す便利な方法として、ロバート・モンローが考案したものである。


【C1（意識1）】日常の「普通の」目覚めている意識。

【フォーカス3】脳と心が、日常の意識よりも整合性を増し、同調し、バランスのとれた状態。

【フォーカス10】「意識は目覚めているが、体は眠っている」状態。明敏な意識と身体的な深いリラクゼーションが結びついている。

【フォーカス12】知覚が広がった状態で、自分の内なる力と導きを、より強く認識する。

【フォーカス15】意識の一構成要素としての時間が存在しなくなる。

【フォーカス21】時空の制限を超越した状態で、より深く探求し、ほかのエネルギー・システムに自由に移行できる。

【フォーカス22〜27】これらの領域については、12章428ページ「影を取り戻すことによる癒し＝リチャード・ヴェーリングの仕事」を参照のこと。

# 全脳革命――もくじ



## 第1章　ヘミシンクで自分の能力を啓く　35

## 第5章　ヘミシンクと精神医学　205

# 第1章　ヘミシンクで自分の能力を啓く

ロバート・モンローによれば、好奇心こそ、モンロー研究所での研修コースに向き合う最善のやり方である。特別な期待は何も持たずに来てほしい――体外離脱体験を期待して来訪するなど、もちろん論外。最後まで心を閉ざすことなく、何が起こるかを見てほしい。

多くの人は、ともかく体験そのものが、みずからの成長と発達のすみやかな――ときには劇的な――加速というべきものをもたらすことに気づく。テレサ・ブラードは、インフルエンザにかかったことがきっかけで、ヘミシンク・テープを使ってみるようにという母バーバラの言葉に耳を傾け、試してみることにした。フェリシア・ポッターはティーンエイジ・ゲートウェイ・プログラムの最初の参加者のひとりである。ティム・アンブローズが「サウンド・スリーパー」を聴いてみるようにという友人の助言を受け入れたのは睡眠障害に悩まされていたためだったが、その後のヘミシンク体験がもとで、ハワイにヒーリングのセンターを作ろうと思うようになる。スザンヌ・プルーとゲイル・ブランシェットは、それぞれやり方は違うものの、新しい視点を見いだし、本章の寄稿文でそれを雄弁に述べている。アン・カーペンターは、自閉症に対処するうえで多くのヘミシンク・エクササイズから得られた助けについて、心を打つ生き生きとした文章を寄せている。対照的に、囚人のグループにゲートウェイ・プログラムを体験させたときの効果を述べた個人的な手記もある。その刑務所では、黒人、白人、ヒスパニックが同じグループ活動に参加していたのは、唯一、そのグループだけだった。

これら6編の寄稿文は、この音響技術がひとりひとりの可能性の開花を助けるのにどれほど役立ったかを、余すところなく伝えている。年齢や生活パターンがどうであれ、彼らはみなヘミシンクに背中を押されるようにして、各自の成長と向上のための、新しくて、わくわくすることの多いやり方を試してみたのである。

## 勉強に、スポーツに、健康にもヘミシンク

テレサ・ブラード

*テレサ・ブラードは物理学修士の学位を持ち、現在はワシントン大学物理学部でさらに博士号をめざしている。ヘミシンクに出会ったのは十代の頃で、母親のバーバラがモンロー研究所に関わるようになったのがきっかけだった。それ以来テレサはモンロー研究所のさまざまな製品に触れ、意識を深化させるその効果を実感してきた。そうした体験がきっかけで意識の探求に興味を持つようになり、進路にもいくらか影響を受けたと彼女は言う。今後は、意識の探求にかける熱い思いと、習得した物理学の知識や考え方をひとつに結びつけて、科学と意識の関わりの分野で研究をしていきたいと思っている。*

モンロー研究所のことや、これまでに出会ったそのさまざまな技術のことを振り返ると、何かひとつ選んで話してくださいと言われても、いったいどれを取り上げたらいいのか、本当に迷ってしまいます。そうした多様性こそが、この研究所の最大の財産なのかもしれません。わたしがヘミシンクやメタミュージックを使い始めたのはもともと、理屈がどうのというより、実際の効果をもとめてのことでした。眠りの質を高めたり、スポーツでよい成績をあげるためのイメージトレーニングをしたりするのに使いましたし、かぜやインフルエンザの季節には免疫システムや体の機能の強化に役立て、膝の手術のときには**『サージカル・サポート』**シリーズを活用しました。**『リメンブ**

**ランス**』を使って心理学の実験をするというふうに、大学での研究にも役立てています。数え上げればきりがありません。ラボでのＰＲＥＰセッション（＊訳注＝アイソレーション・ブースを使って行われる個人セッション）はもちろん、１週間にわたる集中的なゲートウェイ合宿にも参加したことがあります。おかげで、ヘミシンク周波数への脳と体の親和性が、いっそう高まりました。

モンロー研究所やヘミシンクのことを知ったのは、１９８９年のことでした。研究所の専門委員会セミナーに初めて参加した母が、独自の音響技術とそのいろいろな応用の可能性に深い感銘を受け、すっかり興奮して帰宅したのです。母はわたしたち家族にセミナーのことをあれこれ話して聞かせ、とにかくヘミシンクのテープを使ってみなさいと熱心に勧め始めました。最初のうち、わたしはただ適当に調子を合わせているだけでした。あの年頃って、そういうところがありますよね。で、ときどきテープを聴いてみたりしましたが、効果があるかどうかなんて、たいして気にもしていませんでした。

でも、インフルエンザでどうしようもないほど具合が悪くなったとき、テープを使ってみたら、本当に効いたんです！　それ以来、かぜかな、インフルエンザかな、と思ったときはいつも、迷わずテープを使うようになりました。かぜには『**ラング・リペア・アンド・メンテナンス**』、インフルエンザやなんとなく体調が悪いときには、『**リジェネレート**』や『**サーキュレーション**』を使います。そうすると、いつもは完全によくなるのに２週間かかるかぜが、その半分で治ってしまいますし、インフルエンザの症状なんかもとても軽くすむのです。

母の説明によれば、治癒に必要な「栄養向性（trophotropic）」と呼ばれる体のしくみを、ヘミシンク周波数が促進してくれるのだそうです。ヘミシンクによって体がリラックスし、バランスが回復すると、体に備わった防御システムや免疫システムにもっとたくさんのエネルギーが回せるようになって、どんな病原体でも、早く体から追い出せるんですって。

ヘミシンクはほかにも、スポーツの成績をあげるのに役立ちました。テープでのイメージトレーニング、特に『**シー・ビー**』を使ったトレーニングが効果的でした。ハイスクールでは陸上代表チームの走り高跳び選手、ハイスクールから大学へかけてはバレーボール代表チームの選手だったので、なんとかもっとうまくなりたいといつも思っていたのですが、イメージトレーニングをするとプレーやフォームがぐっとよくなることに気づきました。イメージトレーニングの効果自体はもちろんよく知られていて、いまでは世界中のアスリートが実践しています。でも、正しい動きを思い浮かべて意識に刻みこむとき、ヘミシンクのアクセス機能の助けを借りると、ずっとすばやく、いい結果を出せることがわかったのです。たとえば、『**シンクロナイジング**』というテープは、競技中のスピードやタイミング、バランスの改善に役立ちました。

スポーツ中にけがをしたときも、ヘミシンクのお世話になりました。残念ながら、スポーツをしていればけがなんて珍しくありません。もちろん、ヘミシンクでもけがは防げませんが（わたしは人一倍、けがの多いほうでした）、ヘミシンクのおかげで、普通よりずっと速く、しかもきれいに治ったことはまちがいありません。

右の足首の靱帯を全部切ってしまったのが、これまででいちばんひどいけがです。おまけに、腫れたところから感染症になって、ものすごく痛みました。1カ月ギプスをしていましたが、来週はギプスがはずれるという頃になっても、歩けるかどうか心もとないほどでした。ギプスを取ってみると、足首は内出血でひどく変色していて、まだすごく腫れていました。回復のきざしがないようなら、手術しなくちゃならないかもしれないと言われました。で、そうだ、ヘミシンクのテープを使ってみよう、けがにも効くかどうかやってみよう、と思ったのです。テープを使い始めて1週間で、腫れは目に見えて引き、内出血の色も薄れ始めました。このとき初めて、ヘミシンクのヒーリングパワーの証拠をはっきりと目にした思いがしました。

というわけで、わたしの場合、スポーツのいろいろな場面で、ヘミシンクのテープはとても役に立っています。アスリートなら、スポーツバッグに入れておくのが絶対にお勧め。救急セットといっしょにね。わたしがいちばんよく使ったのは、治りを早めたいときの『**リジェネレート**』と、腫れをとりたいときの『**サーキュレーション**』です。

学生時代はヘミシンクを使う機会が多く、とりわけ、勉強のときにメタミュージックをよく使いました。テストの前には『**リテイン・リコール・リリース**』のエクササイズを用いると、勉強した内容を覚えやすくなることに気づいたのです。それに、メタミュージックの『**リメンブランス**』や『**アインシュタインズ・ドリーム**』をバックグラウンドに流していると、読む速度が目に見えてあがり、集中して長時間勉強できることもわかりました。『**リメンブランス**』はものを書くときにも役立ち、技術論文、創作文、論説――どんな文章であろうと、すばらしい効果を発揮しました。実は、これを書いているいまも、聴いています。言葉が次々に浮かんでくるようで、書くことに意識を集中しながらも、自分のなかにある創造力や表現力からアイディアを引き出している感じです。

ハイスクールのとき、わたしが中心になって、短期記憶に対する『**リメンブランス**』の効果をテストする心理学実験をやりました。その結果、いくつかとても重要なことがわかりました。といっても、実験結果は期待とは違っていたのですが。『**リメンブランス**』にヘミシンク周波数を組み込んであるのとそうでないのとで、記憶の想起になんの違いもないという結果になったのです。

あとになってから、周波数を組み込んであるテープとして使ったのが、オリジナルをダビングしたものであることがわかりました。ヘミシンク周波数の音がもともと小さかったので、ダビングの過程で失われてしまったのです。それに、こうしたテープやCDを聴くときには、ドルビー・ノイズリダクション・システムを必ずオフにしておくことがどれほど重要かも学びました。さもないと、ヘミシンク周波数がバックグラウンド・ノイズとして除かれてしまうのです。

それでも、この実験から興味深い結果が得られなかったわけではありません。『**リメンブランス**』を聴いているときのほうが、何も音楽を聴いていないときより、記憶の想起にかなりの増加がみられたのです。もし、同じような実験をする機会があったとしたら、聴くものをあと2つ、つけ加えたことでしょう。ひとつは、歌詞のあるポピュラーミュージックのようなもの、もうひとつは、ジャズかクラシックのような歌詞のない音楽です。それにもちろん、組み込まれた周波数の効果をテストできるように、『**リメンブランス**』のメタミュージックのオリジナル版を使うように気をつけます。

わたしは、ヘミシンク・テープを使うと眠りこんでしまうことがよくありました。そこで、気持ちが高ぶってなかなか寝つけないようなときには、テープを利用するようになりました。ハイスクールやカレッジの学生だったころには、寝つくのに1時間以上もかかることがあったのです。でもテープの助けを借りると、20分もしないうちにすやすやでした。

使ってみていちばんよかったのは『**レストラティヴ・スリープ**』です。これだと、テープが終わったときに目を覚ますということがないし、安眠状態をつくりだすようにデザインされているからです。

「疲労回復のためのお昼寝」をするときによく使ったのは『**キャットナッパー**』です。これを使ってひと眠りしたあとは、たった45分しか寝ていないのに、3時間も寝たような気分で目覚めたものです。カレッジ時代は、夜は遅くまで勉強し、朝は早く起きて講義に出なくてはならなかったので、このテープには本当に助けてもらいました。

眠るためのテープとして最近気にいっているのは、『**スーパー・スリープ**』です。モンロー研究所の滞在型プログラムに参加してから好きになったもので、海のやさしい波の音に気持ちが落ち着いて、毎晩穏やかに眠りに誘われます。もちろん、『**インナー・ジャーニー**』とか『**スリーピング・スルー・ザ・レイン**』など、ほかにもたくさんのメタミュージックが、寝つきにすばらしい効果を発揮しました。静かな音楽で、しかも言葉によるガイダンスがないため、メタミュージックは理想的なバックグラウンド・ミュージックなのです。一晩じゅう、途切れのない眠りが得られます。

やがてわたしは、ヘミシンクやメタミュージックを使わなくても、寝つきにはなんの問題もなくなりました。きっと、長いあいだ使っていたことによる効果が表れたのだと思います。こうしたエクササイズを続けたおかげで、心が落ち着き、すぐにリラックスした状態になれるように体が訓練されたのでしょう。

わたしが見つけたメタミュージックのもうひとつの使い方は、何らかのボディ・ワーク、つまり施術を受けているときに聴く方法です。マッサージや鍼《はり》、カイロプラクティック、レイキ（霊気）などの治療中に、『**リメンブランス**』、『**インナー・ジャーニー**』、『**ハイアー**』といったさまざまな音楽を聴きました。メタミュージックを聴いていたときとそうでないときの自分の感じや体の反応を比べると、メタミュージックが治療の効果を高めるように思えました。そのうえ、治療を施す人も、たいていはメタミュージックを聴くのが好きで、やはりなんらかの恩恵を受けているようでした。

ヘミシンクの劇的な治癒効果を実感したできごとがふたつあります。どちらも、ひどく痛むけがから回復するときのことで、前に述べた足首の損傷が、そのひとつ。もうひとつは、最近、左膝の靭帯を切ったときです。

この膝の損傷は、これまで経験したことがないほどのひどいけがでした。外側、内側、前の各靭帯だけでなく、半月板まで断裂し、それに伴って骨にもいくらか損傷が起こったのです。切れた前十字靭帯を代替の靭帯と取り換えて膝関節の治癒を助けるために、全身麻酔での再建手術が必要になりました。手術を受けるなんて初めてでしたから、わたしは不安でたまりませんでした。

ちょうどモンロー研究所が『**サージカル・サポート**』シリーズを出したと聞いて、迷わず、使うことにしました。手術の前の晩に『**プレ・オペ**』テープを聴きました。するとリラックスできて、不安がずいぶんやわらぎました。控室にいるときも、また聴きました。『**イントラ・オペ**』と『**リカバリー**』のテープをそれぞれ手術中と手術後に流してもらえるように麻酔医にお願いすると、快く引き受けてもらえました。手術室に運ばれるとき、テープのおかげでとてもリラックスしているようだと言われたのを覚えています。

次に思い出せるのは、『**リカバリー**』テープで目覚めるところです。手術室からストレッチャーでゴロゴロと連れ出されるところでした。テープがそんなにもタイミングよく目覚めさせてくれたことに、びっくりしました。あとで麻酔医に、麻酔薬を全量投与する必要さえなかったと言われました。すごいことなんですって！　回復室では、すぐに意識がはっきりしてきました。手術のようすを話してくれた医師の言葉も、大部分思い出すことができます。

この手術には、経過観察と安静のために一晩の入院が必要でした。手術のあとはたいていよく眠れないものだと言われましたが、『**サーフ**』の海の音を聴いているうちに、すぐ眠くなりました。すばらしい効果です。その晩から翌朝まで、ただテープを流し続けていただけなのに、とてもさわやかな気分で目覚めました。ときどき筋肉が引きつるほかは、ほとんど痛みもありません。これって、かなりすごいことだと思います。

その後の9カ月間の回復のぐあいも、この種の処置後としてはこれ以上ないくらい、順調で速やかでした。手術の数日後、インターンのひとりから電話がありました。具合はどうか、痛みはどの程度かと訊かれたので、とても元気だし、特に問題はないと答えました。インターンの女医さんはそれを聞いて喜び、同じ日に同じ手術を同じ外科医で受けた男性の患者さんに電話したところだけれど、その人はとても痛がっていたと言いました。わたしの手術が順調に済んで回復も速やかなのは、大部分が『**サージカル・サポート**』のおかげに違いありません。使ってほんとによかったと思っています。

十代でヘミシンクのテープを使い始めて以来、わたしとモンロー研究所の関わりは徐々に深くなっていきました。2001年7月に滞在型の《ゲートウェイ・ヴォエッジ》プログラムに参加したのですが、そこでの感動があまりにも大きかったため、「ドルフィン・エナジー・クラブ」と「専門委員会」の両方に入りました。

翌年3月にはまた研究所に戻って、「2002年専門委員会セミナー」に出席しました。そうした滞在型プログラムでは、自分自身の意識の新しい広がりを体験しただけでなく、ヘミシンク技術のさらに多くの側面と応用分野についての見聞も広めました。専門委員会セミナーは、科学者としてのわたしにとっては特に魅力的です。出席している専門家のあいだで、興味深い会話がたくさん交わされるからです。そうした会話を聞いていると、モンロー研究所の技術を新しい方面に応用するためのアイディアがいくつも頭に浮かんでくるのです。

モンロー研究所のすばらしい探求の伝統はこれからも続いていくものと、わたしは確信しています。これまでにたくさんの恩恵を受けたことはもちろんですが、そうした体験のすべてがひとつに集まって、わたしの興味の方向にも大きな影響を与えています。科学と意識の分野で働く道を求めようと思うようになったのです。知的な思索と科学的な研究の両方に基づくと同時に、体験による探求にも重きを置く道を、進んで行きたいと思います。

# セミナーは人間成長の場

フェリシア・ポッター

*フェリシア・ポッターはニューヨークのサラ・ローレンス・カレッジで学んでいる。彼女はティーンエイジャーのための《ゲートウェイ・ヴォエッジ》が始まったころの参加者のひとりである。*

ヴァージニア州のフェーバーへ、そしてブルーリッジ・マウンテンへと赴いた前回の小旅行のあと、わたしの人生は劇的な展開を見せているような気がします。わたしはサラ・ローレンス・カレッジの2年生で、演劇と、新しく興味を持つようになったスペイン語を学んでいます。わたしの予定表は楽しいことでいつもいっぱいです。ときには、それほど楽しくない予定もありますが。ともすれば、毎日の決まりきった日常に埋没してしまいがちなので、ときどき、ものごとをもっとくっきりと見るのを助けてくれた瞬間を思い出すのは、本当にいいものです。わたしにとって、モンロー研究所での体験はそういうひとときなのです。

ティーン向けのゲートウェイ・ヴォエッジ・プログラムの最初の日を振り返ってみると、自分がどんなに緊張していたか思い出して、笑ってしまいます。いったいどういうことになるのか見当もつかず、長い1週間になりそうだと考えていました。部屋に落ち着いたあと、あたりを簡単に見てまわりましたが、本当に静かで、家庭的な造りになっているのには、うれしい驚きを感じました。

その日のもっと早い時間に到着して、ここの雰囲気に慣れる時間があったほかの子たちは、これからの1週間に対する期待でわくわくしているようでしたが、それにもかかわらず、とても落ち着いているように見えました。まもなくわたしにも、この研究所そのものが、そうした落ち着きを見いだすのを助けていることがわかりました。騒がしいハイスクールの廊下からまっすぐやってきたわたしには、自分と同じ年頃の人たちをこういう静かな環境で見るのは、とても新鮮な体験でした。

その日の夜遅く、トレーナーのペニー・ホームズとジョン・コータムが、わたしたちの腕時計や時刻表示のついたものを集めたのを覚えています。いま何時かわからなくなってしまう、どうしよう、と思いました。でも、これもプログラムの一環で、とても興味深い体験であることがわかりました。それまでは考えたこともなかったのですが、わたしたちが時間という概念にどれほど支配されてしまうものか、その週のあいだにはっきり悟ったのです。正確な時刻がわからないので、わたしは、いまこの瞬間の体験と自分との関係を再調整する必要に迫られました。自分がどれほど時計に頼りきっていたか、時計を見ては、過ぎていく瞬間のなかに自分を位置づけようとしていたかに、気づかされたのです。その週の終りにまた腕時計をはめなければならなくなったときには、すっかりまごついてしまったほどです。

正確な時刻がわからないという体験のおかげでわたしたちは、みずからを探求し学びなおす、すばらしい1週間への心の準備ができたのだと思います。研究所とのこの初めての出会いのあいだにわたしは、いつも身の回りにあったもの（たとえばテレビ、時計、古くからの友人など）がなくなれば、わたしはただわたしでいられるということに気づきました。何をするにも、まず日常生活のそうしたものとどういう関係にあるかを考えて、それをもとに判断することから、自由になれたのです。《ゲートウェイ・ヴォエッジ》を通してわたしは、体験がものの見方にとても深く依存していること、体験やものの見方の数にはなんの制限もないことを、理解し始めました。

わたしにとって、ゲートウェイ・プログラムは本当に楽しい体験でした。最後には、仲間たちと事実上、批判も決めつけもなしの自由な雰囲気で向き合えるようになったからです。わたしたちは、ハイスクールに通うティーンエイジャーという身分から解放されたのです。この新しい環境のおかげで、いつもとは違う集団力学を探求することが可能になりました。わたしたちは自分自身のあり方を強化することができましたが、ふだんとは異なる意識状態を探求するという体験を共有していたため、各人の強化がグループ全体の強化につながりました。

モンロー研究所でのわたしの２回目のプログラムは、そのほぼ2年後に参加したMC²、つまり《マニフェステーション・アンド・クリエーション・スクエアド》でした。《ティーン・ゲートウェイ・ヴォエッジ》とは趣の異なるプログラムでしたが、それでいて、いくつか似かよった点もありました。当時わたしはまだ18歳でしたから、全員がわたしよりずっと年上でした。年長の人たちのなかに入っていくのは、ちょっと気後れするものですが、いったんテープが回り始め、体験を話し合うようになると、MC²グループも、前のゲートウェイ・グループととても似た機能を果たすようになりました。安心して情報を共有し、ひとりひとりが成長できる場となったのです。

モンロー研究所は自分が成長するための場所だとわかっていましたから、MC²に参加して「マニフェステーション（具現化）」の探求を始める心構えはすっかりできていました。１週間滞在していたあいだに、わたしたちは、罪悪感のような余分なものを振り落とすことをめざして作られたテープを聴きました。自分で自分にくだしていた裁定のいくつかに向き合い、みずからを許す機会を与えられたことで、もっと成長する余地をどこに求めたらいいかがはっきりしました。そして、これまでよりはるかに生産的なやり方で進んでいけるようになりました。創造とは何か、人生に望むものを創造するにはどうしたらいいかを、思いめぐらすことができました。ちょうどハイスクールの最上級生だったわたしはカレッジに願書を出していて、自分の将来と、自分の望みをはっきり形に示す方法とを、初めてまじめに考えていたところだったのです。

MC²で、マニフェステーション・エクササイズのひとつとしてサイコロを転がしたあの瞬間のことは、決して忘れまいと思っています。わたしは9の目を出そうとしていました。何度も何度も試みたあげく、こんなことをしてもむだだからやめようと思いました。でも、そこで、もう一度サイコロを投げてみようと思ったのです。サイコロが空中に投げあげられたとき、どういうわけか、なにもかもがくっきりとしました。その瞬間の感覚、むしろ認識というべきかもしれませんが、それは言葉ではとうてい言い表せません。この自分こそが、創造する力なのだと感じたのです。自分の意思を信じ、結果は結果に任せる、ただそれだけのひととき。わたしは、サイコロが落ちるのをただ眺め、なんの判断も加えようとはしませんでした。そしてサイコロが止まったとき、9が出ていたのです。すばらしい体験でした。確かに、ただサイコロを転がしていただけのことですが、あのとき感じたのは、単に「ラッキー！」という感覚ではありません。きっとそうなるとわかっている、自分の意思の力を信ずることができるという感覚だったのです。

MC²では、祈りの輪というのも体験しました。グループのみんなが、メンバーのひとりのまわりに輪になって座り、祈ります。つまり、その人、あるいはその人の人生の必要としている部分に、エネルギーを送るのです。わたしがまんなかに座ったときには、わたしが成長し、可能性を実現するのを助けることに、エネルギーを集中してくれるように頼みました。それはすばらしく、そして喜ばしい体験でした。一団の人々がエネルギーをひとつに集めると、本当に特別な力が生まれます。そのような力の集まる中心にいると、自分の存在と可能性を、無限に肯定的に捉えることができるのです。あの輪のことを思い出すだけで、いまでも、そこから流れ込む力を感じます。

あの日わたしが具現化し始めたのは、自分の可能性を実現させたいという願望と実現させるのだという意志の成長だったのだと思います。あの輪を体験したあと、わたしは自分自身をもっと穏やかに受け入れられるようになりました。そして、外の世界からそうした肯定を得たことで、自分の人生のいろいろなことを変えることができると、いっそう確信が持てるようになりました。新しい人生を始めても、それとともに何かが終わるのでは、と恐れなくていいのだとわかったのです。だんだんにわたしは、いろいろな機会をもっと受け入れるようになりました。これからもずっと、一瞬一瞬をたいせつに生き、自分の可能性を実現する力を伸ばしていこうと思います。

何よりも、ゲートウェイ・ヴォエッジと$MC^2$で出会った人たちのことを、わたしは決して忘れません。彼らは、わたしがこの地上にいる時間のたいせつさを知る手助けをしてくれました。わたしたちはあの特別なひととき、ひとところに集って、自分自身を、そしてお互いを称えたのです。お香を手に、ゲートウェイの仲間たちと深夜の迷路歩きをしたことを、懐かしく思い出します――それに、火事でもないのに突然鳴りだした火災報知機のことも！　あの1週間は、みんなまるで子供にかえったようでした。たいせつな仲間たちです。判断や批判抜きにみずからの存在を自由に探求するとき、人は成長できるものです。そのことを教えてくれた研究所と、その成長を反映するかのようなすばらしい環境が、わたしは大好きです。

# ヘミシンクで友人の人生が変わった

ティモシー・K・アンブローズ（博士）

*ティモシー・アンブローズはダートマス・カレッジおよびラトガーズ大学に学び、1999年に博士号を取得している。それ以前には、フランス、ドイツ、オーストラリア、日本（語学学校を開く）、ジンバブエ（小説を執筆）に住んだことがある。また、広く世界中を旅している。臨床訓練では、マイノリティー集団のHIV感染ならびにエイズと、境界性人格障害を専攻した。ニューヨーク市保健所の仕事をしたこともある。2001年、ハワイに移住して、「ミラノン・センター・フォー・ジ・アート・オブ・ヒーリング」を開設した。*

僕が初めてヘミシンクを体験したのは2000年の夏のことでした。それ以前は、意識の探求については何の知識もありませんでしたし、「体外離脱（OBE）」とか前世については、シャーリー・マクレーンの『アウト・オン・ア・リム』と、バーブラ・ストライサンド主演のミュージカル映画『晴れた日に永遠が見える』の主題歌の歌詞でたまたま知っていた程度です。

そんなある日、僕は自分が体から出て、ハラルド・ホラーの瞑想センターの上に浮かんでいるのに気づきました。コスタリカの海岸上空から、宇宙へと上昇し、時をさかのぼって、自分のエネルギーが時の初めまでたどれることを知りました。数日後、ニューヨークへ帰る飛行機で、僕は『Mysteries of the Big Island Revealed（明かされたビッグアイランドの神秘）』（＊訳注＝ハワイについてのガイドブック）を読んでいました（ハラルドと僕は、ハワイに移住してセンターをつくることに決めていたのです）。ふと目をあげると、まるで別の次元を覗いているかのように、すでにこの世にいない親しい友人の姿が何人も見えました。みな、僕の幸せを自分のことのように喜んでくれました。やがて彼らは立ち去りましたが、そのうちのひとり、ジョンが戻ってきて、「僕たちはよく君のところに来ているんだよ。今回は特別に集まったんだ」と言うのです。まるで、僕の決心を祝ってくれているかのようでした。

最初、僕は自分でヘミシンクを試してみました。寝つきの悪いたちだったので、ハラルドが『**サウンド・スリーパー**』と『**スーパー・スリープ**』を勧めてくれたのです。すると、何年も経験したことがなかったほど、よく眠れるようになりました。その後モンロー研究所での研修コースに参加したあと、自分の患者にヘミシンクを使い始めました。

『**サージカル・サポート**』シリーズはとても役に立つことがわかりました。『**ペイン・コントロール**』・エクササイズもそうです。どちらも、エイズの友人に使ってみました。その友人は結腸の再発性ポリープのため、15カ月のあいだに7回も手術を受けています。最初の手術のあと、何週間も衰弱した状態が続き、耐え難い痛みに苦しみました。頼れるのはモルヒネだけでした。再度手術を受けると聞いて、僕たちはそうしたテープを彼に送ったのです。手術中にヘッドフォンをつけることを担当の医師は許してくれませんでしたが、回復室でなら、使ってもいいと言ったそうです。彼はなんとか『**プレ・オペ**』・テープと術後用のテープを使うことができて、手術はうまくいき、前のときより、痛みがずっと少ないということでした。『**ペイン・コントロール**』と『**エナジー・ウォーク**』を使うと、鎮痛剤の量が減り、しかも、もっと弱い鎮痛剤でもよくなりました。

昨年、僕の父が、肩の腱の断裂で修復手術を受けました。父は病院に『**サージカル・サポート**』・シリーズを持ち込み、担当の医師たちにわけを話して、『**プレ・オペ**』と『**イントラ・オペ**』を指示どおりに使わせてもらい、『**リカバリー**』を聴きながら目覚めました。痛み止めをいっさい要求せず、15分もしないうちに、退院できるくらい気分がよくなりました。こんなのは見たことがない、と医師たちに言われたそうです。翌週、父はテープを使いながら働き、痛み止めが必要になったのは、たった1回でした。

2、3週間後、肩の痛みがぶり返したと父がこぼすのを聞いて、僕たちは「ドルフィン・エナジー・クラブ（監訳者注：モンロー研究所の提供する会員制クラブで、会員は関係者に遠隔ヒーリングを行なう）」の遠隔治癒を申し込みました。その後、父に電話してみると、肩のぐあいはよくなってきたとのことでした。「最初の瞑想を先週の火曜にしたそうだよ」と言うと、父は「ええっ！」と驚きました。「それは、ちょうどぐあいがよくなり始めた日だ」

僕は何年も前からＨＩＶとエイズのさまざまな研究分野にかかわっており、ハワイに移ってからは、代替療法や効きそうな治療法の探索を始めています。また、ＨＩＶと、それが人類にもたらしている変化、とりわけ、すべてではないにしても人類のシステムのいくつかにもたらしている変化をどう捉えるべきか、改めて考えているところです。明るい面を見るなら、免疫系の研究を通じて、医学は飛躍的に進歩しました。皮肉なことに、同性愛が世間に受け入れられやすくなってきたのも、大部分はＨＩＶのおかげなのです。

とはいえ、エイズは相変わらず世界中で人々の命と暮らしをおびやかし続けており、米国でも流行は決して過去のものとなったわけではありません。新しい薬のおかげで、先進国の良質な医療を受けられる患者の寿命は延びていますが、別の場所では、流行が野放しになっているのです。けれども、薬剤にアクセスできる人々にとって、ＨＩＶがそれほど差し迫った脅威でなくなるにつれ、先進国のほとんどはこの問題にあまり関心をもたなくなりました。ＨＩＶを神経系の疾患とみなす人々もいます。感染に伴う最初の影響のひとつが、脳と免疫系のあいだの情報伝達の途絶で、その結果、情緒的な刺激に対する正常な免疫応答が抑制されます。ヘミシンクはその情報伝達の復活を助けるのではないでしょうか？

僕たちは、エイズにかかっていて健康状態が不安定な数人の友人に、『**ポジティブ・イミュニティ**』・プログラムを渡しました。みな、いろいろなエクササイズがおもしろい、気にいった、と言っています。彼らの経過を見守り続け、プログラムを使っているかどうか、ときどきチェックするつもりです。僕はハワイの「ビッグアイランド・エイズ・プロジェクト」を通じて患者たちと出会い、このプログラムを使った治験を行う可能性について話し合ってきました。このプロジェクトが、有益な情報を生んでくれればいいなと思っています。

僕はヘミシンクがさまざまな治療に応用できることに興味をひかれ、そのメカニズムについて、自分なりに仮説を立ててみました。最近のあるセミナーで、ジル・フッセルが、こんな話をしてい ました。ネコがのどを鳴らす音にヘミシンクを埋め込んだＣＤを、骨粗鬆症と診断された患者に何週間も聴かせたところ、その骨粗鬆症が「消えた」というのです。どうしてそのようなことが起こったのでしょうか。僕は、振動周波数と関係があるのではないかと考えています。でなければ、遺伝的な、あるいは、さらに言えばスピリチュアルな青写真の構築と関係があるとも考えられます。もし、金属を曲げて大きく変形させると、初めは硬直しますが、やがてもろくなります。もし、金属を熱して振動周波数をあげると、金属はより流動状態に、つまりエネルギーの低い状態に近づきます。これが「焼きなまし」と呼ばれるものです。やや単純化のしすぎかもしれませんが、ヘミシンクがそれと同じような作用をするとしたらどうでしょう?

ここで、ジムという男性にまつわる、とっておきの話を紹介しましょう。彼はハワイに住む56歳のアーティストですが、やっと生計を立てている状態です。「海辺の怠け者」と呼ぶ人もいますが、実は、波乱万丈の人生を歩んだ、とても教養豊かな人物なのです。生まれはテキサスで、彼の絵は豪邸やホテル、美術館に飾られています。ところが、1987年のこと、ハイウェイの路肩を歩いていたときに、時速百キロで走ってきた車にはねられました。この事故で、ジムは短期記憶の能力を失いました。この能力がないと、長期記憶に情報をしまいこむことがとても困難になります。

僕たちが初めてジムに会ったころ、彼の眼には知性のきらめきがあったものの、会話はしょっちゅう、意味不明になりました。彼は膨大な量の本を読み、考えられるあらゆる情報源から、有意義な一節を集め、記憶しています。会話は大部分がそうした断片的な引用からなっていて、それを次から次にまくしたてることがよくあります。「不平を言うな、弁明するな――ヘンリー・フォード2世」とか、「人生は向こう見ずな冒険か無かのどちらかである――ヘレン・ケラー」といったぐあいです。僕はジムの言っていることの内容に注意を傾けてみました。すると、そこには確かに意味があることに気づきました。彼のやや受け身の意思疎通のしかたが、わかり始めたのです。たとえば、もし僕との会話はもう十分だと感じたら、「すぐれた話し手はやめる時を知っている」というようなことを言います。不安感があると、こうした受け身の傾向がますます悪化するようで、とうとう僕にも、何を言っているのか理解できなくなってしまいます。僕が喜んで耳を傾けているのを見ると、彼も多少は努力するのですが、それでも、会話するのはやはり一苦労でした。

ハラルドと僕はジムの苦境について話し合ったすえ、彼にヘミシンクのことを話してみました。ヘッドフォン付きのCDプレーヤーを与えて、まず、『**リメンブランス**』や『**アインシュタインズ・ドリーム**』などのメタミュージックを渡しました。ジムはわくわくして取り組みました。僕たちは週に何度かようすをチェックしていましたが、ひと月もしないうちに変化が現れました。身なりにもっと気を使うようになり、いくぶんこざっぱりとしてきたのです。

ジムはひんぱんにヘミシンクを使い、聴くのをとても楽しんでいました。ある日、彼はビーチにいる僕のところにやってくると、こう言いました。「あの音楽は読書に最高だね。もうずいぶん聴いているよ」。彼の態度には微妙な変化が見え始め、読んでいる長編小説について、僕と話し合うこともありました。ある会話の折に、別の意識状態に到達するための瞑想を助けてくれるようなものがほしいと頼まれました。そこで、リラクゼーションのためのメタミュージックである『**モーメント・オブ・レバレーション**』と、ボブ・モンローの最初の本を渡しました。

その後6～9カ月のあいだに、ジムは変容を遂げていきました。意味の通る、おもしろい、そして大部分は明快な会話をする能力が、はっきりと改善されました。彼の興味深い人生や、遺産ともいうべき絵画、ものの見方、鋭い洞察力などについて、僕たちはたくさんのことを知りました。彼にはドライで辛辣なユーモア感覚があるのですが、彼を「わかろう」としない人たちは気づかないのです。引用句のコレクションも増え続け、まさにどんぴしゃりの引用をしたり、なるほどと思わせたりすることもしばしばでした。

記憶や会話力が向上しただけでなく、生活にも重要な改善がみられました。定期的に運動するようになり、僕たちの食事のことや、どうしたらそんなに細身の体形でいられるのかを知りたがったこともあります。いろいろ教えてやったところ、だいぶ体重を落とし、事故で重傷をおった足も、それほどつらそうではなくなりました。

僕がいちばん驚いたのは、ジムがとても困った状況に対処した、そのやり方です。彼は立ち退きを迫られていたのですが、特に急を要する話ではありませんでした。ところが、なんの権限もない人からいやがらせを受けるようになったのです。いやがらせがエスカレートして、ジムは身の安全を心配し始めたほどでした。

そのころ、僕はハワイ本島での会議に出席しなければならなくて、いつものビーチに出かけることができたのは、数週間たってからでした。ようやく会えたジムは、どうなったかをうれしそうに話してくれました。自分にどんな権利があるのか確かめたあと、彼は直接、所轄の役所に出向きました。そして、住んでもいいと提供されている場所が別にちゃんとあるけれど、引っ越しの準備には時間がかかること、正式な立ち退き通知も受け取っていないのに、いやがらせを受けていることを申し立てたそうです。ジムが言うには、その土地はある友人のものなので、そんな通知はあるはずがないことを知っていたのだとか。こうして問題は解決し、ジムは引っ越し準備に好きなだけ時間をかけていいことになりました。

ジムの人生はどんどん改善されていきました。やがて、絵を描くためのたっぷりしたスペースのある、ずっといい場所に引っ越しました。短期記憶の能力は失われたままだと、いまだに彼は信じています。情報を取り込む能力はかなり改善されているのに、自分では、まだそうは思えないようです。何かを数回繰り返すと、記憶にとどまるのだと彼は言います。それはすべて、繰り返す間隔しだいだと彼は信じています。ある意味では確かにそうなのですが、自分が新しい情報をどれほどうまく取り込めているか、彼は正しく評価できないのです。生き延びるために発達させた習性――聴くことと読むことに満足を求め、他人の言葉を通して意思疎通し、繰り返しによって記憶にとどめる――が、ジムのゆるぎない土台となっています。ヘミシンクは、情報を処理するのに必要な時間を短縮することによって、短期記憶と長期記憶とのあいだに橋を架けるのを助けているように思えます。ジム自身がどう思っていようと、２年近くも彼を見守ってきた僕には、違いは歴然としています。彼にとって、引用はもう、表現の手段ではありません。会話をぴりっと引き締める、すばらしくも鋭いコメントとなっているのです。

ある日、僕たちはビーチに腰をおろしてヘミシンクのことを話題にしていました。別れ際に、ジムはふと立ち止まって僕の顔を見ると、「あれは人を変えるね。そうじゃないかい？」と訊いてきました。僕はじっくり考えてから、答えました。「そうだね、ジム。確かに変えると思うよ」。

ジムの場合、単に行動が変化しただけではないと、僕は考えています。新しい神経経路ができたのではないでしょうか。その仲立ちをしたのが、ヘミシンクなのではないでしょうか。

僕は患者に感情のことを説明するとき、ハイウェイ網のたとえをよく使います。鬱状態にある人というのは、入り口がどっさりあって出口が少ない多車線ハイウェイを持っているようなものです。多くの考えがその人を小突いて、否定的な流れに乗り入れさせようとします。そこで僕は、もっと望ましい方向へ向かう新しい道路を作ってはどうかとアドバイスします。そうすれば、否定的な思考や感情のハイウェイは、やがて自然に使われなくなるでしょうから。さまざまな神経経路や接続部のある脳も、ハイウェイ網のようなものです。抗鬱薬によってであれ、心理療法によってであれ、鬱状態が改善されるとき、脳では同じような変化が起こります。

もしヘミシンクの刺激によって意識が別のレベルに移行しうるなら、それにともなって当然、行動をどのように体験するかも、変わるはずです。したがって、ヘミシンクはわたしたちの世界観を変容させる過程のひきがねとなるはずです。意識しているものであれ無意識のものであれ、深く染み込んでいる体制への挑戦は、しばしば変化の触媒となります。そうした挑戦が、穏やかで好ましい、開放的なやり方でもたらされれば、受け入れられやすいものです。その点、モンローの方法は、ひとりひとりのやり方にいきなり取って代わることなく、ヘミシンクというツールを日常生活に組み込むことを教えます。きっと、変化をもたらすひとつの刺激となることでしょう。

最後に、ハラルドと僕がハワイに建設中のセンターについて、それからその目的について、少し述べさせてください。細かいことは抜きにして、センター設立の原動力となった僕の夢について、お話ししたいと思います。僕がヘミシンクを使ったことと、ハラルドと出会ったことが、この夢を持つきっかけとなりました。

僕は、いまよりもよい世界を夢見ています。生きとし生けるものがすべて敬意を持って扱われ、飢えがなく、協調が尊ばれ、競争は個人の高い理想を達成させる手段としてのみ、存在する世界。そこでは、誰もが人生の美しさとこの世の豊かさを知っています。継続可能なエネルギー・システムを創り、豊富な再生可能天然資源を使って、生活に必要な機械を動かします。命が何よりも大事にされます。この地上での僕たちの時間は、魂の進化、意識の進化に捧げられます。

「ミラノン・センター・フォー・ジ・アート・オブ・ヒーリング」は、そういう夢を探求し、推し進めるための場所です。他者ともつながりながら、より高次の自分自身とつながるための環境とツールを、人々に提供する場所です。命あるほかの存在とのつながりを尊重することが、僕たちの求める究極の価値、僕たちの使命の原動力なのです。センターは、スピリチュアルな指導者、教師、あらゆる種類のヒーラーの集う場所となります。よりよい人生のさまざまな側面を探求するための、ヒーリング・シンクタンクならびにトレーニングセンターとなります。僕たちが「ヒーリング・アーツ」という言葉を選んだのは、ヒーリングとはいろいろな形でもたらされるものであり、伝統的な方法にも非伝統的な方法にも限定されるものではないからです。喜びや楽しみ、娯楽や遊びはすべて、この使命に欠かせない要素です。

僕たちはみな、同じひとつのものからやってきて、同じひとつのものに還っていきます。もし僕たちが、自分のたどる道を変えようと思うなら、いまこそ、ヒーリングを始めるべきときであり、この困難な課題を引き受けるべきときなのです。多くの人が、そうした考えは理想主義者のたわごとだと思うかもしれません。

人間どうしのつながりが物質主義に取って代わり始めれば、脅威や恐怖を感じる人もいるでしょう。けれども、僕たちはそうした人たちをのけ者にしてはなりません。社会によってこれほど明確に定められた道に従っている人々を、迫害してはならないのです。これは迫害と分離の運動ではなく、つながりと意思疎通、容認の運動なのであり、そこでは常に、違うところよりも共通するところが重視されるからです。僕たちの使命は、社会に押しつけられた物質的な夢にひたっている人々が、仲間の幸福のためにみずからの能力を使えるようにしてやること、それだけの強さを与えてやることです。

　僕たちは、人類を同じレベルにすることをめざすのではありません。すべての人類を、より高いレベルに引き上げることをめざします。僕たちは互いの違いを通して学び、成長します。けれども、根源との再結合へ、愛に満ちた状態へと僕たちを導くのは、違いではなく共通点です。ひとりひとりの天賦の才を称賛することは、かまいません。そうした才能が、すべての人と分かち合うためのものであり、その分かち合いが互いのつながりをもたらすと、わかっていればいいのです。

　ヘミシンクは、僕が根源とのつながりを認め、強化するのを助けてくれました。僕には学ぶべきことがまだたくさんあります。僕はひとりの科学者として、ヘミシンクがどのようにはたらくのか、興味があります。魅了されているといえます。これからも、それを説明するための理論を立て、探求を続けていくつもりです。ただし、ひとりの医者としては、説明を待つつもりはありません。ヘミシンクは万能薬ではありませんが、人々を助けることができると、僕は信じています。

# 人生の転機に正しい選択を

スザンヌ・プルー

*スザンヌ・プルーはカナダのケベックに住み、仕事をしている。ケベックのラヴァル大学でキャリア・カウンセリング、カリフォルニア大学バークレー校でコミュニケーション心理学、ケベックのシャーブルック大学で教育学の修士号をそれぞれ取得。１９８３年から、人事管理、社員教育、勤務評価、戦略的コーチングなどの仕事を経験した。１９８５年、みずからＳＵＭＡＥ社を興し、ビジネス・マネジメント・コンサルティング、企業コーチング、中途採用、社員教育などをおもに手掛けている。１９８６年に、最初の著書として、中途採用と転職に関する書籍を出版。その後さらに、ビジネス・マネジメントに関する本を４冊書いている。*

　わたしが初めてモンロー研究所のことを聞いたのは、書店を経営している友人からでした。１９９０年以来、ヘミシンクについて学び、テープを使っていますが、これはそのときどきにわたしが経験していた変化を大局的に見るうえで、とても役に立ちました。ヘミシンク技術は、何が起こっているかを理解する助けになってくれたのです。意識をより深い集中レベルに到達させるのを助けてもらったおかげで、より強く、みずからの直感の力に結びつくことができました。とても直感力にすぐれていると、前からよく言われてはいましたが、こうした一段と深い集中レベルを達成することで、みずからの直感に「相談する」新しい方法を発見したのです。いわば双方向のコミュニケーションが可能になったわけで、わたしはこれをとても楽しんでいます。

ヘミシンクを使えば使うほど、心のなかのある領域にそれだけすばやくはいりこめるようになりました。その場所にわたしは、大きな平安を見いだしました。日々進み続け、人から期待されていることをこなすには、そうした心の平安がぜひ必要でした。当時わたしは、私生活のあらゆるできごとにどう対処していいかわからず、途方にくれていました。そうした状況がひきがねとなって、わたしの人生にはとても大きな転換が起こったのだと思います。そのときは、何が起こっているのか、わかりませんでしたが。

わたしにとって、仕事はいつも避難所でした。仕事をしていれば、少なくともその8時間のあいだは、自分の人生のコントロールを取り戻すことができましたから。けれどもあの転換の時期は、なにひとつ、思い通りにならないような気がしました。やがてヘミシンクの助けを借りるようになってから、やっと違う視点に立つことができたのです。

わたしがいちばんよく使ったテープは、『**モーメント・オブ・レバレーション**』と『**ゲートウェイ・エクスペリエンス**』のなかの「**ウエーブI――ディスカバリー**」です。自分の人生について考え、観察する新しいやり方が、ゆっくりと形になり始めました。いま、なぜ、わたしはこの人生を生きているのか。それがもっとよく理解できるようになったのです。わたしのなか深く、魂をじかに貫いていたように思われる痛みが、ひとりでに治癒し始めました。わたしは自分自身のスピリチュアルな治癒過程を目の当たりにしたのです。なぜなら、わたしは自分の魂とつながり、一体となっていたからです。自分がなぜその大きな（そして非常な痛みを伴う）個人的な転換を体験しているのか、そのわけを、自分自身の内にある視点から、理解することができたのです。

ヘミシンク・テープの定期的な使用を通して、わたしは内なる旅を始めたわけですが、それは職業人生にも大きな変化をもたらしました。新たな道が、決められました。わたしはただ、自分の直感からの指示にしたがっただけです。「むずかしく考えないように」と、直感が教えてくれたのです。それ以来、新しい方向に導かれたわたしは、マネジメントの博士号をめざして勉強し始めました。もちろん、企業レベルのトレーナーとしての仕事も続けています。こうして努力を重ねる毎日に、わたしはとても満足しています。

仕事でコーチングをするとき、わたしは自分の直感力を使って、何年も前に開発したプロジェクト・マネジメント・システムをクライアントに伝授します。モントリオール地区でたいそう評判がよかったシステムです。このシステムでは自分の内面との対話を使うのですが、そのようなやり方を完成させることができたのは、ヘミシンクの助けがあったからです。ヘミシンクは、もっと直感を使ってもいいのだという自信を与えてくれました。わたしの指導には、直感との対話という概念を組み込んであります。最近、カウンセラーや企業経営者たちと仕事をする機会がありますが、わたしのテクニックを使うように教えています。みずからの直感力に心を開くひとつの方法として、ヘミシンクを勧めるのです。

どのような転換にも、理由と意味があります。ヘミシンクの使用を通して、わたしはそのことに気づきました。直感というたちばん身近な友人の助けもあったからこそ、ゆっくりではありますが、心からそれを確信できるようになったのです。

# 自身のトラウマを解消する

ゲイル・M・ブランシェット

*ゲイル・ブランシェットは、カナダのウィニペグで個人営業のビジネス・コーチ兼トレーナーをしている。彼女の会社、ビジネス・ベーシック・アンド・モア社は1997年に設立された。おもな顧客は、中小企業経営者と小規模の会社を興したいと思っている人々である。自費出版の本である『Harsh Lessons and Unexpected Gifts(きつい教訓と思いがけない贈り物)』で、過去のできごとに将来を左右される必要はないという信念を述べている。人生やビジネス、人間関係などに悩む人々に、そうした考え方を伝えたいという。ゲイルはモンロー・プロダクツの代理店もしており、コンサルティングの仕事を通じて、普及に努めている。*

ヘミシンクについてわたしがこれからお話ししようと思うのは、とても個人的なことです。わたしは、薬物中毒や暴力のはびこる、崩壊寸前の家庭で育ちました。子供時代と思春期はさながら悪夢のようで、わたしの人生に多くの深い傷を残しました。わたしの対応能力は何度も、人間が感情的に耐えうる範囲をはるかに超えるところまで、追い詰められました。どうにかして、わたしは自分を守り、生きのびたのです。

自分の人生が、心理学的な意味ではどこから見ても「正常かつ健全」とはいえないもので、いまでもそうだと20代の半ばから終わりごろになって初めて気づき始めました。その現実をはっきりと認識するようになるにつれ、わたしは心をかき乱す多くの疑問に対する答えを探し始めました。

わたしの人生は不幸のどん底だったうえ、幼い息子も育てなければなりませんでした。もちろん、自分の両親が犯した過ちを繰り返したくはありません。答えを求めて、わたしはむさぼるように本を読み始めました。セルフヘルプや個人的な成長を扱う著者の本と見れば手当たりしだいに読んだので、何百冊にもなったにちがいありません。数えきれないほどのセミナーやワークショップにも参加しました。心理学や社会学をはじめ、関連のある分野も勉強しました。自分の子供時代のトラウマのしくみを理解し、どうやって人生を変えたらいいかを理解しようとしたのです。

でも、なにもかも、助けにはならないようでした。相変わらず、わたしは古い落とし穴と好ましくない行動パターンに落ち込み続けました。

30代の終わりに、わたしが体験したようなタイプのトラウマを専門に扱う精神分析医と出会いました。このとき、わたしの真剣な自己発見の旅が始まったのです。遅々とした、ときには非常にフラストレーションの溜まる旅でした。いちばんの問題は、わたしが声をあげて泣く能力を失っていたことと、自分の考えや気持ちをほとんど、話したり書いたりできなかったことです。まるで、わたしの一部が氷山のように固く凍りついているかのようでした。どれほど促されたり優しくされたりしても、心を開いて思いのままに話すことはできませんでした。わたしのセラピーは断続的に10年ほど続きました。その間にいろいろと進歩はあったものの、過去はさまざまなやり方でわたしにとりつき続け、毎日の生活のあらゆる面に影を落としました。

ヘミシンクを見つけたのはそんなときでした。それを瞑想に使っていた友人が、使ってみたらと言って、テープを何本か貸してくれたのです。好奇心をそそられながらも半信半疑で、テープに耳を傾けました。音響による誘導技術に興味を引かれましたし、ヘミシンクが本当にわたしの治癒を助けてくれるのかどうかにも興味がありました。テープの音にはとても心を落ち着かせる効果があって、耳に心地よいものでしたが、その価値というか、はたして私の人生を改善してくれるのか、変えてくれるのかについては、まだ確信がありませんでした。

１９９７年の秋に、わたしはモンロー研究所での《ゲートウェイ・ヴォエッジ》に参加する決心をしました。それはまさに人生を変える決断となりました。わたしの心理的な治癒過程に、広範囲にわたる影響を及ぼすことになったのです。プログラムが始まって何時間もしないうちに、わたしはなじみのない感情や反応を体験し始めました。まず、研究所の環境に包まれていると、どれほど安心でき、安全な感じがするかに気づいて驚きました。わたしがそんな感じを持つなんて、確かに普通じゃありません。２日目の終わりには、わたしは体から心を締め出すことも切り離すこともせずに、本当に声をあげて泣いていました。何年もなかったことです。ゆっくりと、わたしは信じ始めました。自分のなかにとても深く埋め込まれた感情や、つらい体験の一部を感じてもいいのだ、そうしても、もう打ちのめされてしまうことはないのだと。

プログラムが終わるころには、体を押しつぶしていたおもしが取り除かれて、文字どおり、ふたたび息ができるようになったような気がしたものです。感情的に自由だ、幸せだと感じました。これまでに経験したことのない、新しい感覚でした。それでも、その感覚がわたしにとってどれほどすばらしいものであったとしても、その後の何年かにわたるセラピーでの進歩に比べれば、なにほどのものでもありませんでした。

かかりつけの精神分析医は、わたしが見せた「めざましい進歩」に大感激でした。わたしはまるで、過去という閉ざされたドアを開ける鍵を与えられたかのようでした。できごとや体験、否定的な感情のあいだにつながりをつけ、それらをずっと健全で適切なやり方で処理できるようになったのです。さらに重要なことは、なぜ過去がわたしの日常生活にそれほど深刻な影響を及ぼすのか、そしてそれを変えるために何ができるかを、理解できたことです。

ところが、わたしはまたしても、感情的なバリケードに突き当たりました。取り除くことができなかった「何か」が、ちょっぴり残っていたらしいのです。家ではヘミシンクを使い続けていたにもかかわらず、人生に満足できず、安心感も得られません。相変わらず恐ろしい悪夢に苦しめられ、否定的な感情に圧倒されてしまうのでした。自己発見の旅の途中に起こったこの足踏み状態に焦りを感じたわたしは、《ハートライン》プログラムに参加するため、１９９９年に研究所に戻りました。《ハートライン》は、《ゲートウェイ・ヴォエッジ》とは非常にちがっていました。今度もまた、プログラムが始まって数時間のうちに、これまでにない気持ちや感情の広がりが表面に浮かび始めて、とても驚きました。これだけ何年もカウンセリングや集中的な自己啓発レッスンを受けてきたからには、わたしという存在のなかに、わたしの知らないものが何か残っているなんて思っていなかったからです。ところがなんと、わたしはあっと驚くような体験をすることになるのです。

わたしにとって、《ハートライン》はわたしの内なる子供のための究極の治癒過程といえます。わたしは、根底から揺さぶられるような体験をしました。人生のいくつかのステージにおける自分自身の一部を、どれほど自分から切り離していたか、はっきりと思い知らされたのです。わたしは、レイプされ、心に重い傷を負った3歳児を、拒絶していました。不器用で無気力な、友だちのいない16歳の少女も、自分から切り離していました。そのうえ、大人になってからのわたしは、自分のそうした一部とのつながりをどうしたら取り戻せるか、理解していませんでした。そういう子たちが存在したことさえ、意識から抜け落ちていたからです。《ハートライン》プログラムのあいだに、わたしは自分の失われた部分を見つけました。そのような建設的な体験と認識は、わたしにとって、人生を変え、根本的な治癒をもたらすものでした。そうしたものは確かにわたし自身の一部であり、わたしが無意識に探し求めていたものだったのです。

つまり、ヘミシンクはひとつの振動音響技術で、それ以上でもそれ以下でもないのですが、わたしの人生と体験に働きかけ、意識のレベルを転換させるのを助けてくれたのです。人生の早い時期にした重要な体験とのつながりを、取り戻させてくれたのです。幼い子供だったわたしは、自分の受けたトラウマを表現する言葉を知りませんでした。ヘミシンクは、言葉にできなかった負の記憶を明確にするための、とても効果的な道具となったのです。大人になったわたしの凍りついた感情を解き放つのにも、大きな効果を発揮したように思います。そんなふうに感じているのは、わたしだけではありません。

ヘミシンクのすばらしい効果を発見して、何がいちばんうれしいかといえば、ほかの人たちにもその効果を伝える機会が持てることです。わたしは仕事でもヘミシンクのテープやCDを使っています。これまでにわたしの仕事を通じてそうしたものを購入した顧客は、300人ほどにのぼります。彼らは口々に、この音響技術が彼らの人生を実にさまざまなやり方でどれほど大きく変えたかを話してくれます。学習能力が向上した、病気が治って健康になった、内面的に成長した、新しいレベルの心の平安が得られた、というようなことです。そうした体験の多くはわたし自身の体験とも共通するところがあって、内面的な自己発見の旅をする彼らの興奮や喜びを目にするのは、とてもうれしいものです。

進歩したな、と自分でも思えるのは、最近、わたしの人生と、わたしがどのようにして成長し変わることを学んだかについての本を書き、自費出版したことです。人生にも、いくつか好ましい重要な変化がありました。いまわたしは、自分が自由だと感じます。心が平静です。毎日を楽しんでいます。ヘミシンクは、わたしの内面的な成長と治癒に大きな役割を果たしました。そしていまも、人生の重要な要素であり続けています。ロバート・モンローの先見性のある仕事にはもちろん、その仕事をこんにちまで引き継いできた彼の家族や、同僚、研究所のスタッフにも、最大の感謝を捧げたいと思います。

## ヘミシンクとともに、自閉症に立ち向かう

アン・カーペンター

*アン・カーペンターは1957年2月に、先天性風疹を患って生まれた。妊娠中に母親が風疹にかかったのが原因だった。ごく幼いうちに、白内障の水晶体を除去し、心臓弁の欠陥を修復したものの、右耳の神経性難聴は残った。歩き始めるのが遅く、5歳でようやく話し始め、人と関わるのが苦手だった。彼女にとって、生きることはむずかしいパズルだった。異常な行動パターンが数多く表れた。ぐるぐると体を回転させ、手を打ち鳴らし、わけもなく騒ぎ立てる。こうした障害にもかかわらず、アンは公立学校で教育期間の大部分を過ごし、全盲ならびに弱視の子供のための学級と、ペンシルバニアの特殊学校で補習を受けた。成長するにつれ知的ならびに社会的スキルに改善がみられ、ついに図書館学の修士号を得るまでになった。いまでは、かつての困った癖の多くはなくなったものの、彼女は依然として自閉症を抱えて生きなければならない。*

*以下の手記の前半は『TMI Focus（TMIフォーカス）』第14巻1号（1997年冬季号）からの転載である。*

自閉症に伴う幼いころの問題の多くは解消されたのですが、いまはその自閉症が違う形で表れています。よく不安感に襲われ、いてもたってもいられないような気持になります（たとえば、ストーブとかドアノブを何度もチェックして、なにもかもちゃんとしているかどうか、「確かめる」必要があると感じます）。睡眠は不規則です。疲れた感じが全然しなくて、すごく遅くなってからベッ

ドにはいることもあります。すると、翌日は寝過ごしてしまいます。ミシガン自閉症協会（ASM）でパートの仕事をしているので、ちゃんと仕事に間に合うように、朝早く起きなければなりません。結局、くたくたに疲れて、足元もふらふらということになります。ときには、じっとしていられない状態になって、家にひとりでいるとき、跳ねまわったり騒ぎ立てたりして、余分なエネルギーを発散させることもあります。

３年前、わたしがASMオフィスのワークショップで話をしていると、ある女の人が美しい音楽のテープをかけました。それはなんですかと訊くと、**『インナー・ジャーニー』**というヘミシンクのテープを見せてくれました。それから数日は、久しぶりにきちんと眠れました。わたしはそのテープのほかに、**『スリーピング・スルー・ザ・レイン』**も、もらいました。寝つくのがずいぶん楽になり、不安感も少なくなりました。ヘミシンクってどういうものなのだろうという気持ちがどんどん大きくなっていきました。そうしたら、２年前、誕生日にモンロー研究所の維持会員の資格をプレゼントされたのです。もちろん、資格は更新しています。

それ以来、わたしはヘミシンクをよく使っていますが、テープを聴いていると、いつも眠ってしまいます。テープが終わると、頭がすっきりしていて、疲れが取れるとてもいい眠りだったことがわかります。ヘミシンクを使っているとき、気分は落ち着いているのに、注意が研ぎ澄まされて、すべてをはっきりと意識していると感じます。聴覚が超高感度になったように思われます。問題をやすやすと解くことができ、創造的な解答が浮かびます。もっと楽天的な態度がとれます。ものごとが本当に最善の結果になるような気がするのです。

もうひとつ、わたしが気づいたとびきりの効果は、脳がどういうふうに働くのか、とか、この先どうなるのかといったことについての洞察力が、「ドッカーン」と爆発的に高まることです。12歳のときに神経学的な検査を受けて以来、人の脳はわたしの興味を引きつけてやみません。

「ドッカーン」がいちばん起こりやすいのは、夜遅く、ヘミシンクの『**タイム・アウト・フォー・スリープ**』というCDを聴いているときです。実をいうと、テープを全然聴いていなくても、夜には起こるのかもしれません。まるで、わたしの脳には決まったスケジュールで動き出すタイマーがあるみたいです。最近わたしは『**ザ・ミラキュラス・プリンシプル**』（年4回出るテープの1966年春のもの）を使っています。このテープは一連の「ドッカーン」のひきがねとなり、おかげでわたしは元気いっぱいで、4月のワークショップのお手伝いができました。『**ブレイン・リペア・アンド・メンテナンス**』の機能コマンドである「**プラス・フロー・ベター**」を1日を通して使うようになってから、「ドッカーン」がいっそうひんぱんに起こるようになりました。これは、『**ゲートウェイ・エクスペリエンス**』の「**ウエーブフォーI――ディスカバリー**」を聴きながら仕事をしていることとも、関係があるかもしれません。「ドッカーン」の状態をなるべく長く維持すると、指をいじくったり、騒々しい声を出すのを抑えられなかったり、というような自閉症特有の行動を一時停止にすることができます。

ヘミシンクはとても役に立ちますが、それほど効果がない場合もあります。カフェインを摂取したり、とても疲れていたり、PMS（月経前症候群）だったりするときは、効果がはっきりと妨げられます。それに、たまにしか使わなかったり、使用が不規則だったりすると、わたしの反応はだんだんに弱くなります。

ヘミシンクを使っても、わたしの自閉症は治らないかもしれませんが、わたしにとって、治ることは重要ではありません。わたしたちはまだ、脳の潜在力の表面を引っ掻いてさえいないのに、その潜在力は無限なのかもしれないのです。すばらしいことではないでしょうか？　自閉症の治療法がないことにがっかりするより、脳の潜在能力をもっと活用することに注意を向けようではありませんか。そうすればおそらく、自閉症やその他の精神疾患は、それほど問題ではなくなるでしょう。意識があまり集中していないとき、わたしの自閉症症状は弱まります。注意の集中と分散とのあいだのアンバランスが、人間としての完全な能力へのアクセスを妨げる最大の障害なのかもしれません。そして同時に、破壊的な行動パターンを繰り返させる要因のひとつなのかもしれません。

## 【ビッグ・カフーナ】（1997〜2002更新）

止まったり進んだりを何度も繰り返したあと、あの「なるほど！」という感じ（以前は「ドッカーン」と表現していたけれど、いまは「カフーナ（賢者）」と考えているもの）は、大きくひとつにまとまり始めています。ひとつの大きな「カフーナ」になろうとしているのです。そして、わたしはこのパワフルな精神状態をどんどん長く維持できるようになっています。このすばらしい精神状態にあるとき、わたしの全人生が、ひとつの大きな運動なのだとわかります。なぜなら、わたしがすることはすべて運動だからです——体の動き、知覚、感情、行動、そして思考さえも。そしてわたしの場合、その運動の調整がうまくいかないのです。これは、何年か前に提唱された自閉症に関する説のひとつですが、その後支持されなくなりました。けれども、私の体験に照らしてみると、おそらくこれが自閉症の根底にあるものなのだという気がします。この調整の障害には、わたしがあらゆる瞬間、あらゆるナノセカンドに行う、あらゆることが含まれます。関連があるとは思っていなかったことがらも、実は関連があるのです。例をあげれば、朝起きたときに、疲れがとれてすがすがしい気分の日もあれば、まだ疲れが残っていて、もうろうとしている日もあります。いまは、そんな日には、ウォームアップして1日を始めるのに余計に時間がかかるだろうと考えます。もうひとつの例は不安感です。不安を感じると、その大きなかたまりはしばらく居座りますが、なにかほかのことをすると、まるで一過性の発作だったかのように、ひとりでに消えてしまいます。でも、何かに不安を感じたとき、その問題を解決する方法を考え出すこともあります。すると不安感は消えます。

このすばらしいカフーナを言い表すなら、「リラックスしていながら、すべてを鋭く意識している感じ」といえば、いちばんぴったりでしょうか。人生の何もかもが、とても興味深く、すばらしく思えるのです。こういうふうに意識が研ぎ澄まされた状態にあるとき、私は穏やかな高揚感がずっと続くのを感じます。不安は消え去り、心が落ち着いて、いまという瞬間を細部まで味わい、鑑賞するのです。この高揚感がわたしを満たすのを感じます。カフーナのとき、わたしの知性は鋭くなります。問題をじっくり考えて、取り乱すことなく落ち着いて解くことができると感じますし、解決策をすばやく考えだすことができます。こうしたことは、精神が全体的にスローダウンする、つまり沈静化することの一部なのです。こういうとき、わたしは、温めたナイフがすーっとバターを切るように、人生を渡っていくことができるような気がします――なめらかに、やすやすと、流れるような動きで。カフーナの状態は、知っているという感じと表現することもできます。正しい軌道に乗っている、「これでいいのだ」と確信があるという、漠然とした感じです。この「知っている」

という感覚があらゆるニューロンを満たし、あらゆる考えや行動に影響を与えるのです。

ＴＭＩ（モンロー研究所の略称）の会員として受け取った『**ネットワーク・オブ・ライト**』シリーズのテープ（特に『**ナーバス・システム**』のテープ）のなかのアファメーションには、強力な効果がありました。『**ナーバス・システム**』テープのアファメーションを使うと、カフーナの効果が強まって、さらにパワフルになるのです。ヘミシンクは一種の同調プロセスなので、カフーナの状態にあるとどういう感じなのかがいったんわかれば、そこに戻ったり、そういう心の持ちようにとどまったりできるのです。だから、軌道からはずれたときには、何をすればいいか、見当がつくのです。これはだいじなことです。自閉症は〝一生続く〟障害なので、わたしは運動と調整にいつも困難を抱えているからです。ヘミシンク技術は、決して、自閉症の治療法とみなすべきではありません。むしろ、脳の無限の潜在能力の活用を助ける道具とみなすべきです。

カフーナのときには、シンクロニシティなど、いくつか興味深いことが起こるようです。たとえば、あるときわたしは大好きな友人のことを考えていました。わたしのベビーシッターで、２００２年９月末に教会の助祭に任ぜられることになっていた人です。彼女のことを考え始めるとすぐに、彼女からｅメールが届きました。そして母が、いま受け取ったばかりだと言って、その友人の聖職授与式への招待状を持ってきたのです。

さらにこんなこともあります。わたしは霊感が強くなり、神とは何かについて、力強い洞察を得ました。電気製品に何か影響が出ているようだと気づいたこともあります。エネルギーがあまりにも強力なので、ｅメールをチェックしていると、コンピュータにエラーメッセージが出るのです（ソフトウェア自体のせいかもしれませんが）。テレビの音が出たり消えたりしたこともあります。あるときなど、ヘミシンクをひんぱんに使っていたら、わたしがカフーナの状態にあるときに仕事場のコピー機が点滅し始めました。

カフーナがいっそう強力になるにつれ、平静な気持ちになるほかにも、もっと微妙な変化が自分に起こっていることに気づきました。こうした精神状態にあるときは、いつにもまして、はっきりと理解できるのです。わたしたちは本当に肉体以上の存在であり、わたしたち自身よりも大きな力を活用することができるのだと。

# 刑務所におけるヘミシンクの実践

ロナルド・ラッセル

何年か前から、研究所のプログラム担当役員のダーリーン・ミラー博士が、刑務所福祉プログラムを準備してきました。プログラムの実施に当局の同意の得られた刑務所のひとつが、コーコランです。すでにスピリチュアルな勉強グループとして集まりを持っていた囚人の一団にヘミシンクの使い方を簡単に説明したあと、各自プログラムを始めさせました。

刑務所のチャペルには小さな部屋がいくつかあって、各部屋に配線を延ばせば、ひとつのCDユニットでプログラムを実施できることがわかりました。二股の差し込み口を使って各部屋で2人が聴けるようにすると、それぞれが一種のCHECユニット（監訳者注：モンロー研究所でヘミシンクを聴く際に用いるベッド一個分の広さの小部屋）になります。また、グループの集まりがないときは、各自が自分の房でヘミシンクを使ってもいいという許可が出ました。まず、**『ゲートウェイ・エクスペリエンス』**の最初のふたつのアルバムと、いくつかの**『ヒューマン・プラス』**エクササイズを使うことにしました。

プログラムは多くの重要な成果をもたらしました。意識レベルの探求など、彼らはこれまでまったく体験したことがなかったわけですが、この探求のおかげで彼らは、自分の内面にある多くの葛藤をひとつひとつ見直す機会を得たのです。そうした葛藤こそ、彼らの人生をねじまげた元凶でした。子供時代のつらいできごとが思い出されました。愛されず、無価値と感じ、罪を犯し、人間関係に失敗した自分のイメージが、呼び起こされました。ゲートウェイのエクササイズは、古い条件づけや行動パターンはもちろん、それと結びついた感情や考えを解消するのにも役立ちました。これからは喫煙と飲酒の習慣をやめられるのだと気づいた人がふたりいましたし、数人が、否定的な感情をうまく抑えられるようになったことを発見しました。看守に顔が売れていたある囚人は態度があまりにも変わったので、いったい何が起こったのかと、看守たちがふしぎがったほどでした。その囚人が音響技術プログラムの参加者であることを知ると、看守たちはたいそう興味を持ち、幾人かは、自分で聴くためにヘミシンクのＣＤやテープを購入しました。

　話し合いのなかで参加者は、みずからの不完全さとまわりの世界の不完全さを認め、受け入れることから、自分たちの真のパワーが来ていることに気づきました。みずからの影の部分を受け入れ歓迎することができることに、そして老子の言葉「闇の奥の闇——あらゆる理解への入り口《ゲートウェイ》」の真の意味を理解できると気づいたのです。ヘミシンクと定期的な瞑想のおかげで、彼らは闇のさらに奥深く、自分たちの封印された痛みのさらに奥深くを見ることができました。なぜなら、そここそ、光を見いだすことのできる場所だったからです。

　プログラムは、続くふたつのゲートウェイ・アルバムへと、さらに最終アルバムの**「ウェーブⅥ——オデッセイ」**へと、続行されました。プログラム全体が、意識の変換をもたらす、霊感を与える道具であることがわかりました。参加者ひとりひとりを変換の最終目標に到達させることができる道具、その人自身の内なる自己を、直接にしかもすみやかに体験させることのできる道具だったのです。知性が余計な口出しをしないとき、理解しようという努力を放棄したとき、偽物の想像物や投射像があばかれたとき、とほうもない知が現れることを、彼らは発見しました。いまや彼らは、自分のなかにある葛藤や恐れ、疑いの原因そのものを見ることができたのです。ずっと昔は彼らも、それぞれなんらかの形の解放を探し求めていました。幸福や繁栄、愛や成功を人生に追加する企てに乗り出せば、苦しみや迷いから解放されると信じていました。しかし、ドラッグや犯罪、暴力を通して何を追加しようと、依然として彼らは完全な存在ではありませんでした。ところが驚いたことに、**「ウェーブⅥ——オデッセイ」**を聴いていると、自分たちがどれほど多くの自己抑制的な考えを持っているかがあらわになって、幾人かはとうとう泣き出してしまったほどでした。

グループはいまも探求を続けています。話を聞いて加わった人もいて、メンバーが増えています。これはその刑務所で唯一、あらゆる人種——黒人、白人、ヒスパニック——の参加者がいるグループです。刑務所にヘミシンクが導入される前は、とても信じられないことでした。

# 第2章　ヘミシンクと子供たち

　スザンヌ・モリス博士は、幼児や小児の治療にヘミシンク、特にメタミュージックを初めて使った。その仕事は国際的に認められており、ヴァージニア州ブルーリッジ・マウンテンのふもとにある彼女の「ニュー・ヴィジョンズ・センター」は、すぐれた診療の中心となっている。この章の最初の論説で、モリス博士はメタミュージックの特性を説明し、自身の長い経験から、使う曲の選び方やいちばん効果的な進め方を提案している。2番目の論説では、発達障害のある子供、特に栄養問題を抱えた子供についてさらに詳しく取り上げ、治療とメタミュージックをどのように組み合わせれば、学習環境が向上し、そうした子供たちがそれぞれのスキルを向上させられるかを示している。

　アルゼンチンでも、ノラ・ローゼンとベレニス・ルーケがメタミュージックを治療に用いて、自閉症児の多くの症例研究で示されたその有効性を報告している。4番目の論説では、経験豊富な小児理学療法士であるジャクリーヌ・マストが、みずからの治療理念を説明する。そして5例の症例研究を挙げて、ヘミシンクがどのように彼女自身の直観力を調整してくれるか、深刻な発達障害のある幼児に施す治療の質を高めてくれるかを、明らかにしている。

# 子供たちの学習支援にメタミュージック

スザンヌ・エヴァンズ・モリス（博士）

*スザンヌ・モリス博士は音声言語病理学者で、音楽療法師の資格も持ち、1981年からコンパニオン・アニマル（＊訳注＝連れ合いとしての動物、つまりペットのこと）とともにヘミシンクを使っている。「ニュー・ヴィジョンズ」の所長でもあるが、ここでは摂食関連スキルの指導のための画期的なワークショップを開いている。家族向けの臨床サービス提供者向けのワークショップも開いている。彼女の仕事は直接の臨床サービス、教育ワークショップの継続、臨床材料の開発、臨床研究など多岐にわたる。本書には3編の論説を寄せている。*

メタミュージックは、いくつかの点で、幼児や小児の身体的、知的、感情的成長の支援に役立つ可能性があります。親や教師、セラピストからしょっちゅう訊かれるのは、メタミュージック・テープやCDの適切な選び方についてです。「どのテープを使えばいい？」「どうしたら、うちの子に効いているってわかるの？」「どんなとき、テープを使えばいいの？」「どれくらいの頻度でメタミュージックを聴かせるべき？」「どういう種類の装置が必要？」といったぐあい。この論説はそうした質問に答えるためのものです。小さな子供の学習を支援するためのメタミュージックを選び、使用をモニタリングするためのガイドラインを示します。特に強調したいのは、治療に適した環境でメタミュージックを使うことです。

## 【メタミュージックはパターンによって適用が変わる】

ロバート・モンローの初期のヘミシンク・テープは、言葉での指示を理解できる成人と青少年向けに作成されたものでした。けれども、１９８０年代の初めに、モンローはガイド入りのテープのために開発されたヘミシンク・パターンの多くを音楽に組み込んだ製品を作り始め、これをメタミュージックと呼びました。メタミュージックによって、子供たちもヘミシンクの音のパターンの恩恵を受けられるようになりました。もともとのテープのように言葉で内容を表してあるものは、子供には合わなかったからです。これで、あらゆる年齢の人がヘミシンクを、特定の用途向けではない音楽として、自由に楽しめるようになりました。読書や勉強、睡眠、イメージ想起など、さまざまな活動のバックグラウンド・ミュージックとして使うこともできるようになったのです。

メタミュージックの楽曲に混ぜ合わせるヘミシンク音には、３つの異なるパターンがあります。脳波パターンにおいて優勢な周波数と意識の状態には相関関係があるので、異なるバイノーラル・ビートの組み合わせを聴かせると、異なる主観状態が観察されます。

〝**リラックスト・フォーカス**〟テープに含まれるヘミシンク音パターンは、おもにシータ波（４～７ヘルツ）の範囲の低周波数脳波パターンを促進します。この入眠状態では、学習を受け入れやすくなると考えられています。ほとんどの人は、身体的なリラクゼーションと高レベルの精神的な鋭敏さというユニークな組み合わせと、注意の焦点の拡大あるいは解放を体験します。

**〝コンセントレーション〟**テープには、アルファ波（8〜12ヘルツ）およびベータ波（13〜26ヘルツ）の範囲の、より高周波数のヘミシンク・パターンを組み込んであります。主観報告には、課題をこなすときのような注意の焦点の絞り込みと高レベルの鋭敏さの組み合わせが得られたなどがあります。

**〝スリープ〟**テープは、熟睡のときの非常にゆっくりしたデルタ波（1〜3ヘルツ）に聴き手をしだいに移行させるバイノーラル・ビートのパターンを創り出します。

## 【メタミュージックの選び方】

その子によく見られる感覚運動や感情、学習の行動のうちで、メタミュージックによってなんらかの影響を及ぼせるものは何か、確認してください。注意の焦点、活動レベル、触れられたときの反応、受動的および能動的運動への反応、筋肉の緊張度、運動協調性、呼吸、なじみのない活動の受容度、模倣能力などを観察するといいでしょう。メタミュージックを使おうとしている環境でその子がふだんどんな反応を見せるか、よくわかるまでは、メタミュージックを導入してはいけません。たとえば、もし学習のバックグラウンドとして使いたいと思うなら、バイノーラル・ビートの支援がない場合、学習活動中にその子がいつもどんな反応を見せるか、充分に知っていますか？このふだんの反応が、メタミュージックを使った場合の反応と比較するためのベースラインとなるのです。

その子のめざす目標を支援すると一般に考えられる種類のメタミュージックを選びましょう。『**イ**

**ンナー・ジャーニー**』、『**クラウドスケイプス**』、『**マスターワークス**』といった〝リラックスト・フォーカス〟テープは、感覚運動障害のある子供たちのほとんどにとって、すばらしいバックグラウンド・ミュージックとなります。注意の対象が固定してしまうのを防ぐので、セラピストや教師との相互交流が必要な場面で、効果を発揮します。子供がひとりでいるときの身体的・精神的リラクゼーションの維持も助けます。「リラックスト・フォーカス」テープは通常、筋肉の緊張度が高い子や、感覚の処理および統合に問題のある子（自閉症や広汎性発達障害の子など）に使います。『**リメンブランス**』、『**バロック・ガーデン**』、『**アインシュタインズ・ドリーム**』のような〝コンセントレーション〟テープは、注意の焦点を絞ったり、鋭敏さを高めたりするようにデザインされています。これらは、注意スキルに乏しい子や活動亢進の子の多くに適しています。これらのテープの高周波数バイノーラル・ビートが、注意欠陥障害の子供たちに欠けがちな、アルファ周波数（8～12ヘルツ）の中の高い周波数領域とベータ周波数（13～26ヘルツ）の中の低い周波数領域の脳波パターンの出現を促すのです。「リラックスト・フォーカス」テープを使うといつも眠くなる子供たちには、これらのテープのほうが効果的なことがあります。『**スリーピング・スルー・ザ・レイン**』のような〝スリープ〟のテープやCDは、おもに安眠やゆったりしたリラクゼーションを促進するために使われます。

種類の選定が済んだら、あなたが好きな曲を選びます。家庭や教室で使ったり、セラピーのときにスピーカーで流したりする場合は、聴く人みんなに好まれる曲にすることがとても重要です。ヘミシンクの上に乗せたを曲そのものが、バイノーラル・ビートと同じくらい重要だということを忘れないでください。もし自分にとって不愉快な音楽を選べば、あなたはその不快感を無意識のうちに子供に伝えてしまいます。ヘミシンクは、単に音で脳に特定の反応を起こさせるのではありません。脳に参加を呼びかけるのです。大人でも子供でも、もし音楽に否定的な反応をすれば、脳は参加しようとせず、ヘミシンクは効果を発揮しないでしょう。

その子の、言葉によるコミュニケーションや言葉によらないコミュニケーションのパターンを確認してください。さまざまな状況で、好き嫌いや好みをどういうふうに表現するでしょうか（たとえば、そっぽを向く、ますます落ち着きがなくなる、目を合わせなくなる、そっくりかえる、泣いたりわめいたりする、じっと見る、手を伸ばす、ほほえむなど）。

落ち着いているときを選んで、メタミュージックを導入しましょう。そういうとき、ヘミシンクはさまざまな活動を支援できるのです。テープやＣＤがとりわけ効果を発揮するのは、食事どきや、物語を読んでもらったり絵本を見たりしているとき、勉強しているとき、そのほか、同じように静かに注意を集中させることが役立つときです。

あなたが選んだメタミュージックを子供が受け入れられない場合もあるので、どんなヒントも見逃さないように、よく注意する必要があります。どんなに小さい子や発達の遅れた子でも、音楽やメタミュージックが自分にとって好ましいかどうかを、言葉以外の合図で示すものです。もし、合わないようだと感じたら、途中でスイッチを切ってください。子供によっては、音楽にそっぽを向いたり、いらついたり、泣いたり、逃げだしたりすることもあります。嫌がっているようだと思ったらテープを止めて、その回は音楽なしで行ってください。そして次回から、別のテープをいくつか試してみます。また同じように、子供の反応を観察してください。このようにすれば、子供の否定的な反応が特定の曲のせいなのか、メタミュージックの種類のせいなのか、それともヘミシンクのバイノーラル・ビートのせいなのかを知るのに役立つでしょう。ヘミシンクを好まない子には、決して使うべきではありません。

子供の反応を観察して、メタミュージックを楽しみ、音楽が流れていることを好んでいるというしるしを探しましょう。いつもよりリラックスしたり、笑顔になったり、活動にもっと真剣に参加したりする子もいるでしょう。プレーヤーを見つめたり、テープを切ると、もっと聴かせてと言ったりする子もいます。初めてメタミュージックを使ったときには反応に変化が見られない子もいます。それでも、もし子供の反応がよくも悪くもなく、メタミュージックがあなた自身の注意集中やリラックスを助けてくれるなら、使い続けてください。

最初は、日誌をつけて、メタミュージックを使っているときの子供の行動や反応を記録します。めやすとして、特定の領域つまり行動を選んでもいいでしょう。もし音楽を導入する前の数回の治療について同じめやすを記録してあれば、比較のための基準ができていることになります。日誌をつけ、なんらかのめやすを設定しておけば、メタミュージックのバックグラウンドがその子にどれくらい有効だったかを判断できます。あなた自身の反応を日誌につけるのも、役に立ちます。そうすれば、メタミュージックがあなた自身の学習や創造性、セラピーにおける相互作用を高めたかどうかを判断できます。

一般的な傾向を知っておけばメタミュージックの選定には役立ちますが、特定のテープに対するひとりひとりのユニークな反応にも注意を向ける必要があります。メタミュージックの〝コンセントレーション〟テープは、ほとんどの人には意識を研ぎ澄まし注意を集中させる効果があるのですが、子供によっては眠りこんでしまうことがあります。活動亢進の子供の多くが〝コンセントレーション〟テープを好みますが、ほかの子たちは〝リラックスト・フォーカス〟テープで落ち着き、集中することができます。活動亢進の子供で、日中に〝スリープ〟テープにおとなしく耳を傾けているのは少数です。たいていは、夜、〝スリープ〟CDを聴くとすぐに眠ってしまい、日中に同じものを流すと、意識が鋭敏になり、怒りっぽくなります。

行動に変化が現れる速さは、個人によって実にさまざまです。一部の子供と大人は、劇的な変化を示します。重い感覚防御のある子供には、とてもすばやい反応を示す子が少しいて、10～15分以内に、感覚閾値と快適レベルに目に見える変化を起こします。ほかの子は音楽を好み、受け入れますが、行動や学習上の変化はもっとゆっくりか、かすかです。小さな変化にも充分に注意を払ってください。大きな変化がたちどころに起こらなかったからといって、すぐにメタミュージックをやめてしまおうとする衝動に屈しないでください。たとえば、ある子は音楽があってもなくても同じように、パズルを解くといった慣れた活動に取り組むかもしれません。でも、音楽がかかっているときは、その活動を母親と共有し、母親の体に寄りかかったりさえします。メタミュージックなしでパズルを解くとき、その子はわずかに母親から遠ざかり、ひとりで遊びたがるのです。パズルを解くことにおける変化だけを有効性のめやすにしていると、対人関係におけるもっと微妙な変化を見過ごしてしまうかもしれません。

メタミュージックを使うための決まった日程表はありません。一部の子供たちは1日じゅう使うのが効果的ですし、また別の子供たちは、1日に1度、短時間（30～45分）使うほうが効果的です。モンローはヘミシンクを自転車の補助輪にたとえました。ヘミシンク・テープは基本的に心の補助輪なのです。脳が感覚運動体験の新しい整理統合法に慣れるのを助けます。いったんそのやり方が習得されれば、もう補助輪は必要ありません。長期の学習効果すなわち繰り越し効果が生ずるのは、このためなのです。したがって、効果を得るためにメタミュージックを１日じゅう使う必要はありません。週に１度、１時間のセラピーのときしかメタミュージックを聴かない子供の多くが、体にも行動にも、長続きする変化を獲得しています。１日を通してメタミュージックを使う場合は、音楽を流さない休憩を設けることがだいじです。こうすればめりはりがついて、音楽による促進効果がさらに続くのです。

## 【メタミュージックを聴く環境・装置】

メタミュージックはステレオ形式のテープまたはＣＤ再生ユニットでかけなければなりません。ヘミシンク効果は、ステレオ録音のふたつのチャンネルから、わずかに異なる周波数が流れることによって創りだされます。モノラルのテープ・プレーヤーで再生すると、この効果が起こらないのです。連続再生のできるオート・リバース機構のついたテープ・プレーヤーか、リピート演奏をプログラムできるＣＤプレーヤーがいいでしょう。このタイプのプレーヤーなら、活動の途中でテープが終わる心配がありません。テープをひっくり返すたびに気が散るという事態をさけることができますし、一晩じゅう、テープやＣＤを流しておくこともできます。

バイノーラル・ビートの効果はヘッドフォンを使ったほうが強くなるのですが、乳児や幼児では、ヘッドフォンの使用は好ましくなかったり不可能だったりすることが多いものです。オープン・スピーカーを使った小グループや個人のセラピーには、シンプルな大型のステレオ・ラジカセが便利です。ラジカセは子供の前か背後に置きます。子供がふたつのスピーカーのあいだに位置するようにすることが、とても重要です。スピーカーを子供の片側に置いたり、別の部屋に置いたりしてはいけません。もっと大きなグループに使ったり、教室で使用したりする場合は、ステレオサウンドの分離をできるだけ大きくするために、ラジカセやステレオユニットのスピーカーは取り外しできるものでなければなりません。

子供によっては、あるいは特定の環境では、ヘッドフォンを使ったほうがいい場合もあります。ヘッドフォンを使えば、オープン・スピーカーが使えない場所や使用が好ましくない場所でも、小さな音量で音楽を聴くことができます。移動中の車の中や教室でも、あるいは学校の試験を受けていて、音楽がほかの子のじゃまになるときでも、静かな音楽を聴くことができます。メタミュージックのバイノーラル・ビートの効果はヘッドフォンを使うと強まるので、注意の集中に問題のある子の場合は、ヘッドフォンを通して聴くことがだいじかもしれません。小さい子やティーンエイジャーの多くは、ヘッドフォンのついた自分専用の携帯型プレーヤーを持ちたがるものです。年上のきょうだいや友達のまねをしたいのです。

## 【使う場所】

メタミュージックを静かなバックグラウンド・ミュージックとして、セラピー中に流したり、家庭や教室で流せば、リラクゼーションや学習を助けることができます。個人のセラピーや学習のセッションでメタミュージックを使うときは、音楽や学習に対する子供の反応を注意深く観察します。

子供がよく慣れているセラピー活動のバックグラウンドに音楽を流せば、反応に違いがあった場合、いっそう容易に観察できるはずです。バイノーラル・ビートに反応してどのような領域に変化が現れたかをセラピストが突き止めれば、ほかの環境のためにメタミュージック・プログラムをデザインする親や教師は助かります。こうしたタイプの音楽をグループで使うとよい効果がある子供もいます。セラピストは、教師がそうした子供を特定するのを助けることができます。

メタミュージックを家庭に導入する場合、セラピスト（または教師）は、家族と一緒にプランを作成すべきです。プランには、使うテープ、テープを使う時間やそのあいだに行う活動、使用頻度などに関する合意を盛り込みます。家庭に数週間貸し出すことのできるテープやＣＤをセラピストが揃えておけば、たいへん役立ちます。そうすれば、セラピストが、子供と一緒に聴いてみて、どの曲が家庭で効果を発揮しそうかを判断できます。やがて、この曲は家族みんなが好きだということになれば、家庭でそれを購入してもいいわけです。メタミュージックは食事どきや就寝時に、あるいは身体的リラクゼーションや明敏な意識、社会的相互作用が役立つ特定の遊びや学習のときに、使うことができます。活動中に使ってもいいし、活動の前に使うこともできます。たとえば、ディナーの前に30分、静かな音楽を流して、子供に落ち着いたひとときを過ごさせてもいいですし、ディナーのあいだに音楽を流してもいいのです。

教師なら、子供たちが教室にはいってくるときに〝リラックスト・フォーカス〟メタミュージックを流してもいいでしょう。こうすれば、言葉によらないメッセージを伝えることができ、子供たちは落ち着いた気持ちで学校生活を始められます。教室での活動ごとに違う曲を使うこともできます。たとえば、学齢前児童向けプログラムでは、ランチのときにある曲を流したら、休憩やテープル活動の時間には別の曲を使います。小学校のクラスなら、読書の時間には〝コンセントレーション〟テープを使い、創造的な言語活動のときには、もっとリラックスした集中力を生み出すテープを使うかもしれません。子供たちは徐々に音楽と活動を結びつけるようになり、体験した行動を、音楽が流れていないときにも引き続き行えるようになります。

もしメタミュージックを神経学的な、または感情的な障害のある子供のいる教室で使おうと思うなら、クラス全体に音楽を流す前に、その子たちの反応を個別に観察することがとりわけ重要です。こうした子供のなかには、少数ながら、ヘミシンク・シグナルに対して一貫性のない反応や回避反応を見せる子がいるかもしれません。もし、メタミュージック・テープによって明らかにいらいらがひどくなる子がクラスにいるなら、そうした子がクラスにいるあいだは、それらのテープを使わないでください。ただし、感じやすい子が教室外での活動に参加しているあいだは、ほかの子供たちにそのテープを使ってもいいでしょう。スピーカーの向きに注意することもできます。メタミュージック・テープのバイノーラル・ビートに好ましくない反応を示す子供のほうに、向けないようにするのです。

# 摂食障害のある子供とメタミュージック

スザンヌ・エヴァンズ・モリス（博士）

*特殊なニーズを持つ子供向けのプログラムがうまくいくかどうかは、セラピストや教育者、親のつくる学習環境しだいである。メタミュージックを組み込んだ聴覚環境は、そうした子供の多くに学習への扉を開く。ここで取り上げるレポートは、脳性麻痺等に関連した経口摂食障害のある子供のリハビリテーションにおいてメタミュージックを使用した筆者が、その臨床経験を報告したものである。*

## 【なぜ摂食障害の子供へのアプローチが必要なのか】

脳性麻痺や、その他の感覚運動障害による発達障害のある乳児や幼児のなかには、経口摂食障害を持つ子がいる。こうした子供たちの多くは、吸引や嚥下、呼吸の協調運動がうまくできず、やっかいな様相を示す。そのほか、食物の感覚入力に深刻な防御反応を示すため、母乳や粉ミルクから固形食への移行が非常に困難な子供もいる。胃腸の不快感や強制的な摂食、むせを伴わない誤嚥などに関連した嫌な体験のせいで、問題がいっそう複雑になり、摂食拒否に至る場合もある。多くの子供は、なかなか経口栄養に移行できないため、栄養チューブを通じて大部分の栄養を摂取している。それほどまでに障害が深刻でない子供たちも、摂食に関する発達の進みぐあいが遅い。

このグループの子供たちは親やセラピストに大きな難題を突きつける。わたしたちの文化では食べる力がとても重視されるので、母親が、わが子をちゃんと育てている、親として適格であると感じられるか否かは、子供の食べ方にかかっていることが多い。子供が口から食べられなかったり、摂食に大きな困難を抱えていたりすると、家族のストレスは増す。感覚運動障害があると、ゆっくり食べることしかできなかったり、好き嫌いが激しかったりする。そういう子にも充分なカロリーや栄養をとらせなければならないとなると、親はプレッシャーを感じるものだ。こうした状態は、親と子供双方の不安レベルを増加させる。

セラピーでは、姿勢や体の動きといった根本的な問題の解決に努める。こうした問題が、口腔運動系と呼吸系の協調に影響を与えているのである。口腔防御については、感覚の処理と統合という、もっと大きな問題の一部として対処する。不安感を減らして自信と信頼を増す取り組みをすれば、ちゃんと食べられるようになるために子供が必要とするスキルを、親と子供の双方が学べるようになる。こうした過程を促すにはそれぞれ個別の戦略やテクニックが用いられるが、その根底にあるものはひとつである。学び、みずから癒す力を子供に与えるための旅なのである。

## 【発達障害の子供たちにメタミュージックを聴かせてみる】

1981年から1985年にかけて、発達障害の子供20人を対象とする予備研究を行い、経口摂食障害を改善するためのセラピー・プログラムに子供たちを参加させた。第1期はベースライン設定期間として4~6回のセラピーを行い、音楽なしのセラピーに対する反応を観察した。続いて第

2期として、2～4回のセラピーを、ヘミシンク音を含まない音楽をバックグラウンドとして行った。プログラムのこのふたつの部分によって、非ヘミシンク環境での臨床観察プロフィールが、それぞれの子供について得られた。第3期では、シータ範囲のヘミシンク・シグナル（すなわちリラックスト・フォーカス・テープ）を、研究の第2期で用いたのと同じ音楽に導入した。各条件下のセラピーにおける子供の進歩を実証するため、文字およびビデオテープによる非公式データを記録した。多くの子供が、メタミュージック・バックグラウンドのあるセラピーを1～2年受けた。

子供たちのうちふたり（10％）はヘミシンクを含む音楽に好ましくない反応を示したため、使用を中止した。3人（15％）は、メタミュージック環境において、かすかな、あるいは一貫性のない変化を見せた。残り15人（75％）はヘミシンクを含んでいる音楽を聴き続け、治療で取り組んでいる活動において好ましい変化を示した。観察された変化は、注意の集中の改善、触覚防御の減少と感覚編成の総合的な改善、身体的リラクゼーションの増大、運動協調性の改善、恐怖感の減少などである。すべての子供が、学習に対して、よりオープンになり、熱意を示した。変化はヘミシンクが導入されるまでは明白ではなかった。普通の鎮静効果のある音楽をバックグラウンドに使った場合には、幾度か、行動上の変化が認められた。とはいえ、変化の程度と永続性は、ヘミシンクと音楽を組み合わせたときのほうが顕著だった。

1988年、カレン・ヴァーニイは在宅型早期訓練プログラムに参加した男児6人の研究を実施した。男児たちの月齢は15～29カ月。診断名はダウン症候群、神経障害、発達遅延などだった。ヴァーニイは、修正単一被験者デザインを用いて、男児たちの反応を比較した。すなわち、週に1度1時間の訓練のあいだメタミュージック（リラックスト・フォーカス・テープ）を聴いていた3人の幼児の反応と、同じ音楽でヘミシンク・シグナルを含まないものを聴いていた以外は同条件の幼児3人の反応とを、4～5週間に渡って比較したのである。研究に参加した6人のうち5人が、訓練中に改善を示した。訓練のあいだヘミシンク入りのメタミュージックを聴いていた3人は、ヘミシンクなしの同じ音楽を聴いていた子供たちよりも大きな改善を示した。ヴァーニイは、訓練中にヘミシンク入りのメタミュージックを流すと、身振りと顔の表情の模倣と、2語のフレーズの模倣ならびに自発的な使用が改善されるように見えると結論づけている。注目行動と子供主導の相互交流にも、著しい増加がみられた。

ヘミシンク入りのメタミュージックを流していた訓練中、予想よりも早く行動の変化が起こった。ヘミシンク入りのメタミュージックを聴いていた3人の子供全員が、訓練中に、予想より勾配の急な変化を示したのである。たとえば、ひとりの子供は初回と第2回の訓練のあいだに、報告された行動が0%から100%へと増加した。他の2人は、2回あるいはそれ以上の訓練のあいだに42～45%の増加を示した。さらにこうした変化は、音楽だけを聴いていた3人に観察された変化よりも、訓練プログラムの早い段階で起こった。神経障害と発作性疾患既往のある子供では、訓練中にヘミシンク・シグナルを使用した期間に発作が増加することはなかった。これは私自身の1983年および1985年の所見とも一致する。ヴァーニイは次のように結論づけている。

本研究は、発達障害の幼児のニーズに適したコミュニケーション・プログラムの効果的な補助手段として、ヘミシンク入りのメタミュージックを使うことを支持する証拠を提供するものである。（中略）ヘミシンク入りのメタミュージックの有用性および有効性については、さらなる実証的証拠が必要であろうが、早期訓練の必要性を唱える人々なら、発達障害の幼児に対する訓練中にヘミシンク入りのメタミュージックを流すと、注目行動や社会的相互交流、コミュニケーションに改善がみられることに気づくだろう。

G・ギルフォイルおよびD・カルボーネが、知的障害を伴う発達障害の成人20人を対象とした予備研究の結果を報告している（「The Facilitation of Attention Utilizing Therapeutic Sounds（治療効果のある音を用いた注意の促進）」１９９７年春発行、『ヘミシンクジャーナル』第15巻2号）。この研究では、知能指数に関する条件を揃えたうえで、被験者を実験群と対照群に分けた。各群とも、自然の風物を写した音声なしのビデオを鑑賞しながら、ステレオ・スピーカーから流れる音楽を聴く。実験群に流す音楽には、注意の集中を促すアルファからベータの範囲のヘミシンク・シグナルが含まれている。対照群は、同じ曲だがヘミシンクを含まないものを聴く。被験者には、短期聴覚記憶と注意集中の持続に関するテストを、ビデオならびに音楽の前とあとに行う（プレ・テストとポスト・テスト）。正式なテストに加えて、注意深さと関連行動に関する6段階評価で、各被験者を評価する。各被験者は30分の講習に15回出席した。プレ・テストとポスト・テストのスコアの差を、実験群と対照群で比較した。

ヘミシンク・シグナルを含む音楽を聴いていたグループは、数字記号テストで統計的に高いスコアを示し、気を散らすものへの抵抗性、話への注目度、俊敏さのレベル、興奮性のレベルで、著しく高いランクを示した。音楽だけを聴いていた対照群は、このような変化は示さなかった。

## 【多くの研究・観察によって効果が証明されはじめている】

1988年以降、ますます多くのセラピストや教育者が治療プログラムにメタミュージックのテープを使うようになっている。ここで紹介する観察結果の数々を裏づけるような正式な研究は見当たらないものの、同様の観察がさまざまな専門家によって、さまざまな状況で、さまざまな子供たちについてなされており、こうした観察結果にある程度の信ぴょう性を与えている。

感覚運動障害の子供にメタミュージックを用いると、感覚入力に対する反応を調節、あるいは統制する能力の向上を示すことが多い。落ち着きが増し、注意の集中度も増す。接触や質感をはじめとする自然な感覚刺激に対する好ましくない反応が弱まり、身体的な接触や、より幅広い食物を、もっとすなおに受け入れるようになる。感覚処理に深刻な問題を抱える子供の多くが自閉症あるいは広汎性発達障害と診断されているが、このグループの子供たちでは、アイ・コンタクトの増加、常同行動の減少、言語や社会的環境への注目の増大がしばしば観察される。

脳性麻痺その他の疾患から運動機能障害になっている子供は、メタミュージックの使用で、痙縮ならびに緊張亢進の緩和、より楽な運動パターン、吸引と嚥下と呼吸の協調性の増大を示すことが多い。全般的な摂食パターンはスムーズでリズミカルになる場合が多い。

病弱な子供や、頻回の入院および侵襲的介入の既往のある子供は、摂食訓練に強い抵抗を示すことが多い。痰の吸引や、挿管、鼻腔栄養チューブなどに伴う不快感から自分自身を護るため、心理的なバリアをつくり上げていることがしばしばある。メタミュージック環境では、こうした子供は大人の意図をもっとよく識別できるようになる。優しく気遣うようなやり方で口からの取り込みに慣れさせようとする大人に対しては、もっと心を開き、子供中心のセラピー・プログラムの摂食前アプローチおよび摂食アプローチにもっと信頼感を持つようになる。彼らは一般に、無理やり口をこじ開けて言うことを聞かせようとする大人に対しては、防御識別と抵抗を保持する。メタミュージックがあると、高度の不安感がやわらぎ、より成熟した対処戦略を見せるようになるのである。

注意欠陥障害の子供（多動を伴うことも伴わないこともある）には、しばしばメタミュージックが効果を発揮する。そわそわせずに静かに座っていられる時間が長くなり、もっとよく注意を集中させられるようになる。

## 【症例研究】自閉症の子供の食事状況が改善した

ある自閉症の2歳の男児は、重度の感覚過負荷と、感覚入力に対する反応の混乱を示した。アイ・コンタクトは限定的で、体を揺すったり手を叩いたりといった常同行動がみられた。気むずかしく怒りっぽいかと思えば、自分の世界に引っ込んでしまうこともあった。上半身や手、顔、口に触れるのを嫌がった。感覚過負荷の状態になると、ゲーゲーやったり、実際に吐いたりしてストレスを発散させた。子供向けの音楽テープや静かなクラシック音楽を好んだものの、そうしたタイプの音楽は感覚行動にはなんの効果も及ぼさなかった。ときには、そうした音楽のせいで、周囲の環境への対処がますます困難になるように思えることもあった。哺乳瓶から粉ミルクを飲んでおり、その際に必要なリズミカルな吸引パターンについては、整然とした動きでこなせているようだった。日に3回、裏ごしした食物を少量食べたが、スプーン、食物の味、舌ざわりなどからのふとした感覚入力が、最大級のストレスをもたらすこともあった。椅子のなかでそっくり返って口を固く閉じ、母親の手やスプーンを押しのけて泣きだすのだが、子供向けのミュージック・ビデオに夢中になって相互交流やその他の感覚入力が遮断されると、そうした状況にも対処することができた。

「リラックスト・フォーカス」メタミュージック・テープを流しながら初回の30分の訓練を行ったあと、男児は手と胸への接触を受け入れ、自分から目を合わせて笑顔を見せ、落ち着いた穏やかなようすだった。次の週は、感覚に基づく治療プログラムにメタミュージック・テープを組み込んだ。毎日5時間の訓練を受け、その半分ほどの時間はメタミュージックを使用した。相互交流とアイ・コンタクトが増え続け、おもちゃをいじり始め、鏡に写った体の動きや顔の表情を模倣し、感覚入力に対する反応をもっとよく調節できるようになった。ゲーゲーやったり吐いたりすることはなくなった。食事のときには、椅子の中で体の位置が変わったり、食物を差し出されたりしてもそれほど嫌がらなくなった。食事どきには相変わらずお気に入りのビデオが必要ではあるものの、メタミュージック・テープを食事の前に30分聴かせると、母親との相互交流が増え、スプーンに載せられたものに自分から口をつけるようになった。泣きわめいたり、食物を押しやったりすることはなくなった。

次の6カ月間の在宅プログラムのあいだに両親は、「リラックスト・フォーカス」のメタミュージック・テープがかかっていると、男児の警戒心が薄れ、眠くなるようだと感じた。「コンセントレーション」テープに替えると、もっと注意の集中が増し、眠くなることもなかった。10カ月たたないうちに、バラエティに富んだ食物を食べ、つぶしたり刻んだりした食物を食べられるまでになっていた。

## 【症例研究】脳性麻痺の子供がよく食べ、よく眠れるようになった

脳性麻痺の3歳の男児は、嚥下と呼吸の協調運動のひどい混乱のため、食事の大部分を胃瘻チューブを介して摂取していた。最近は食べることに興味を示し、両親は毎日少量を口から食べさせていた。この食事中、呼吸はぜいぜいと苦しそうで、ひんぱんに息が詰まったり咳きこんだりした。

自分の意思で体を動かすことがきわめてむずかしかったが、これは筋肉の緊張度が高く、また強い強直性反射運動パターンを示すためで、体と頭部が反り返って、過伸展の状態になることがよくあった。よだれが非常に多かった。舌のつけ根が引っ込んで、わずかに舌根後退パターンになっており、断続的に気道をふさいだ。このパターンが、食べたり飲んだりするときの呼吸協調のむずかしさの一因だった。手でそっとあごの下を引っ張って、舌のつけ根を前方に引き出すことは可能だったが、本人はこの処置にいつも抵抗を示した。

睡眠パターンはストレスの多いものだった。眠りに落ちると、体が強い痙攣を起こし、それに伴って舌の後退と気道の深刻な閉塞がもたらされる。こうした閉塞性睡眠時無呼吸の発作は、突然起こり、また呼吸ができなくなることから、恐怖心をもたらした。パニックになるとますます緊張が高まるため、反射的に舌の後退がいっそうひどくなり、無呼吸の時間が長引く。男児は寝るのをいやがるようになり、落ち着かせて寝かしつけるのに3、4時間かかることもしばしばだった。睡眠薬（抱水クロラールなど）を与えると、翌朝も意識がもうろうとしていた。

両親は、自分たちが起きているあいだに男児を就寝させるようにした。そして自分たちが深夜に就寝するとき、少量の睡眠薬を与えた。この薬がないと、睡眠‐覚醒‐無呼吸の発作が一晩じゅう

続き、家族全員が睡眠不足になるのだった。

最初に、「リラックスト・フォーカス」のメタミュージック・テープを用いた。誰かの膝に静かに抱っこされて行う活動、たとえば「お話を聴く」といった活動のときに、このテープをかけた。こうすれば、ヘミシンクに関連して筋肉の緊張度や運動協調性になんらかの変化があった場合、セラピストはすぐに感じ取ることができる。こうした訓練のあいだ、男児の姿勢からは硬さが取れ、手をさまざまな絵に導いてやると、絵本と触れ合うことができた。舌をもっと前方に持ってくるためにセラピストがあごの下に手を添えると、それを受け入れた。ぜいぜいいう呼吸と静かな呼吸とのコントラストに興味を持ち、静かな呼吸パターンを自分ひとりで長時間維持できるようになった。

男児を母親の膝の上で支えて、経口摂食訓練を行った。舌が咽頭気道に落ち込まないように、身体的介助がなされた。吸引と嚥下運動が、より均一かつリズミカルになり、呼吸とうまく協調していた。咳込んだり、息が詰まったりすることもなかった。数カ月後に実施された修正バリウム嚥下試験で、誤嚥のない充分な嚥下が確認された。「リラックスト・フォーカス」のメタミュージック・テープが、毎食ごとと、1日を通して断続的に用いられた。男児は、頭部をもっと前方に出した姿勢をとって、舌のつけ根を気道から遠ざけておくことを覚えた。5日間の集中治療プログラムが終わるころには、全体の75％以上が静かな呼吸パターンになっており、唾液も自然に呑み込めていた。よだれはわずかだった。

就寝時には夜間セラピーが行われた。身体的・情緒的ストレスがやわらいでリラックスして寝つけるように、「スリープ」タイプのメタミュージック・テープが用いられた。セラピストが、ゆっくり眠れて静かに呼吸できるという肯定的な暗示を与えた。痙攣の徴候が見られた場合は即、強直性反射パターンを阻止して舌を前方の位置に保つための処置を施した。4日間に渡って、男児は30分以内に寝つくことができた。睡眠の最初の周期に1回か2回の小さな痙攣を起こしたが、無呼吸発作はなかった。この時間帯には、身体的・情緒的支援のために大人がひとりつきそい、安眠のための暗示を繰り返すとともに、舌を前方に維持する手助けをした。プログラムが始まって3週間後には、両親は睡眠薬の投与をやめ、男児は朝までよく眠るようになった。

## 【まとめ】

ヘミシンクのバイノーラル・ビート・パターンを含むメタミュージックは、発達障害のある子供の多くに、学習への扉を開く。経口摂食が困難な子供たちは、学習環境にメタミュージックが組み込まれると、スキルや快適レベルがより効果的に上昇した。この音響技術は安価で非侵襲的かつ効果的である。メタミュージックは、ほとんどの機能回復プログラムに重要な貢献ができる。

# ヘミシンクが自閉症児に学習の扉を開く

ノラ・ローゼン
ベレニス・ルーケ

モンロー研究所のアルゼンチンにおける「ゲートウェイ・アウトリーチ・トレーナー」であるノラ・ローゼンは、ロザリオ市の精神衛生専門医であるベレニス・ルーケと共同で、みずからが治療している自閉症児グループの治療プログラムにヘミシンク技術を取り入れた。以下の症例研究はそうした措置による早期の成果のいくつかを示すもので、治療開始の数カ月後の報告である。

ベレニス・ルーケは言語ならびに発達のセラピストで、扱うのは、コミュニケーションや言語の障害をはじめとする機能障害のある小児や青少年、成人である。治療中、ヘミシンクの録音をスピーカーで診察室に流し、そこで患者とさまざまな活動を行う。患者たちは各自の特殊学校でヘミシンクに触れることはなく、週に2回行われる彼女の45分のセラピーのあいだに、ヘミシンクを聴く。大部分の子は自宅でもヘミシンクを聴く。

## 【症例報告】

**エゼキエル・L（12歳）**

〈診断〉全般的発達障害。セラピー開始は1999年6月、ヘミシンク導入は2002年5月。

〈一般的特徴〉エゼキエルは従順な子供で、学習にもセラピストの指示にもすなおに取り組む。いつも機嫌がよく、扱いやすい。言語能力は一語や単純な文に限られ、簡単な身振りを伴う。理解力のレベルはそのときの状況に左右される。特殊学校に通っているが、セラピー中に、学校で顕著な進歩を見せた。

〈使用したテープ〉『**リメンブランス**』（精神の集中のためのテープ）。毎日の聴取処方は、朝の登校前に20分、午後、宿題をするあいだに1時間とした。

〈ヘミシンクに接した結果〉両親は次のように語っている。「最初の20日間は、テープが始まって数秒のあいだ神経質になりました。でもそのあとはまるで鎮静剤でも与えられたみたいに落ち着いて、それからは宿題に以前より真剣に取り組むようになりました。最初の20日が過ぎたあとは、もうテープの音が聞こえてきても神経質になることはありませんでした。何をするにももっと集中できるようになり、好奇心も抱くようになって、以前は関心を持たなかったようなことについて質問したりします。いつも学習意欲に溢れていて、教室の表やポスターを読もうとしたり、文字カードを使って短い単語を作ったりします。おじいちゃんの家の電話番号も覚えることができました。音楽を聴くと、楽しそうに歌ったり踊ったりするんです」


特殊学校の教師たちは、エゼキエルがなにごとにも以前より集中して取り組み、ほかの生徒や教師とのつながりが増えたという点で意見が一致している。2002年8月の時点で、なしとげた進歩によって2段階進級しており、これまでのように半日クラスではなく、全日クラスに出席している。

ヘミシンク音楽を聴いているとき、エゼキエルはよく目を合わせ、人の話をよく聞き、やる気も出て、学んだことをよく覚えている。はっきり発音するのが苦手な言葉をうまく発音し、あまり助けてもらわなくても単語を読み、以前はできなかったジグソーパズルを解くことができる。

**クラウディオ・L（15歳）※エゼキエルの兄**

〈診断〉自閉症。セラピー開始は2001年10月、ヘミシンク開始は2002年5月。

〈一般的特徴〉クラウディオには自閉症特有の症状と知的障害がある。頑固で、決まりきった手順に固執し、特定の物に強迫的な固着を持つ。口数が少なく、意味不明の言葉を使う。歯切れが悪くて不明瞭な、尻すぼみの話し方をする。自閉症児のための特殊学校に通い、心理士の治療を受けている。ヘミシンク治療のあいだ、弟と同じように著しい改善を示した。

〈使用したテープ〉『**リメンブランス**』。聴取処方は弟と同じで、朝登校前に20分、午後、宿題をやりながら1時間である。

〈結果〉両親は次のように語っている。「弟と同じように最初の20日間は、テープが回り始めるとヘミシンクに神経質な反応を数秒間示しました。その後落ち着いて、何をやるにしても、いっそう集中して静かに取り組むようになりました。いまは、いろいろな形を切り抜いて、それを紙に貼る作業ができます。線からはみ出ないように色も塗れますし、簡単なジグソーパズルを仕上げることができます。通っている特殊学校では、ほかの生徒さんや先生方ともっと関わりをもつようになったと言われます」

ヘミシンクを使った訓練のあいだ、クラウディオはふだんよりずっとよく笑顔をみせ、目もよく合わせ、伝えるべき意味のある言葉をはっきりと言う。単語カードを分類することができ、ルールを守ってゲームをし、教師の指導も、もっとすなおに受け入れる。

**アイヴァン・B（8歳）**

**〈診断〉**自閉性障害。セラピー開始は1999年4月、ヘミシンク開始は2002年5月。

**〈一般的特徴〉**アイヴァンには自閉症からくるいろいろな問題があるが、認知レベルは良好である。頑固で、わざと破壊的な行動をとる。言語技能に関しては、前後の脈絡のある文章を作れるものの、そのいくつかを繰り返す傾向がある。また、同じ質問をしつこく繰り返す。理解力はまあまあだが、討論は理解できない。会話にはついていけるものの、限界がある。ヘミシンク治療中の変化としては、この男児の変化がもっとも好ましいものだった。特殊学校に通っており、心理士の治療も受けている。

**〈使用したテープ〉**『**アインシュタインズ・ドリーム**』（頭脳作業と注意集中のためのテープ）。ヘミシンクを短期間使ったあと、家庭にオーディオ装置がないため中止した。

**〈結果〉**母親は次のように語っている。「家にプレーヤーがなくて治療を続けられなかったのに、特殊学校では進歩が見られました。いまでは自分の名前を見て書くことができます。ヘミシンク音楽を聴くのが好きで、ずっと流していてほしがります。人の話によく耳を傾けるようになり、すぐに応答しますし、よく目を合わせるようになりました。ずっと穏やかになって、なによりも、年上の子とも年下の子とも、仲良くできるようになりました。言葉は前よりも表現が豊かになって、ものごとを比較して判断できます。こんなことは以前にはありませんでした。何かを訊かれれば、ちゃんと答えます」

## バルトローム・G（3歳）

〈診断〉自閉性障害。セラピー開始は2000年8月、ヘミシンク導入は2002年5月。

〈一般的特徴〉バルトロームは多動性のある男児で、注意および意欲に問題がある。頑固で、特定の決まった手順に固執する。変化にはなかなか適応できない。コミュニケーション技能は2002年現在、身振りを伴う2～3語に限定されている。理解力の程度は状況によってまちまちである。笑顔が多く、しっかりと目を合わせる。大人か、自分より小さい子と一緒にいたがる。ヘミシンク治療で著しい進歩を見せた。心理士の治療を受けており、週に3日、保育所に通っている。

〈使用したテープ〉『**アインシュタインズ・ドリーム**』を毎日使用。

〈結果〉母親は次のように語っている。「テープを聴かせると、初めは耳を覆ってしまいました。片面だけ聴いたり、プレーヤーを完全に切ってしまったこともあります。いらいらしたときによくやるように、物を投げ、わめき、腕をばたばたさせました。それが15日間続きました。やがてテープの両面を聴くことを受け入れ、いまは騒いだりせずに聴いています。単語をもっと口にするようになり、何かを指差して示したりもします。もっと注意を払うようにもなりました。長いあいだ座って遊んでいるようになって、食事中にテーブルを離れることもありません。前はとても好き嫌いが激しくて、クッキーか好物を一種類食べるだけでした」

ヘミシンクを聴いているあいだバルトロームは、より他人とつながりを持つようになり、目もよく合わせる。身振りをまじえて要求を伝え、ほしいものを指さし、何かをしている最中に横から口を出されても怒らない。あいかわらずきわめて多動である割には、前より意欲的で人の話をよく聞いているように思われる。

## レアンドロ・Ｃ（13歳）

〈診断〉全般的発達障害。セラピー開始は１９９４年12月、ヘミシンク導入は２００２年５月。

〈一般的特徴〉レアンドロは全般的な運動能力の障害を抱えた男児である。非常に苦労しながらゆっくり話す。ものごとを理解するのがきわめて困難で、注意を払ったり、記憶したりですることができない。体系的学習はもちろん、ゲームにさえ意欲を示さない。性格は頑固。ときどきしか参加しなかったにもかかわらず、ヘミシンク治療中の進歩はめざましい。特殊学校に通っている。

〈使用したテープ〉『**リメンブランス**』。日中に１回と、就寝前に１回。

〈結果〉両親は次のように語っている。「いつもは夜、なかなかベッドに入りたがらなかったんですが、ヘミシンクを聴き始めて15日たったいまは、テープをかけてと言います。そして片面を聴くと起き上がって、テープをひっくり返してと言うんです。明かりを消して静かに横になって聴いていますが、普通はそのまま眠ってしまいます。ごく小さい頃から、夜中に３回ほどベッドから起き上がって、よく転倒していました。体がいつも緊張していて、やかましい寝息を立てていました。いまは、体も寝息も普通ですし、もう転倒もしません。ありがたいことです。学校のことを話してくれたり、先生の名前を教えてくれたりもします。いろんな変化がありましたが、特に驚いたのは、とてもリラックスできるようになったことです。ほかの子たちとのゲームにも加わって、仲良く遊べます。前はいらいらしてすぐ腹を立てたのですが、いまはちゃんと順番を待てます」

「いまは自分で入浴できるし、靴もひとりで履けるようになりました。前は、もし左右正しく履けたとしても、それは偶然にすぎませんでした。これはレアンドロにしてみたらすごい偉業です。家には26歳の息子もいるんですが、最近失業してしまいましてね。ぴりぴりしていて、夜もよく眠れないようなんです。ある晩、いつもより早くベッドに入ると、レアンドロのテープが聞こえてきたそうなのですが、驚いたことに、10分もしないうちにひとりでに寝てしまったというのです。あんなにいらついていたのがうそのようで、本人が言うには、ヘミシンクが自分のいらいらとストレスに及ぼしたすばらしい効果には、びっくりだそうです」

ヘミシンク治療のあいだ、レアンドロは人の話にずっとよく耳を傾け、よく目を合わせる。自分の話し方の悪いところを直して、もっとはっきり話そうとする。ずっと座っていられるし、自分がやっていることに大人が口を出しても受け入れる。全般的な運動技能はもちろん、頑固さにも改善がみられた。

**トマス・P（4歳）**

〈診断〉自閉症スペクトラム。セラピー開始は2001年5月、ヘミシンク導入は2001年8月（『**サーフ**』）および2002年5月（『**アインシュタインズ・ドリーム**』）。

〈一般的特徴〉トマスは注意と意欲に障害のある多動児である。頑固で、決まりきった手順を好み、制限を受け入れるのがむずかしい。金切り声をあげ、よく腹を立て、ときには自分の世界に閉じこもって意味不明のことをしゃべる。つじつまの合った話ができるが、発音や文法に多少問題がある。

理解力のレベルは周囲の状況に左右される。ヘミシンク・セラピー中に、申し分のない進歩を見せた。心理士の治療も受けている。最近、保育園に通い始めた。その前はある小さなスクールに行っていたが、適応できず、好ましくない行動をとったため、移らなければならなかったのだ。

トマスは朝と午後にヘミシンク・テープを聴いた。母親は次のように述べている。「『**サーフ**』を聴き始めたときは、嫌がって、音を小さくしてもだめでした。『いやだって言ってるのに！』と言いながら、自分でスイッチを切ってしまうんです。２週間、テープをかけ続けましたが、いつも決まって、切ってしまいました。ところが、『**アインシュタインズ・ドリーム**』では、なんの問題もなかったんです。人ともっとつながりを持つようになり、話をよく注意して聞くようになりました。人間関係もよくなって、もっとつき合いやすく、話し好きになりました。何でも集中して取り組みますし、いまではテレビ・ゲームで遊ぶこともできます。食べ物の変化も受け入れやすくなりました。前は、おいしいものやデザートを一種類だけという状態だったのに。いまでは、好物が出ていないときには別のものを食べてみようとします。保育園に移ったことにも、とてもうまく適応しています」

ヘミシンク治療のあいだ、トマスはもっと人とのつながりを持ち、文法的に正しい文章を使って質問に答え、自分が体験したことについてコメントし、前より集中して仲良く遊べる。自分の世界に閉じこもることが少なくなり、多動傾向もめだって低下した。

**エルナン・Ｃ（４歳）**

〈診断〉自閉性障害。セラピー開始は２００１年10月、ヘミシンク開始は２００２年５月。

〈一般的特徴〉エルナンは自閉症に伴う深刻な問題を抱えている。めったに人と目を合わせず、笑顔もきわめてまれで、触れられることを好まず、名前を呼んでもたまにしか反応しない。話さず、手まねもしない。何かが欲しいときは自分で探すか、黙って手に取る。頑固で、変化を受け入れることができない。いつも同じ物で遊び、腹を立てると、金切り声をあげたり物を投げたりする。本稿の著者のひとり、ベレニスとのセラピーでは、ほとんど変化が見られなかった。心理士の治療を受けており、音楽療法も受けている。経済的に余裕がないため、保育園にも特殊学校にも行っていない。

〈使用テープ〉**『アインシュタインズ・ドリーム』**を日に1、2回。

〈ヘミシンク使用の結果〉両親は次のように述べている。「前よりよく目を合わせるし、名前にもよく反応します。祖父母や親戚、それに人間一般に、もっと興味を持つようになりました。触れられても、前ほど嫌がりません。体の具合がよくなくて、ヘミシンクのセラピーにはときどきしか来ていません」

### ジェシカ・B（10歳）

〈診断〉自閉的特性を持つ全般的発達障害。セラピー開始は2002年3月、ヘミシンク開始は2002年5月。

〈一般的特徴〉ジェシカは全身の運動技能に厄介な問題を抱えた少女である。よだれをたらし、怒ると物を投げて金切り声をあげる。気に入らない物は、床に投げつけて踏みにじる。学校では、反抗的な振舞いや多動、学習に集中できず意欲もないことが、いつも決まって大きな問題となった。

言語技能は低く、少しばかりの単語と身振り、音声を使う。理解力のレベルは周囲の状況に左右される。特殊学校に通っている。

〈使用したテープ〉『**リメンブランス**』。朝と午後。

〈結果〉母親は次のように語っている。「初めてテープを聞いたとき、ジェシカは楽しそうに叫びながら、家じゅうを走り回り始めました。午後も同じでしたが、やがて落ち着いて、静かに座っていました。次の日は静かに耳を傾け、そのあいだ、紙を切ったり、絵を描いたりしていました。その日の午後、テープをかけると、ジェシカは泣き始めて、スイッチを切りました。翌日の午後も同じでした。泣き叫んで、切ってしまいました」

「翌週、ジェシカはとても熱心で、自分でテープのスイッチを入れ、遊んだり走り回ったり、何かを言おうとしているみたいに声を出したり、腕を上下に動かしたりしました。午後は、聴きながら眠ってしまうこともよくありました。学校では先生のお手伝いをします。もう床にひっくり返って先生を困らせることはなくなりました。10日後にはすっかり音楽になじんで、かんしゃくを起こすこともありません。前よりいろいろなことに興味を持って取り組んでいます。学校のランチをおとなしく食べることもできます。フットボールの試合を見ているとき、頭に帽子を載せられても平気でした。前は、どんなものでも、頭に載せられるのはがまんできなかったのに」

ヘミシンク治療のあいだ、ジェシカは人の話をもっとよく聞くようになり、座っていることができ、ゲームに注意を払い、指示をよく理解し、何かしているときに横から口を出されても、怒らない。話している人の口をじっと見て、言葉をまねしようとするし、単語をはっきり言う。手の協調運動も改善された。

**ダンテ・F（3歳）**

〈診断〉自閉症スペクトラム。セラピー開始は2002年6月、ヘミシンク治療開始は2002年7月。

〈一般的特徴〉ダンテは他人を誰も必要としていないように見える。あてもなく歩き回り、呼ばれても返事をせず、どんな指示にも従わない。誰にも手助けさせようとせず、ほしいものは自分で探す。感じのよい性格だが、ほとんど人と目を合わせない。抱き上げてもらおうとして腕をあげることはなく、たまにふたこと、みこと話すだけで、身振りで意思を伝えることもない。保育園には行っていない。

〈使用したテープ〉『**リメンブランス**』。朝と午後。

〈結果〉母親は次のように述べている。「いまは、前よりもわたしたちの姿を探します。以前は無視していたおじいちゃんを抱きしめます。抱き上げてもらおうと腕を伸ばしますし、名前を呼ばれて応答することも多くなりました。父親を探して呼びかけたり、バイバイと手を振ったりします。わたしを見ると、走ってきて抱きつきます」

ヘミシンク治療のあいだ、ダンテはじっと座っていることができ、もっと人とのつながりを持ち、笑顔を見せ、触れられるのを受け入れる。

**フェデリコ・M（6歳）**

〈診断〉自閉症スペクトラム。セラピー開始は2002年7月1日、ヘミシンク導入は2002年

7月17日。

〈一般的特徴〉フェデリコは注意ならびに意欲に障害のある男児である。徘徊傾向があり、指示や要請にほとんど応じない。ほかの子供たちとのゲームには参加せず、頑固で、決まりきった手順を好む。コミュニケーションに際しては単語や簡単な文を使い、聞いた言葉をいつまでも繰り返すことがある。心理士の治療を受けており、自閉症児のための特殊学校に通っている。

〈使用したテープ〉**『アインシュタインズ・ドリーム』**を毎日2回。

〈結果〉両親は次のように語っている。「ヘミシンク治療が始まってから、フェデリコは日一日と、口数が増えていきます。ずっと落ち着いてきて、もうわたしたちのベッドに入ってくることはありません。以前より、呼ばれたときにはよく返事をしますし、人の話にもよく耳を傾けます。弟がころびそうになったとき、走り寄ってつかまえたことさえありました。前は弟になんて全然注意を向けたことがなかったのに」

ヘミシンク治療中、彼はもっと人とのつながりを求めるようになり、たくさん話すようになる。長時間、座って遊んでいる。

さまざまな障害を持つ青少年と成人のためのある施設では、作業場には**『アインシュタインズ・ドリーム』**を、食事どきには**『リメンブランス』**を流している。その結果はまだ分析されていない。

（2002年冬発行の『ヘミシンクジャーナル』第20巻1号より、許可を得て転載）

# ヘミシンクを小児科診療に利用する試み

ジャクリーヌ・マスト（公認理学療法士、理学・教育学修士）

*ジャクリーヌ・マストは小児専門の理学療法士である。メイン州ポートランドのマスト・クリニックで、幼児や小児向けの発達評価および理学療法を提供している。専門誌に多くの論文を発表しており、現在は、プレンティス・ホールから発刊予定の『Pediatrics for Physical Therapist Assistants（理学療法士助手のための小児科学）』という手引書を執筆・編集中である。世界中で講演を行っており、専門家としての業績には、米国小児科および発達医学会の特別研究員の肩書、障害者雇用に関するカリフォルニア州知事委員会からの公共サービス情報賞受賞などがある。また、メイン州障害児早期プログラムより、小児科診療における最優良事例に選ばれている。*

## 【子供たちのかすかな手がかりも見逃さないために】

子供のころのわたしは、「地球時間」にそれほどしっかり根を下ろしていたわけではありません。うちの牧場があったのはインディアンの埋葬地を含む土地で、そうした先住民の魂は、わたしや兄弟たちにとって、とてもリアルな存在でした。小学生のころ、わたしたちはいつも自転車で、近くのサモラ丘陵をくねくねと通る埃っぽい砂利道を走り回ったものです。わたしたちのほかには誰もいなくて、ときおり羊飼いや羊の群れ、牧羊犬に出くわしたり、キツネやイヌワシ、コヨーテ、キジ、鳴き鳥を見かけたりするだけでした。兄のひとりはそこを「宇宙の穴」と呼んでいました。

ひょっとすると、わたしだってもっと社交的な性格になっていた可能性もあります。町の子供たちと一緒のサマーキャンプもあったし、生徒数２０００人の中学校にも通ったのですから。けれども、うちの兄弟や近くの牧場の遊び仲間たちは、いつもテレパシーで会話していました。カレッジの友人に指摘されるまで、自分たちが普通じゃないなんて、思ってもみませんでした。牧場に遊びにきた友人が、こう言ったのです。「マスト家では、週末のあいだずっと、ひとこともしゃべらなくてもやっていけるのね！」。またあるときは、ショッピングから戻ったルームメイトが、どうしてこんなものを買ったのかわからないと、途方にくれていたこともあります。その品物は、買わなくちゃいけないとわたしが考えていたものだったのです。「あまりにも大声で考えすぎる」と、彼女はわたしを非難しました。そういうことがあってから、意思を伝える第一の手段としては、努めて言葉を使うようにしました。

ほかにも、わたしが自分の異様に鋭い感受性に気づくきっかけになったできごとはたくさんあります。理学療法士としての仕事を始めてまもなくのことでした。走らないようにと男の子に繰り返し注意したあと、わたしはつい頭にきて、「けがしちゃえばいいのに」と考えてしまいました。その子が転んだときは、ぎょっとしたものです。タロットのクラスでは、教えられた通りに「カードを順々にざっと読む」ことができませんでした。その代わりに、カードの上にかかった虹をたどるとまで滑り下りました。すると、自分が、５０００キロ近くかなたの懐かしいサモラ丘陵にいるのに気づいたのです。先生やほかの生徒たちに唖然とした顔で見つめられて、それ以上自分の体験を話す気は失せてしまいました。タロットの読みがいとこの自殺を予告しているように思われたときもあったので、カードを使うのはやめました。体外離脱の旅は続けていましたが、それも娘が生まれるまでのこと。それ以来、きっぱりとやめました。そのまま娘のところへ戻れなくなったりしたら、困ると思ったのです。

我が子が親離れするくらい大きくなったころには、わたしは体外離脱のやり方をすっかり忘れていましたし、テレパシーの力もなくしていました。それを思い出させてくれ、閉じられたドアを再び開いてくれたのが、ヘミシンクです。体を抜けだして両親の牧場を訪れるたびに、わたしの魂は息を吹き返し、自信も戻ってきました。おっかなびっくり、わたしは言葉を使わずにコミュニケーションすることを自分に許し始めました——まだ言葉を知らないクリニックの幼児を相手に。

いまふたたび、自分と地球時間とのつながりが薄れゆくのを感じます。わたしは小さな子供たちの体に物理的に働きかける仕事をしていますが、直観的な洞察も、わたしの治療の大きな部分を占めています。赤ちゃんは言葉で訴えることができません。小さな子は、痛みが慢性的な場合、痛みとして認識できないこともあります。わたしはよく、多くの医師が見逃しているかすかな手がかりに気づくのです。子供に何が起こっているのかを明らかにするのはとても時間のかかる作業で、見る側のわたしが、忙しく頭を働かせる必要があります。自分が目にし、感じ、触れたものを正確に理解しようとしているあいだは、日常の決まりきった情報の処理がむずかしくなることもあります。気を散らされるのがとてもわずらわしいのです。寝ているあいだにひとりでに問題が解決することも多く、そんなときは、「あっ、そうか！」と突然目が覚めます。ヘミシンク、特に『**コンセントレーション**』を聴くと、答えの出るまでの時間がかなり短縮できます。

## 【わたしの診療哲学】

わたしのクリニックでの理学療法は、健康や発達、体の構造などの点で「正常範囲の外」にいる幼児と小児を対象としています。幼児の診療をすることにしたのは、彼らがとても明瞭だからです。赤ちゃんはまだ、真の姿を覆い隠す社会的・感情的な行動様式を身につけていません。だから、地球に訪ねてきたばかりのこの魂はどんな魂なのか、よくわかるのです。赤ちゃんの純粋なエネルギーに触れることは、すばらしい体験です。その子たちの体に治療を施していると、直観でも、そしてテレパシーでも、自然にその子とつながるのです。幼児や小児の発達には、それぞれ独自のパターンやペースがあります。それでも、いつごろになればこれこれのことができるという順番が、多少の早い遅いはあっても、だいたい決まっています。赤ちゃんの発育が普通と違ったり、調和がとれていなかったりすれば、世話をしている人は、何かよくないところがあると本能的に感じるものです。わたしが診るのは、そういう子供たちです。

自分たちの赤ちゃんが重病だとか、身体的な異常があるとか、発達が遅れていると知ることは、両親にとって大きなショックです。両親は、完璧とはいえない子供のことを思っては嘆き、育てることを楽しみにしていた完璧な子供のことを思っては、嘆くのです。親が落ち込んでいると、成長しつつある子供にとって、状況はさらにむずかしくなります。そういった親たちがわたしを探しあてて子供を連れてくるのは、彼らを助ける方法をわたしが知っているからです。彼らが、自分たちの子供とその可能性にひそむ喜びや驚異に気づくのを、助けてやれるからです。わたしは、両親が小さないとしい我が子を安心して受け入れられるよう、愛情を込めて世話することがきっとできると感じられるよう、手助けするのです。

## 【わたしが出会った子供たち】

### ◆症例1◆

わたしが理学療法の補助手段としてヘミシンクを初めて使ったのは、注意欠陥多動性障害の男の子が幼稚園の入園準備をするのを手伝ったときです。その子は、紙に記された細かいことが頭に入らず、情報を目でたどることができませんでした。読むための準備段階として、ボードゲームと迷路をやらせてみました。

『**コンセントレーション**』テープをかけるまではほとんど変化がなかったのに、テープをかけるとすぐ、変化が現れました。それまでは細かいことになかなか注意を向けられなかったのに、一度も気を散らすことなく、迷路を鉛筆でたどれたのです。効果があったのだと本当にわかったのは、テープがぷつっと切れて、その子がテープの「シュ、シュ、シュ」という音をリズミカルにまねし始めたときでした。男の子は、読むことを覚えるのになんの問題もありませんでした。

### ◆症例2◆

中国から養子に来たばかりの女の子が、小児科医からの紹介でやってきました。小児科医が言うには、「この子は聴覚障害と思われる。発達評価をお願いしたい。何歳かわからないが、18カ月くらいだと思う」とのことでした。その子は、歩きもしなければ、ハイハイもしません。最初に診たときに、聴覚障害ではないとはっきりわかりました。ただ、周囲の一切を遮断していたのです。

わたしがいちばん興味を引かれたのは、彼女に付き添っている随行員たちでした。なんと、部屋いっぱいのご先祖さまたち！　わたしたちを見下ろしている姿が見えましたし、心配そうなのを感じることもできました。頭がおかしいと思われるのがおちだと思ったので、養父母には、ご先祖さまたちのことは言いませんでした。

その子が歩いたり話し始めたりするまで、数カ月、治療しましたが、順調に発育して、ごく普通の子供になりました。女の子の五感がゆっくりと開いて、わたしたちの世界で快適にやっていけるようになるにつれ、先祖たちはだんだんに消えていきました。最後の治療に来たとき、養母はふと、こんなことを言いました。

「少なくとも、ご先祖様たちはいなくなりました。この子のめんどうをちゃんとみてくれると、信頼してもらえたに違いありません」

## ◆症例3◆

自閉症の2歳児が、クリニックのなかをあちらこちらと飛びまわっています。ひとつのことを始めても、ほんの数秒も続きません。

わたしはそのあとをついて回って、その女の子が何かを始めたら、タイマーをセットします。そしてその場所（たとえば揺り木馬の背中）にそっと押さえつけて、こう言います。

「タイマーがビーッ、ビーッと鳴るまで、ここにいるのよ」

やっていることに注意を向けさせ、積極的に続けさせようとするうえで、このやり方はそれほど効果があるとはいえませんでした。やっていることではなくタイマーに注意が集中してしまい、タイマーが鳴って、そこから逃げ出してもよくなるまでずっと、「ビーッ、ビーッ」と言い続けたのです。

いつもやらせる活動のひとつに、逆さにした円錐に腰掛けてバランスをとるというのがあります。そのあいだわたしがシャボン玉を飛ばして、気を散らそうとします。円錐は不安定なので、バランスを保つ体内の仕組みを使わないと、体をまっすぐにしておくことができません。傾けば、倒れてしまいます。円錐の形からは、余分な視覚刺激を取り除いてあります。わたしは円錐のすぐ正面に腰をおろして、必要に応じて視覚と聴覚の手がかりを与えます。シャボン玉で気を散らすのは、不安定な感じを怖がる子供がいるからです。

この活動には、めいめいにタオルを用意する、円錐をしまってある場所から部屋の中央に動かす、棚からシャボン玉の道具を取ってくる、といった準備作業が必要です。全部揃うまでに、女の子はたいてい、何かほかのことに夢中になってしまったものです。絶えず見張っていなければならないので、この訓練はとても疲れるものでした。

ある日、訓練の最中に『**クラウドスケイプス**』のテープをかけてみました。女の子は動きを止め、テープ・デッキを見上げて、じっと立っていました。注意を保てる長さが、すぐに変化しました。ある活動を始めるたびにタイマーをセットしたところ、「ビーッ、ビーッ」が過ぎてもずっとその活動を続けたことが何度もあっただけでなく、装置やわたしと、実際に相互交流を始めたのです。

試しに、次回の訓練では途中まで進んだところで、『**クラウドスケイプス**』のスイッチを入れました。いつものようにあちこち飛び回っていたのに、テープの演奏が始まると、そのときやっていた活動にずっと注意を集中できたのです。もっとあとでは、棚を見上げて「シャボン玉」と言いました。以前は、「ママ、バイバイ」と「ビーッ、ビーッ」しか言ったことがなく、しかもそれは、わたしがその言葉を文のなかで使ったすぐあとのことでした。それから、タオルを2本取ってきて、片方をわたしに手渡しました。次に円錐のところへ行って、引っ張ってこようとします。もう、びっくりぎょうてんです！

それ以来、もしわたしがテープをかけないと、テープ・デッキを見上げて「ミュージック！」と宣言するのです。しっかりと何かに取り組む能力は全体として向上し続けました。『**クラウドスケイプス**』によって、明らかに内面的な落ち着きが起こったのです。テープは、彼女の五感に一種の統合メカニズムを与えたように思われます。

## ◆症例4◆

視覚にわずかな障害のある生後13カ月の男の子が、わたしのところに紹介されてきました。まだハイハイをしないというのです。とても惨めなようすで、診察のあいだじゅう、いつも泣きどおし。こっちが泣きたくなるくらいでした。泣かれていては相互の交流ができないし、その子が発達上の進歩をするじゃまにもなるからです。

ある日、母親が、家では音楽が好きだと言ってくれました。そこで、鈴や木琴など、音の出るおもちゃで遊ばせてみたのですが、ほとんど変わりはありません。困り果てたわたしは、最後の手段とばかりに『**インナー・ジャーニー**』をかけてみました。泣き声は数分で収まりました。それ以来、セラピーのたびに、『**インナー・ジャーニー**』か『**クラウドスケイプス**』をかけました。ときどきは泣くこともありますが、たいていはわたしと相互交流ができるようになりました。よく、片方の耳をテープのほうに向けるように、首をかしげます。運動能力の発達には改善がみられ、やがて歩けるようになりました。

**◆症例5◆**

ある末期疾患の女の子が、わたしのクリニックに4年間来ていたことがあります。早期の発育は正常だったのに、その後ゆっくりと後退していきました。2歳のとき、その子のありあまるエネルギーはクリニック全体を満たすほどでした。両親もわたしも、それにその子を知っているほかの人たちも、きっと前世は、精力的だけれど慈悲深い国王だったにちがいないと感じたものです。

時が過ぎるにつれ、彼女のエネルギー、視力、聴覚、運動能力は衰えていきました。セラピーのあいだじゅうわたしをきりきり舞いさせた活発な少女から、ブランコに乗っているか、父親のそばに座っているほうが好きな子に変わっていったのです。

あれは、ともに過ごした最後の日々のことでした。わたしたちは静かに座って、お互いの目をじっと覗き込んでいました。すると、わたしはどこか遠いところへ運ばれました。彼女が一緒に連れていってくれたのです。フォーカス10を通り過ぎたのがわかりました。行きついた先は、わたしが体外離脱で旅したことのあるどんなところより、はるかかなたの場所でした。その平和な場所にいるあいだに彼女は、ここが、自分がいま大部分の時を過ごしている場所だと教えてくれました。もう自分はあなたを必要としていないけれど、だいじょうぶ、それでいいのだということも、教えてくれました。

　びっくりするようなスピードで、わたしは突然クリニックに引き戻されました。わたしがまだ茫然としているあいだに、彼女の父親が当然のことのように、こう言うのが聞こえました。

「いまは四六時中、わたしにこんなことをするんです」

　ひょっとすると、わたしたちが分かち合った体験をいちばんよく表しているのは、ヨースタイン・ゴルデルの『ソフィーの世界』のあの言葉かもしれません。

「彼らは自分たちが『時』からもぎ取られたのを感じ、『永遠という視点から』世界を体験したのだった」

**◆考察◆**

　ヘミシンクはわたしの人生と、クリニックでの理学療法診療の両方を豊かにしてくれました。診療のほうでは、二重にお世話になっています。ひとつには、わたしの直観力をふたたび目覚めさせる触媒になってくれたから、またひとつには、幼い患者たちを落ち着かせ、集中させるのを助けてくれたからです。わたしの直観によれば、ヘミシンクは子供の感覚処理（もちろんわたしの感覚処理も）を調節してくれ、おかげでわたしと子供たちは、一緒にもっと効果的に治療を進めることができるのです。

（2002年冬発行『ヘミシンクジャーナル』第20巻1号より許可を得て転載）

# 第3章　教育現場におけるヘミシンクの活用

ロバート・ソーンソンは教育者として20年を超える経験があり、いまはミシガン州ノースヴィルの公立学校特殊教育部長の職にある。彼はもう10年以上も、学習困難児、特に注意欠陥障害（ADD）によるハンディキャップに苦しむ子供たちを助ける手段として、ヘミシンクを用いている。論説で彼は、6歳から14歳の子供たちを対象として、学習問題の解決には音の周波数のどの組み合わせがもっとも好ましくまた役に立つかを調べた、あるプロジェクトを紹介する。

ソーンソンは、その次の論説を執筆した有名な言語教育者のバーバラ・ブラードとも共同研究を行っている。バーバラの提案で実現した最初のメタミュージック音楽に埋め込まれた周波数は、その研究の成果である。『リメンブランス』という標題がつけられたこの曲は、あらゆるヘミシンク製品のなかでもっとも成功を収め、バーバラの論説で明らかになるように、さまざまな用途に用いられている。『リメンブランス』は、リセ・デロングおよびレイモンド・ワルドケッターの行った調査プロジェクトに用いられたヘミシンク・テープのひとつでもある。彼らは、神経-認知コーチングとEEG神経フィードバックが、どの程度、特殊なニーズを抱えた言語障害の生徒の役に立つかを、ある私立学校で調査した。

この章の最後を飾るのがピーター・スピロの論説で、見込みがないとして教育システムから締め出されていた、16歳から25歳までの生徒を対象とした自身の仕事を紹介する。ヘミシンクの使用――『リメンブランス』など――を含む彼のおおらかなアプローチは、彼が教えた大多数の生徒に一大変換をもたらした。しかし残念なことに、当局はこの仕事の価値を正しく評価していない。彼の感動的な手記が、なによりも雄弁にその真価を語っている。

# ADDに対するバイノーラル・ビートの効果

ロバート・O・ソーンソン（教育専門家）

*ロバート・O・ソーンソンは、ミシガン州ノースヴィル、ノースヴィル公立学校特殊教育部長である。『Teaching and Joy（教える喜び）』の共著者であり、注意問題、個人の学習能力の差、愛と論理で教え躾けること、小児の学習能力の発達などについて、教職員や親を対象に定期的に講習を行っている。1990年からモンロー研究所の専門委員会のメンバーとなり、研究所と共同で、ティーンエイジャーと成人向けのテープ4本からなるアルバムである『オン・ビカミング・ア・ライフロング・ラーナー』を作成した。24年間教職にあり、自身も4人の子供たちがいる。*

いくつかの特定の周波数を持つバイノーラル・ビートを生み出す音程の入ったオーディオテープを聴くと、特定の脳波状態を強めることができる。このことを実証する証拠は増えるいっぽうだが、本研究もその証拠のひとつを提供するものである。本研究は、小児において、快適な注意を維持できているという感覚を強める脳波状態に関係している。本研究は、音のどのパターンが、またそれに対応するどの脳波状態が、注意力が高まったと小児に感じさせるのにもっとも有効かを知るのに役立つようにデザインされた。曲の背後に3つの異なる音のパターン、すなわち周波数の組み合わせを流し、親および実験参加者の両方から主観的データを集めた。データは、用いられた3つのパターンのうちのひとつが好ましいという、明らかな傾向を示した。

## ◆序論◆

注意欠陥障害（ＡＤＤ）は学齢期の児童によくみられる障害であるが、その病因は明らかでなく、おそらく多くの要因が関与していると思われる。臨床的には、注意期間の短縮や衝動性、また一部の小児では身体運動活性の増加を特徴とする。

ＡＤＤの生徒はしばしば、作業を続行して課題を完了させることがむずかしい。ＡＤＤの診断に用いられる基準がおおまかなため、この障害があると分類された小児は学童人口のかなりの部分を占め、またその障害実態もまちまちという結果になっている。ＡＤＤが学童の5～15％にものぼると推定されることを考えると、これは普通に考えられるような意味での「障害」ではなく、ひとつの特性とみるべきかもしれない。ある種の注意持続がむずかしい学童を表すための言葉というわけだ。ＡＤＤの子も、ほかの大部分の子供同様に、テレビやビデオゲーム、自分が興味を持っていることについては、長いあいだ注意が持続する場合が多い。これは、動機やその他の要因の関与を反映しているとも考えられる。

とはいうものの、最近の研究を詳細に検討すれば、ＡＤＤを持つとされている大きな集団にあてはまる一定の真実が見えてくる。たとえば、注意欠陥の生徒は、脳の重要な領域で測定されたグルコース代謝レベルが一般に低いことがわかっている。また、ＡＤＤの人のほうが、脳の酸素使用が少なく、低調な脳波活性パターンを示すことも知られている。特に、大脳皮質の前頭部および中央部でシータ活性が増加し、後頭部および側頭部でベータ活性が低下していると指摘する研究もある。

この研究結果は、ＡＤＤの人の多くにとって、明敏な意識の持続と注意の集中をもたらす高レベルの大脳覚醒の維持がむずかしいことを示唆するものと解釈できる。

ヘミシンク技術は、人々が望ましい脳波状態を達成するのを助ける手段として特に効果的であることが証明されているが、同じように重要と考えられる働きがほかにもある。通常、大脳皮質の右と左の半球の創りだす活動のパターンならびに脳波周波数のパターンは異なる。片方がもう片方よりも活発なことが多い。右半球のある部位では、それに対応する左半球の部位よりもシータ波領域での活動が多いことがある。ヘミシンク・シグナルを聴いているとき、ふたつの半球のあいだには持続的な同調が起こる。大脳の両半球は、信号の違いを知覚するには調和して働く必要がある。そしてともに活性レベルを上昇させ、半球間ならびに皮質全体にわたる活性度のバランスを創り出すのである。

◆方法◆

このプロジェクトは、ＡＤＤと診断され、注意の持続が困難であるとされる小児にとって好ましい音のシグナルの組み合わせを見いだすことをめざす。小児の年齢は6〜14歳である。親の志願により18人の子供が、研究に参加した。この子供たちに、ヘッドフォンで3本のテープを聴いてもらった。最初の1週間はテープA、次の週はテープB、最後の1週間はテープCを使い、それぞれ週に3回以上聴くこととした。親たちには、テープを聴きながらある活動に取り組んでいる我が子になんらかの変化が起こるかどうか、観察するよう依頼した。子供がどのテープをいちばん好むか、各テープについて注意の持続にいちばん役立つのはどのテープかについての総合的な評価も依頼した。各テープについて、使用回数、重要な観察、それに、テープの使用で食事や睡眠の習慣になんらかの変化が起こったかどうかを記録してもらった。学校での行動の変化や、子供がテープの使用を好んだかどうかに注意して記録すること、そのほか関連のありそうな所感や観察を記録することも依頼した。

各家族には、テープA、B、Cというふうに無作為にラベルをつけた3本のテープを渡した。このような無作為化を行ったのは、予期の影響ならびに順序効果の可能性を減らすためである。テープには、「ハート・ゾーンズ」というタイトルの曲の背後に、3種類のヘミシンク音（8と12ヘルツ、12と16ヘルツ、8と16と24ヘルツ）が埋め込まれていた。曲は作曲者のリュー・チルドレ医師と、テープ製作元のカリフォルニア州ボールダークリークにある、ハートマス研究所の許可を得て使用した。データを各家庭から集めて分析して、3種類の音声パターンのうちどれが総合的にみて子供たちにもっとも好まれたかを確認し、テープを使いたいという意欲に関する客観的観察と主観的情報をまとめ、注意の持続やその他の要素に対する総合的な効果を評価した。

## ◆結果◆

研究に参加した18家族のうち、7家族がすぐに脱落した。このプロジェクトに最後まで参加するよう、子供をどのように説得すればいいいか、保護者とは話し合っていたにもかかわらず、続けないことを選んだ親もいたのである。ある親はこう述べた。「ほんのちょっとのあいだだからと聴かせようとしても、いつもの親子げんかの種になるだけなんです」。こうした抵抗に直面したときは、強制せず、参加を中止するようにと、親には言った。ADDの子供あるいはその集団を扱ったことのある人なら、こうした考え方が理解できるだろう。

最後まで研究に参加した11家族から集めたデータから、次のことが明らかになった。

2人の子供は好みを表明しなかった。
1人が8と16と24ヘルツの音程を選んだ。
8人が12と16ヘルツの音程を選んだ。
8と12ヘルツの音程を好んだ子供はいなかった。

どのテープも好まなかった2人の子供はともに、何かの活動をしている最中にもっと注意を集中できるようになったと報告しているが、彼らの親は、行動上の重要な変化は何もなかったとしている。8と16と24ヘルツの音程を好んだ子供は、たまたま多動性のない子供だったが、このことが大きな影響を与えたとは考えにくい。12と16ヘルツの音程を好んだ8人の生徒の親たちは、さまざまな興味深い感想を述べている。いくつかあげると、

「最初は、疲れると言って、聴きたがりませんでした。でも聴いたあとは、気分がよくなることがわかったようです」

「登校前に聴くと落ち着いて、楽にほかの子たちとつきあえるようになります。この子はときどき、感情のままに突っ走ってしまうことがあるのです」

「数日間、扱いにくい状態が続いていたのに、このテープを数分聴かせただけで、すばらしい効果が現れました」

「彼を落ち着かせてくれました。態度に変化がありました。一緒にいて楽しい子になりました（た

ぶん、よく眠れるようになったからです）」

「マットにとっては好ましい体験だったようです。効果があったような気がするのです。とても衝動的でかっとなりやすいのに、それがよくなったようなんです」

「マイクはテープB（12と16ヘルツ）がいちばん好きで、このテープは自分から進んで使います。もらえたらいいなと言っています。家では前よりほがらかで、あまり腹をたてなくなりました。もう毎日はテープを使っていませんが、週に1回か2回は使います」

好まれなかったテープに関するコメントのなかにも、興味深いものがいくつかある。ある母親はこう述べた。「このテープは彼にはなんの効果もありません。聴くことさえ、嫌がるんです」。息子がテープBを気に入った別の母親はこう言った。「わたしはテープCがとても気に入りました。できれば分けていただきたいくらい。もちろんテープBも」

## ◆考察◆

今回研究の対象としたグループ、すなわち注意欠陥と診断された6～14歳の生徒のグループ内では、明らかに、12と16ヘルツの脳波活性を強める音程のテープに対する強い好みがみられる。8と12と16ヘルツ音程から好ましい効果を得たことに気づいたという回答がいくつかあり、この組み合わせが気に入ったという回答がひとつあったのに対して、8と12ヘルツの組み合わせが気に入ったという回答はひとつもなかった。この組み合わせはどうやら、こうした子供たちが快適な注意を維持するのに十分な覚醒を提供するには、あまりにも低周波すぎるらしい。またこれらの結果から、8と16と24ヘルツの組み合わせにはどこか、こうした生徒に適切でないところがあるとも推測される。ひょっとすると、8ヘルツの強化音程が、シータ波（4〜8ヘルツ）の中の高い周波数領域とアルファ波（8〜13ヘルツ）の中の低い周波数領域という、すでに過剰にある部分をさらに強めるからかもしれないし、あるいは、24ヘルツの音程がわずかな不快感や不安定感をもたらすからかもしれない。わたしに言わせればこれは過剰覚醒というべきもので、この年齢にとって望ましい大脳皮質活性の範囲を超えるものと考えられる。

こうしたことすべてを考え合わせると、12と16ヘルツの組み合わせがこの年齢範囲の生徒に好まれるのは明らかである。わたしがもっともうれしく聞いた報告は、ある母親の次のような言葉だった。「いま困っているのは、どちらがテープを使うかで、息子と夫が口論することです。それぞれがちょうど同時に何か大事なことをしたいというとき、取り合いになるんです」。これらのテープは、注意に問題のある生徒が味わう困難をすべて解決する万能薬ではない。しかしながら、ADD人口のかなりの部分にとって有効な道具を、またひとつ新たに提供できることは確かだ。彼らの脳を覚醒状態にもっていくことで注意が続くようにしてやり、やがては、自分の力で注意を持続するすべを学ばせるための道具である。

（1999年秋発行、『ヘミシンクジャーナル』第17巻4号より、一部変更して転載）

# なぜメタミュージックが学習困難に効果的なのか

バーバラ・ブラード（文学修士）

*バーバラ・ブラードはオレゴン・コースト・カレッジで言語学教授を35年務め、現在は学科長である。カレッジの「年間最優秀教師」の候補に3回推薦されたことがあり、テキサス大学から1994、1999、2000年にNISOD教育優秀賞を受賞している。「2002年アメリカの教師名士録」に選ばれた。1989年からモンロー研究所の専門委員をしている。*

文明の黎明期以来、人類は行動や学習に音楽が及ぼす効果の大きさを認識してきた。古代ギリシャ人は、音楽が神によって創られたと信じていた。プラトンもアリストテレスも、音楽を教育科目の中心に据えた。人の思考や理解を促す音楽の力に気づいていたからである。

近代になってからは、古代の人々が直観と観察によって認識した音楽の「魔法」に科学的な説明を与える研究が行われている。音楽学者のドン・キャンベルによる傑作、『Physician for Times to Come, Music and Miracles（未来の医師、音楽と奇跡）』や『The Mozart Effect（モーツァルト効果）』に書かれた研究が、そのいい例である。この研究は、聴く者の身体と精神のほぼあらゆる側面に、音楽が強力な影響を及ぼすことを明らかにしている。

この30年以上、わたしはひとりの教師として、またひとりの親として、生徒がもっと速く効果的に学ぶための補助手段として音楽を使う方法に関心を寄せてきた。ジョージ・ラズノフ博士の著作ならびにオストランダーおよびシュレーダーの研究に出てくる、「サジェストパエディア」と超学習という技術に、たいへん惹かれるものを感じた。20年以上前から、わたしは超学習を活用する際の重要な一要素としてバックグラウンド・ミュージックを勧めているが、超学習状態の促進に特定の音楽がかなりの影響を及ぼすことについては、わたしの生徒たちが何よりの証人である。その研究成果は『Communicating from the Inside Out』（B・ブラード、K・キャロル著、1995年）の共同執筆につながった。

この論説のおもなテーマであるメタミュージックは、超学習音楽方式とヘミシンクの組み合わせによって、相乗効果をもたらす。メタミュージックを学習に用いるというのが、わたしが最近になって挑戦している新しい課題である。

きっかけは、衝動性と注意欠陥障害（ADD）のあるふたりの子供を育てるという個人的な難問に直面したことだった。わたしの下の子ふたりは、わたしのあらゆる子育てスキルをもってしても、また担任の教師の忍耐心をもってしても、なかなかの難物だったのだ。彼らは、教室の机の上を渡り歩き、ひっきりなしにおしゃべりし、課題から課題へと目移りして何も仕上げられないようなタイプの子だった。学校からは、リタリンを試すように勧められた。でもわたしは、もっと体にやさしい方法があるにちがいないと思った。そして、そんな方法が本当にあったのだ！　それがヘミシンク技術である。わたしがこの技術のことを知ったのは、1989年の専門委員会セミナーに出たときのことだった。

その週にわたしが学んだことが、わたし自身の研究を飛躍的に前進させることとなった。スライドを次々に見せながら、ヘミシンクの広範な神経効果を説明するミカ・サディ博士の仕事に、わたしは深い感銘を受けた。ヘミシンクは、望ましい脳波パターンを大脳皮質全体に、同調した状態で出現させるのだという。

続いて登場した世界的な言語療法士であるスザンヌ・モリス博士の発表もすばらしかった。博士は発達障害の子供たちの治療を手掛けている。モリス博士の研究には、アルファ・シータ脳波をもたらすメタミュージックを自閉症や重い脳障害の子供たちに用いることも含まれていた。そのようすを写したビデオを見たわたしは、畏怖の念に打たれた。体に触れられることさえ耐えられなかったある自閉症児が、メタミュージックを聴き始めて10分もしないうちに、音のほうに近づいていき、テープ・プレーヤーを両腕で包みこむようにする。そして、音楽が聞こえているあいだ、モリス博士がやさしく体をマッサージするのを許したのである。普通のリラクゼーション用音楽には、その子はなんの反応も見せなかった。わたしにとってこれは、メタミュージックの「魔法のような」効果を示すもっとも劇的なイメージとなった。

それ以来わたしは、睡眠の質を高め、リラクゼーション状態を高めるためにメタミュージックを使い始めた。家族のストレスを少しでも和らげようとしたのだ。『**クラウドスケイプス**』、『**スリーピング・スルー・ザ・レイン**』、『**インナー・ジャーニー**』といった曲が、その後何年もわたしたち家族をおおいに助けてくれた。

２年後、また別の専門委員会セミナーで、わたしは最近のある研究に関する討論に好奇心をそそられた。自治体の特殊教育部長であるロバート・ソーンソンが主導した研究で、ＡＤＤの人たちでは、大脳半球の協調的な脳波パターンが、特に左半球にベータ波の現れるパターンが、充分に現れないことを実証したものだった。つまり、そうした人たちは高レベルの大脳覚醒を維持することがむずかしく、したがって、明敏な意識の持続と注意の集中に問題が生じるのではないかというのだ。さらに、自分はこれまで、特に覚醒レベルを引き上げるようにデザインされた、ベータ・ハーモニクス（＊訳注＝ベータ波とその倍音）のパターンを用いたへミシンクを用いてきたと付け加えた。

この討論を聴いているうちにわたしは、超学習音楽とソーンソンの発見したベータ・パターンを組み合わせたらどうかというアイディアを思いついた。我が家のふたりのティーンエイジャーに試して、ADDによる問題の克服を助けられるかどうか、見てみたらどうだろう。それから2年間、ソーンソンとわたしは手を組んで、彼の研究したベータ・ハーモニクスとへミシンクの組み合わせを、わたし自身が考案した超学習音楽フォーマットに組み込む研究を実施した。超学習に適していて、最高の能力を発揮させることのできる音楽は、多くの技術的基準を満たさなければならない。USC電子音楽スクールの卒業生であるJ・S・エパーソンが、わたしの設定した理論的な規格に合うように、魅惑的な曲を作ってくれた。このいわば「デザイナー・メタミュージック」は『**リメンブランス**』と名づけられ、モンロー研究所から1994年に発売された。

わたしたちの元に寄せられた多くの好意的な声が示すように、『**リメンブランス**』は成功を収め、1996年にはふたつめの作品が創られることになった。これにも、同じようなベータ・ハーモニクスを含ませた。音楽自体はモーツァルトの『二台のピアノのためのソナタニ長調』を編曲したものである。タイトルを『**アインシュタインズ・ドリーム**』としたのは、この曲が偉大なモーツァルト研究家のアルフレッド・アインシュタインと、世界的に有名な科学者であるアルバート・アインシュタイン双方のお気に入りだったためだ。ここで、モーツァルトの音楽の効果に関する興味深いコメントをふたつ紹介したい。まず、ジョシュア・クーパー・ラモが、モーツァルトの音楽に関する『ニューズウイーク』の記事でこう語っている。「モーツァルトの音楽の構造は脳に一種の共鳴反応を引き起こす。1本のピアノ線が振動すれば、ほかの線もブーンと唸りだすようなものだ」。また、物理学教授のゴードン・ショー博士は、音楽が大脳皮質および学習にもたらす効果の研究者でもあるが、次のように述べている。「モーツァルトの音楽で恒久的に賢くなれるというわけではない。脳の各部分にとって、一種の準備運動になるのだと考えられる」

2002年にさらにふたつの録音が発表された。ヴィヴァルディの『四季』からの抜粋を組み込み（超学習音楽研究の多くがバロック音楽に集中している）、スコット・バックリンが編曲した『**ザ・シーズンズ・アト・ロバーツ・マウンテン**』と、J・S・エパーソンによる『**インディゴ——フォー・クァンタム・フォーカス**』である。

『**リメンブランス**』が世に出た1994年以降に寄せられた報告によれば、ベータ・ヘミシンク・パターンの入ったメタミュージックはほかの学習障害、特に失読症と読書力発達遅延にも役立つ可能性があるという。どちらも、その根底にはふたつの脳半球間のタイミングのエラーがある。ある研究者は『ザ・ブレイン・マインド・ブルティン』に次のように報告している。

問題なく読める人の多くは、読字のとき、脳の左半球がベータ範囲（13ヘルツ前後）に、その振幅は中間範囲にある。これに対して、失読症では左半球の測定値がアルファ(だいたい10ヘルツ)に、その振幅は平均より大きな値になる傾向がある。ただし人によっては異常に小さな振幅を示す……（中略）……失読症の小脳は、体の内部バランスにかかわる協調とタイミングをまだ学んでいないのである。

デザイナー・ミュージックと、そこに入っているベータ・ハーモニクス・ヘミシンク周波数との相乗的組み合わせは、注意の集中に必要な脳の同調性を促すのに役立つように思われる。こうした音楽環境は、〝より熱心に〟ではなく、〝より賢く〟学ぶのを助けるのである。

音楽にこのような効果があることは、筋が通っている。誰にでも、音楽で学習効率があがったという経験があるはずだ。小学校ではＡＢＣを歌で習う。あのメロディは一生忘れない。「オールディーズ」の出だしのビート３つがラジオから流れてきただけで、たとえ何十年も耳にしていなかったとしても、その歌が頭によみがえってくる。あのころ付き合っていた恋人の姿や、一緒に過ごしたときの気持ちまで思い出すかもしれない。言うまでもないことだが、音楽とともに繰り返し頭に入ったことは、何十年たっても、音楽とともに頭から出てくるのである。

音楽が学習によい効果をもたらす理由がもうひとつ、分離脳の研究からわかる。この研究で、音楽が脳の両半球を本質的に同調させる唯一の刺激であることが確かめられた。このことから、音楽の持つ、線状に順序よく進行する側面、たとえば歌詞や拍子、リズム、楽譜などが左半球によって処理されるのに対し、右半球はハーモニーや音調、創造性、音楽作品全体の流れといった総体的な側面を処理しているという理論が立てられた。しかし最近の研究で、脳に対する音楽の効果は、単に大脳の両半球に対する効果よりも、はるかに広範なものであることがわかった。脳の画像化技術を用いた研究によって、前頭葉にある「収束帯」に対する音楽の影響に注目が集まっている。ここが、ふたつの半球の相互接続の起こる部位で、その結果、協調的な思考パターンが生じるのである。

ＡＤＤの小児および成人に関する何百もの研究を調べたダニエル・アーメン博士は、前頭葉が「オン」よりはむしろ「オフ」になっている傾向があることを発見した。著書の『Windows into the ADD Mind（ＡＤＤの心を覗く窓）』に、博士はこう書いている。「ＡＤＤの人が注意を集中しようとすると、彼らの脳の前頭葉（注意期間や判断、衝動抑制、動機をコントロールする）は活動を低下させる。正常な対照群が注意集中の必要な作業をするときには、脳のこの部分の活動は増加している。つまり、ＡＤＤの人々が一生懸命努力すればするほど、ますます事態は悪化するのである」

ひょっとすると、「デザイナー・メタミュージック」がこれほどＡＤＤや失読症の人の役に立つのは、そこに理由があるのかもしれない。最高の音楽と、ベータ・ヘミシンク・バイノーラル・ビート技術が脳に及ぼす広範な影響とを組み合わせてあるわけで、その相乗効果が、側面から側面、前から後ろへの刺激を創りだす。これは、大脳皮質から始まり、わたしたちの感情のひきがねが引かれる辺縁系に至る、トップダウン・プロセスなのだ。続いてこのカスケード状の好ましい脳波の流れが、内分泌系や免疫系に影響を及ぼす。

注意すべき点が、もうひとつある。半球間で速やかにスイッチを切り替える能力は高い知性のしるしである可能性が、初期の研究で指摘されている。天才児の特徴のひとつに、半球間でスイッチを切り替える能力が著しく高いというのがある。『**リメンブランス**』とその付属品はすべて、学習にとって非常に望ましいこの速やかな連携処理を特に強めるようにデザインされている。この連携は学習の困難な人々だけでなく、才能に恵まれた人々にも同じように望ましいものなのである。そのうえこれらの音楽作品には、学習した情報がもっと広いニューロン経路に定着することを促進する効果もある。より広い定着は当然、情報のより大きい保持と想起につながる――ひょっとすると、

5〜10倍も多く思い出せるようになるかもしれない。

以下に紹介するのは、これらの音楽作品が学習上の問題にもたらす効果について、生徒や親、教師たちから寄せられたコメントのほんの一部である。


「わたしは何年も前にADDと診断されました。メタミュージックの効果を初めて耳にしたときは、正直言って半信半疑でした。ところが『**リメンブランス**』を聴き始めるとすぐ、変化に気づきました。呼吸がゆっくりになって、安定したリズムになったのです。自然なリラックス感がありながら、意識は完全に明敏なままでした。中断せずに1時間も勉強していたとわかったときには、ショックでした。『**リメンブランス**』を聴くことで、いまは勉強に完全に注意を集中できます」

——R・M、19歳

「ヘミシンクはうちの多動性のある息子の人生を見違えるようによくしてくれました。すぐに、テープの音楽が流れているあいだは鎮静効果があることに気づきました。それだけではありません。いまでは、そうしたいと思えばいつでも息子はその落ち着いた状態になれるんです。まるで彼の脳が、どうやったらそういうふうに落ち着けるかを学習したみたいです。だから、いまは自分ひとりで、そういう精神状態になれます」

——M・C

「メタミュージック・テープに目を向けさせていただいて、感謝しています。これらのテープはわたしの人生と教育に大きな影響を与えています。わたしは毎日『**アインシュタインズ・ドリーム**』を聴いています。特に、注意を集中して精一杯がんばらなくてはならないときには必ず。先日の夜など、勉強にあまりにも集中していたので、テープがカチッと切れた音に驚いて飛び上ったほどです。これまでに聞いたなかでいちばん大きな音に思えたからです。テープをひっくり返して、また勉強を続けました。とてもふしぎなんですけど、テープを使っているあいだは、むずかしい考えもやすやすと頭に入ります。翌日のテストは満点でした！」

――R・M

「教室はいつも無秩序状態で、わたしはすごくいらいらしていました。いまは、いろいろな活動のバックグラウンド・ミュージックとして『**リメンブランス**』をかけているので、教室にいても前とは大違いで快適です。明らかに、子供たちによい影響を与えていますし、わたしにとっては、すばらしいの一言に尽きます」

――J・A、小学3年生担任

「フラストレーションのたまる、ほとんど成果のあがらないカウンセリングが5カ月続いたあと、わたしは『**リメンブランス**』をかけてみました。むっつりしておもちゃをいじくり回していたTが、目を大きく見開いたかと思うと、ニコッとして、ボリュームをあげました。初めはためらいがちに、やがて息をする間も惜しいようにして、彼は積もり積もった困惑や怒り、心の痛みを吐きだし、しまいには、テープを1本分けてもらえませんかと言ったのでした」

――R・S、カウンセラー、12歳のクライアントについて

以下のコメントは、学習困難に直面しているわけではないが、このデザイナー・メタミュージックが自分の仕事に役立つことに気づいた人々の体験談である。

「州の保険ライセンス試験に備えようにも、たった1日では無理だと思いました。190ページもあるマニュアルを覚えるなんて、できっこありません。でも、ものは試しに受けてみることにしました。午前9時に勉強開始。午後1時にはもう頭がぼうっとしてきました。そこで、連続演奏ができるプレーヤーに『**アインシュタインズ・ドリーム**』をセットしました。翌朝の3時5分にマニュアル本を終了。試験には86％の正答率で通りました。ありがとう、18時間も集中力を維持できたのは、『**アインシュタインズ・ドリーム**』のおかげです」

――B・L

「非常に専門的な論文を読む必要があったとき、『**リメンブランス**』ありとなしの場合を比較する実験をしてみました。違いは実に驚くべきものでした。テープを聴いていると、内容にしっかり注意を向けることができ、集中も途切れず、理解するために同じ文章を読み返す必要がありませんでした。最後には、テープがかかっていることさえ、意識にのぼらなくなりました。そういうとき、テープの効果が現れ始めるのです。公式や暗記ものがたくさんある大きな試験のための勉強をしているときもそうでした。結果は満点。『**リメンブランス**』は効率的な勉強を助けてくれるのです」

「60歳のある男性がダラス神学校で聖職者になるための勉強をしていましたが、ギリシャ語とヘブライ語の学習という難問にぶつかって、すっかり行き詰まってしまいました。彼の頭はどうしてもこれらの言語を受けつけません。夢をあきらめるしかないと思っていたところ、友人が、試してみたらと言って『**リメンブランス**』を寄こしました。2カ月もしないうちに彼は両方の言葉をマスターし、A評価で試験に通りました。いまはベイロール病院で牧師をしています」

——E・A

——W・J・Q

◆**結論**◆

学習のため、すなわち最高の能力を発揮するためにメタミュージックを使うときは、バックグラウンド音として扱うのがいちばんいい。もし学習中に連続して使用するなら、好きな部分の繰り返しが意識を通り過ぎていくままにしているだけでいいわけだ。そうすれば、学習した情報をあとでいっそう容易に利用できる。ほかのヘミシンク・エクササイズと平行して使えば、特に効果的である。わたしの生徒たちには、『**アテンション**』、『**シンク・ファースト**』、『**リテイン・リコール・リリース**』が特に役に立っている。『**バイ・ザ・ナンバーズ**』は数学の勉強にもっとも効果がある。ロバート・ソーンソンの作った『**ライフロング・ラーニング**』プログラムと、『**スチューデント・パル**』セットもたいへん役に立つ。ほかにも、ADDによるもっと厄介な問題を克服しようとする大人にとりわけ有効だとわかったエクササイズがある。『**ブレイン＝リペア・アンド・メンテナンス**』と『**オ**

**フ・ローディング**』である。６週間ほど夜間に流してみたところ、並行して『**リメンブランス**』または他の同様のベータ・セレクションを日中に使用すると、もっとも効果的だった。

こうしたベータ・倍音作品は、学習に非常に効果的な道具であることを多くの親や教師が認めているとはいえ、「特効薬」とみなすべきではない。むしろ、明敏で注意力の高まった意識状態に脳をそっと導く、有用な補助手段として扱うべきである。「認知機能障害」と診断されて長年苦しんできた60歳のエンジニアが、『**リメンブランス**』を２カ月使用したのち、次のようなきわめて詩的な感想を寄せてくれた。

「『**リメンブランス**』を聴くのは、きれいな空気を呼吸するようなものです。チョコレート１箱より、頭がすっきりします！　穏やかな３次元のサポートを提供し、散り散りになる意識をなだめて、中心に引き寄せるのです。あるかなきかの快い芳香のように。いまは、プロジェクトを無理やり押し進めるのではなく、楽に導くことができるのがわかります。もう、流れに逆らって丸太を押し上げなくてもいいのです。『**リメンブランス**』があれば、課題を征服する必要はありません。自然にしかも効果的に導くことができます。『**リメンブランス**』は、ハーモニー（調和）とハートバーン（胸焼け）ほどの違いをもたらします。ひとつの手助けとして、それはできるわたしを作ることができるのです」

——Ｇ・Ｍ

# 教育プログラムにおけるヘミシンク

リセ・D・ドロング（博士）
レイモンド・O・ワルドケッター（教育学博士）

リセ・ドロング博士は、オハイオ州シンシナティにあるユニオン・インスティチュート大学を、神経心理学の学位を得て最近卒業した。専攻は神経-認知処理である。メリディアン初等中等芸術学校の創立者であり、言語障害に重きを置く神経-認知専門家である。ひとりひとりの学業ニーズに合わせた個人別カリキュラムを創ろうと、教育者と親のためのワークショップを組織している。また、EEG神経フィードバックと認知リハビリテーションの技術を用いて、子供や青少年を対象に個人で診療をしている。

レイ・ワルドケッター教育学博士は心理コンサルタントで、研究心理学の広範な素養を持つ。モンロー研究所の諮問委員会のメンバーであり、専門委員会の創設メンバーのひとりである。

最近わたしたちは、EEG神経フィードバックと神経-認知処理の有効性を評価するため、アメリカの小規模な私立学校で予備比較研究を実施した。EEG神経フィードバックとは、電極を頭皮につけ、そこから得られた電気的な脳活動の波形パターンを追跡して記録する手法で、聴覚フィードバックおよびコンピュータ画面上での視覚フィードバックを用いる。これは、特別にデザインされたシステムを介して、個人が自分の脳波の活動を観察できるようにしたものである。神経‐認知処理はEEG神経フィードバックと言語処理指導を組み合わせるもので、選定した音声パターンを、芸術学校の創造的な芸術カリキュラムと併用する。

研究標本は言語障害を抱えた特殊なニーズを持つ24人の生徒からなる。一部の生徒には注意欠陥障害があり、多動は伴うことも伴わないこともあった。これらを無作為に12人ずつの2群に分け、片方を複合神経フィードバック処置群、もう片方を対照群とした。両群とも、あらかじめ選定した学力および特定能力試験装置で、読字、書字、聴取、一般認知の能力を前もって測定した。神経フィードバック群は2学期計18週間に渡って、EEG神経フィードバックと神経‐認知指導を用いた1時間の治療を全部で25回、受けさせた。この神経‐認知指導は、脳のトレーニングを指導すれば、生徒が脳学習活動の「多元モデル」の達成に必要な学習環境を創りだす助けになるという前提に立っている。音楽は創造的な右半球を刺激することができる。その音楽に、適切な音響周波数と、あらかじめ設定されたリズム、強度レベルが加われば、左半球の活性化を助けることができる。モンロー研究所のヘミシンク・テープは特にこの種の複合音響サポートを提供するようになっており、特定の周波数のバイノーラル・テープに組み込んだ音楽を使う。EEG神経フィードバックを用いれば、情報を処理している脳の部位を正確に特定することができるし、欠陥のある部位を特定することもできる。

## 【新しいスタート】

わたしたちは神経‐認知指導とEEG神経フィードバックを組み合わせたこの研究を、メリディアン芸術学校の特別に計画された学習環境で行った。この学習環境は、言語障害を持つ学習者と持たない学習者の双方に、学習の基盤を提供する。この学校のカリキュラムはストレス削減カリキュラムとされ、競争もテストも、評価もない。研究に参加した生徒はすべて、学校の提供する通常のカリキュラムに従い、その間、指導を受ける群は個別の一対一のセラピー・プログラムを続けた。このプログラムには、聴覚処理や視覚処理、言語理解力（口頭かつ受容の）、目と手の協調運動に関するゲームが含まれていた。視覚および聴覚処理は、記憶や集中、注目、傾聴の能力を強める神経フィードバックのための共用領域であることが実証されている。両群とも、音楽、ダンス、劇、文学、視覚芸術からなる、この学校で使われている全カリキュラムを受講した。

研究の帰結としては、神経‐認知指導およびEEG神経フィードバックの効果を際立たせるような変数を用いて、ふたつの群のあいだの学業および行動成績の差を測定することとした。日々のスコアを、両群の全員について、前後の測定値を用いて比較することとした。統計分析のためのマトリクス表には、24人の参加者のデータ入力ユニットを縦に、5つの計測項目およびそのサブテスト結果を横にならべた。

## 【生徒の達成した進歩】

聴覚処理テストは、認知受容処理能力と関連のある領域において、かなりの教育的進歩があったことを示していた。この能力は、口頭で与えられた情報をスペルの順番や文法規則、使用法、思考の構成などを思い出しながら理解する作業に関与している。実験群は聴覚能力が対照群の2・90倍に上昇しており、本研究で指定した傾聴能力としては290％の増加となった。読字については、実験群が対照群の1・62倍、すなわち162％の増加となった。読字に必要なのは、言葉の同定、言葉への取り組み、言葉の理解である。理解力のサブテスト結果は、特に側頭部で言葉の理解が起こることを示し、かなり印象的な大きな進歩がこの領域で起こった。これは、より伝統的な学校制度においても、非識字を改善できる可能性がかなりあることを示唆すると考えられる。

全体的な達成率を見ると、実験群が対照群の3・41倍、すなわち341％の率で総合的な増加を示し、短期間で教育にかなりの改善が起こったことがわかる。全体的な達成度は、情報を処理するための非言語的な受け身の知識基盤を評価するもので、これは注意の集中度と聴覚処理能力に高度に依存している。聴覚処理能力が向上するにつれ、注意の集中度も増し、全体的な達成度の改善が現れるようだ。

数学の成績に関して得られたスコアも、実験群が対照群の1・57倍、157％の増加を示した。この増加は一般に全体的な達成度や問題解決力、数学の分野で要求される推理力と相関関係にある。数学の達成度は生徒の体験するストレスレベルに大きな影響を受けるが、数学と関係のある「管理職機能」を前頭葉が行うことが、研究で明らかになっている。ストレスを受けた学習者は前頭葉を「シフトダウン」して、高度な数学学習に使われる脳部位へのアクセスをほとんど不可能にするのだろう。数学の総合スコアで明確な進歩を果たした実験群の教育環境が、ストレスの少ないものだったことは間違いないように見える。

ここで注意しなければならないのは、実験群では平均して7・5人が、比較のために用いられた

10種類の測定値について、前後のテストのあいだで成績が改善されていたのに対し、対照群で改善があったのは平均５・８人だったことである。有意性を見るためのノンパラメトリック・マン‐ホイットニー検定では、かなりの有意差を示す数値が出た（ｐ＝０・００８）。この高レベルの有意差を見ても、この学習環境において能力を改善する手段として、ＥＥＧ神経フィードバックがいかに強力かがわかる。

教師による評価や個別の標準テスト、親に記入してもらった質問票から得た所見では、実験群の生徒に、総合的な学業分野と、注意問題に関する行動面、すなわち多動や内向、適応スキルにおいて改善が見られた。聴覚識別からは、高度の有意差を示す行動改善が明らかになった。特殊なニーズを持つ生徒と普通の生徒双方の標本に関して、本研究の持つ意味は明白である。

## 【脳波学習とヘミシンク】

ＥＥＧ神経フィードバック脳波トレーニングと神経‐認知セラピーをバイノーラルな傾聴刺激（ヘミシンク）で補強すれば、本研究でも明らかになったように、効果がさらに強まる。ベータ脳波（13〜30ヘルツ）活動の増加が、意識、集中度、集中力を高めるのである。逆に、特殊なニーズを持つ生徒（たとえばＡＤＨＤ）に対しては、ベータ波の減少に伴う眠気を催させるような効果があり、リラックスさせて、日周期リズムが睡眠周期を自然に調節するようになる。ヘミシンク・プロセスが、さまざまなストレス緩和脳波周波数（アルファ、シータ、デルタ）を活性化する混合音響パターンを用いて、脳の同期状態をもたらすところが観察できる。

ロバート・モンローは自身の研究を通じて、言葉による指示とイメージ誘導を含む、さまざまな音と音楽を組み込んだオーディオテープを開発した。これらのテープは、おもに周波数追従反応とバイノーラル・ビートの刺激による効果のため、それぞれ独特の反応をもたらす。誘発ＥＥＧプロトコルを用いれば、バイノーラル・ビートを誘導し、測定し、モニターすることができる。その結果、望ましい周波数の強度を増大させ、それによって、望ましくない周波数レベルの強度を減少させることができる。指導セッション中に用いられたテープは**『スリーピング・スルー・ザ・レイン』**、**『リメンブランス』**、**『アインシュタインズ・ドリーム』**、**『ブレイン＝リペア・アンド・メンテナンス』**、**『アテンション』**、**『コンセントレーション』**、**『センソリー・ヒアリング』**である。各生徒は、計画された25回のセッションのうち8～12回について、各テープを20～30分間、聴いた。リラクゼーションを練習するための実際のセッションは、5～15分間続いた。

本研究で用いたおもなトレーニングは、ＥＥＧ神経フィードバックで観察された12～15ヘルツの活動のところに感覚運動リズム（ＳＭＲ）が発見されたという所見に基づいている。本研究での神経フィードバックの当初のセッションは、5分間のＳＭＲ12～15ヘルツ活性期間と5分間の15～18ヘルツベータ活性期間とを交互に設けるものだった。これは生徒の身体的反応をいっそうリラックスさせ、意識を明敏にするとともに、数学、テストした読字分野、総合達成度のあらゆる要素について、全面的な改善をもたらした。ＥＥＧ神経フィードバックおよび神経‐認知指導が生徒の進歩に顕著な好ましい差をもたらし、聴覚処理、総合達成度、それに問題解決および批判的思考力などの数学的要素に重要な進歩をもたらすことが証明された。ストレスの少ない学習や少人数学級、個別カリキュラムの作成が重要であることも、強調しておきたい。

# 荒れた教室をヘミシンクで立て直す

ピーター・スピロ

*ピーター・スピロは劇作家で詩人であり、かつてはニューヨーク市で教師をしていた。彼の戯曲はニューヨーク市やロスアンゼルスで上演されたことがあり、詩は雑誌や詩集に広く掲載されている。ニューヨーク市を離れてオレゴン州北中央部に向かう前は、オルタナティブ・ハイスクールの授業を11年間担当していた。*

## 【概説――3つの哲学と2つの問いと1つのカリキュラム】

わたしたちが知っているのは、自分が何を知っているかということ。たいして、胸を張れるようなことではありません。たとえ、知っているということ自体に何か意味があるとしても、です。とはいうものの、あれこれ思索にふけるために、わたしたちの知りえないことがらに対する疑念にあくまでもしがみつくために、天使のように善良な人間であるかのように装う者がいます。人間は、生き物のうちでもっとも抜け目がないというわけでも、もっとも適応性があるというわけでもありませんが、ひとかどの生き物であることは確かです。それなのに、たとえ確信がないにしても、いったい誰が、自分の生きている世界の存在を疑ったりできるのでしょう。自分の存在自体を疑ったりできるのでしょう。何もないことではなく、何かがあることをふしぎに思ったりできるのでしょう。

内的な体験の神聖さは、わたしたちが学校で大切にしていた測定や達成といった標準規格とはそりが合いません。恐怖――未知のものへの恐怖、生への恐怖、死への恐怖――に根差す、知性中心の政治経済哲学に染まったわたしたちは、義務教育と恐怖のカリキュラムを通じて、その世界観を子供たちに伝えます。その世界観のルーツをたどれば、ルネ・デカルト、トマス・マルサス、チャールズ・ダーウィンに行きつきます。しかし、ほかのどんな道具にも増して、ヘミシンクを使うことによって、大きな問題を抱えたごく少数の若者が自分自身のカリキュラムに目覚めるのを、わたしはこの目で見ました。そのカリキュラムとは、自己の同定と愛なのです。

## 【3つの哲学】

### ◆ルネ・デカルト◆

デカルトは、みずからの五感を信ずることはできないと断定しました。そうした感覚が、世界について信頼できる情報を与えてくれるとは考えられないというのです。彼は、いったいどうしたら、何かに対して確信が持てるか知りたかったのですが、結局、確信を持つことはできないという結論に達したのです。不確実性という点に立って彼が悟ったのは、少なくとも、その「確信の持てないでいる思索家」は存在するに違いないということでした。「もしわたしがこれを考えることができるなら」とデカルトは考えました。「わたしは確かに存在するに違いない」。すなわち、〝我思う、ゆえに我あり〟というわけです。彼は自分なりの確実性と安心感を見出したのです。また彼は世界をひとつの機械ととらえ、自分自身はそれとなんのつながりも持たないと考えました。

**◆トマス・マルサス◆**

１８００年、イギリス東インド会社カレッジの政治経済学の教授だったトマス・マルサスは、人口が幾何級数的に増えているのに対して、生命を維持するための資源は算術級数的にしか増えていないことに気づきました。「ゆえに、わたしたちの一部が生存できる分しか資源はない」。それが普遍的真理であるという結論に達したのです。

**◆チャールズ・ダーウィン◆**

その半世紀後、ダーウィンが独自の進化論を発表しました。もっとも適した種、そしてそれぞれの種のなかで最も適した個体だけが生き残ると信ずる説です。「それは君か僕のどちらかでなければならない。ふたりとも生き残る余地はない」。

## 【２つの問い】

頭は「どうやって、何が、いつ、なぜ？」と問います。心はただ、「誰が？」と問います。頭は理解することを求め、心は体験を望みます。頭は凌駕することを好み、心は抱擁することを願います。頭は身の安全を気にかけ、安全でいられる方法を提案します。でも、心がわたしたちみんなに約束するのは自由です。

思考が存在に先んじるのでしょうか、それとも存在が思考を生むのでしょうか？　デカルトが独自の神秘化に際して見落としたのは、神秘そのもの、不思議というものが存在するということでした。もし彼が、リラックスするようにとやさしく自分の頭を諭したならば、正反対の発見をしたかもしれません。「我あり、ゆえに我思う」となったかもしれないのです。自分とは〝誰か〟という疑念が、自分は存在するという考えの前に来てしまったのでした。確実性への願望を超えたところに、ルネの脈打つ心臓がありました。不確実で、不安定で、恐れを知らない心臓が。考えることや知覚することを超えたところに、自分を映す永遠の恋人がいて、決して理解できないことを受け入れるのです。

イギリス東インド会社のために働きながら、トマス・マルサスは欠乏の哲学の伝播に手を貸しました。それは競争を奨励するための経済政策でした。乏しい資源をめぐって互いに競争することでわたしたちが失うのは、互いのつながりという富です。自分の内に天国を探す代わりに、わたしたちは外を探し、富を勘定します。自分が誰であるかによってではなく、何を持っているかで勘定するのです。

体の形は確かに進化するかもしれません。しかしわたしたちはみな、それぞれの肉体よりもずっとずっと大きな存在なのですから、ダーウィンの説は、進化に関してわたしたちが第一に関心を持つこととは相容れない可能性があります。進化とは、常に広がり続ける生命のらせんに沿って、霊魂が拡大してゆくことなのです。地球上の生は、単に生存を求める旅なのでしょうか？　それよりは、神の光を通さない不透明な状態から透明な状態へと、わたしたちが転換する実験室に近いのではないでしょうか？　ダーウィンは肉体的な生存を成功と、そして肉体的な死を失敗と同一視しました。「故郷」への帰還を保証されたわたしたちのチケットも、永遠の愛の成就という約束も、死んでしまえばおしまいというわけです。

## 【１つのカリキュラム】

　義務教育は、わたしたちの知性こそがわたしたちであるというデカルトの考えを受け入れ、称賛し、伝播を助けます。強靭な知性を養うことによってのみ、世に出て、マルサスのいう乏しい資源を獲得できると、子供たちは教えられます。もしそうした資源を手に入れなければ、ダーウィンが示唆したように、子供たちの存在は終わり、したがって、人生の目標を達成できないことになります。肉体の生存こそが目標なのです。

　このカリキュラムでは、天使のカリキュラムの自己同定と愛を、「批判的思考技術」と呼ばれるもので置き換えます。これは子供たちに、心からあふれ出す衝動は拒否すべきなのだ、競争し、恵まれた者をうらやみ、恵まれない者を軽視していいのだと、請け合います。絶えまなく監視する、分断化する、方向を失わせる、罰する、褒美を与える、成績をつける、条件付きの自尊心を奨励するといった包括的なカリキュラムを通して、恐怖心を助長するのです。

　子供たちはみずからを、世界経済にとってなくてはならない、幸運を約束された競争者とみなすように教えられます。すでにある自分というものの真の価値を思い出す手助けをしてもらえるのではなく、「ひとかどの人物にならなければならない」という破壊的な考え方を叩き込まれます。実現不可能な「成功」という抽象的な目標を「達成する」よう、教えられます。その目標が彼らを、慢性的な不満と絶え間ない渇望の人生に追い込むのです。

　ひとりの教師としてわたしは、自分が本当は何者なのかを生徒が思い出す手助けをしようとしました。混沌と、精神を麻痺させる倦怠、絶えずつきまとう恐怖、そして義務教育という暴力を秘めた世界の内側で、「奇跡に近い」としか呼べないようなことを、私は目撃しました。それは、きわめて過酷で困難な環境で日々生活し、生き延びていくストレスにもはや耐えられなくなった若者に、ヘミシンクのような道具を差しだしたときのことでした。完全な狂気のさたとしか思えないような状況のなかでは、ひとつの愛の行為が奇跡に思えるものです。ほんのちょっぴりの信念があれば、確かに、奇跡を起こせるのです。

## ◆第1段階 注意の集中◆

わたしが教えていた生徒たちは、何らかの理由で、普通の学校やほかの教育環境ではうまくやっていけなかった子供たちでした。そしてわたしが教えていた場所は、町のなかでも、徒歩で通るのはお尋ね者か愚か者だけというような地域でした。年を追うごとに、生徒たちがいっそうかたくなに卑劣になり、自分を見失っていくのを、わたしは見ていました。

わたしの生徒たちはみな、前の学校から自発的に中退したか、追い出されたかのどちらかでした。年齢は16～25歳。女生徒のほとんどには、少なくともひとり、子供がいました。男子生徒のほとんどは、刑務所に入ったことがあるか、保護観察中でした。もしわたしという仲間がいなかったなら、彼らは街に繰り出して、運だめしとしゃれ込んでいたことでしょう。わたしの授業がわたしにも生徒にもたいして役に立っていないと悟るのに、そう長くはかかりませんでした。何か実のあるもの、考え方を変え、自滅的な行動パターンを修正できるものが必要でした。

その年は、いつもの年と同じように始まりました。わたしの教室は低所得者向けの公営集合住宅の地下にありました。窓は地面すれすれで、光も外気もごくわずかしか入ってきません。教室の真ん中は下水溝を覆う大きな鉄板になっていて、廊下の突き当りにはごみ圧縮機がありました。教室の中をハエが飛びまわり、頭上のパイプに沿ってネズミがちょこまか走ります。うっかりネズミ捕りのネバネバの上に踏み込んでしまうネズミもいて、自分の毛皮から抜けだそうとするかのように激しく暴れ、キーキー騒ぎます。すると管理人がやってきて、片づけるというわけです。そしてもちろん、生徒たちがいます。ピリピリして落ち着きがなく、混乱し、疲れきって、栄養不良で、おびえていて、いまにもキレそうな生徒たち。

わたしはすでにロバート・モンローの本に偶然出会い、ヘミシンク・テープを聴いていました。聴くと気分がよくなるからです。というわけである日、教室に大型ラジカセを持ち込み、５メートルほどのコードをスピーカーにつないで、ステレオになるように、スピーカーどうしを離して設置しました。『**リメンブランス**』のテープをバーンと鳴り響かせて、教室を同期させたわけです。そのとき目にしたものに、わたしはほとんど卒倒するところでした。特にわたしを驚かせたのは、いつもはホッピングに乗ったサルのように落ち着きなく跳ねまわって、なんとか1日をやりすごしていたある生徒です。突然最前列の席に座ったかと思うと、静かに課題をひとつひとつ仕上げていったのです。クラスメイトのほとんどが、その子は欠席だと思ったほどでした！　それでも、テープの助けだけで、その生徒がこれほど充実した時間を持てたとは、まだ信じられませんでした。

しかし、次の日も同じことが起こりました。その後毎日、『**リメンブランス**』の演奏が続いているかぎり、同じことが起こったのです。ついにわたしも、テープが本当に宣伝文句通りの効果をあげているのだと、認めないわけにはいきませんでした。「ねえ先生、あの脳音楽で、おいらを静かにさせようとしてるんだろ？」。わたしのそばを通り過ぎざま、その子はウィンクして冗談を言ったものです。彼にもわかっていたのです。そこでわたしはいろいろなメタミュージック・テープを注文して、1日じゅう、かけておくようにしました。わたしが忘れているようなことがあると、「ねえ、脳テープをかけてよ」といつもリクエストされました。

まもなく、子供たちにテープを渡して、自分たちの携帯プレーヤーで聴かせるようになりました。わたしのところへ来て、〝脳テープ〟を貸してと頼むと、自分の席に戻って課題をやるのです。

初めて**『コンセントレーション』**をクラスでかけたとき、わたしは生徒たちにテストをやらせました。なんだかんだ言っても、ここはやっぱり学校ですし、学校ではテストをするものだからです。生徒たちはわたしが好きだから、しぶしぶでもテストを受けてくれるだろうと、わたしは思っていました。ところがなんと、彼らは真剣にテストに取り組み、集中しているではありませんか。集中と真剣さが薄れたのは、テープが終わってからでした。誰もがそわそわして、鉛筆を落としたりし始めたのです。

メタミュージックが流れているとき、クラスの生徒たちを見渡して、ある子の顔があまりにも開けっぴろげで純粋無垢なのに気づいたことがあります。あまりにも穏やかで、智天使ケルビムのように見えたほどです。たとえ短いあいだでも、彼がそういう境地に達するのを〝脳テープ〟が助けたと思うのは、うれしいものです。1日に1時間か2時間のメタミュージックが、これらの子供たちがいつも抱えているストレスや不安を、どれほど和らげていることでしょう。ひとにぎりの子にとっては、教室に入ってくるとき、ストレスや不安の一部をドアの外に置き去りにできるほどの効果があるのです。

わたしの監督官のひとりが好奇心をそそられたようだったので、**『リメンブランス』**を渡して携帯プレーヤーで聴いてもらいました。彼女は納得して帰って行きました。ところが翌朝またやってきて、どこでそのテープが手に入るかと訊きます。前の日に『**リメンブランス**』を聴いたあと、ふしぎなことに、鬱病の症状が軽くなったらしいのです。わたしはカタログを譲ってやりました。その学年度の終わりに、彼女はわたしを見かけるとぎゅっと抱きしめて挨拶してくれました。ずっとのんでいた抗鬱剤のプロザックから抜け出せて、本当に感謝している、と上機嫌で言うのです。

教師の一部は〝脳テープ〟に興味を示していました。しかし経営陣はテープに予算を使うことに乗り気でないようでした。ヘミシンクはまともでないというのが、一般的な見方だったのです。

子供たちに、何か強烈な、都会を遠く離れた体験をさせてやれたら――ゲートウェイ・プログラムのためにモンロー研究所へ小旅行をするというような体験をさせてやれたら。どんなにいいでしょう。彼らは、高次の自己への、しっかりした手引きを必要としていました。わたし自身がゲートウェイ・プログラムのあいだに出会ったような手引きです。あそこでわたしは、自分が何者なのかという謎が、はるかに大きな神秘であることに気づいたのです。

わたしはクラスの生徒たちを学校のシステムからできるだけ速やかに連れ出そうとしました。このシステムは誰のためにもなっていません。新しい枠組みが必要です。将来は〝ミシンクこそが、その新しい枠組みの一部になるべきだし、どこでも、現在のカリキュラムにただちに組み込まれるべきだと、わたしは思います。子供たちを無理やり劇場まで歩かせて、「私は飛べると信じている」なんて誰かが歌うのを聴かせる代わりに、天空への彼ら自身の小旅行をさせてやるべきです。それには、メタミュージックが役に立つのです！

## ◆第2段階　拡大した知覚◆

1997〜1998年にかけての学年度中、ハーレム地区YMCAの読み書きを教える講座で教えるかたわら、わたしは生徒たちのために、TMI体験をそっくり、自分の乏しい技術で再現しようとしました。「もし生徒を研究所に連れていくことができないなら、研究所を生徒のところに持ってこよう」というわけです。いつものことながら、そこは光も外気もほとんど入らない、見苦しい部屋でした。薄っぺらなフェルト状の仕切りが、部屋をふたつのクラスに分けています。片方には、読む能力が小学3年生以下の生徒たちがいました。わたしがいるほうには、小学3年生と6年生のあいだの成績の生徒がいました。そして外には、貧困と暴力という苛酷な現実が至るところにありました。ある日、遠足で全員が出かけようとしていたとき、ふたりの逃亡犯を徒歩で追っていた警官の集中砲火につかまってしまいそうになりました。幸い、全員がすばやくYMCAに逃げ込むことができました。人生はここでは苛酷です。誰もが、カッターナイフから銃まで、ともかく何らかの武器を携帯しているように思えます。

生徒が登校すると、『**モーニング・エクササイズ**』・テープのロバート・モンローの声に迎えられます。「グッド・モーニング、今朝はまさにグッド・モーニングです」とテープは始まります。『**モーニング・エクササイズ**』が流れているあいだに、紙を配って、頭に浮かんだことを何でもいいから書くようにと言います。「エネルギー変換箱」とラベルを貼った大きなバケツを見せて、書き終わった紙をそこに入れさせます。エネルギーの転換が済んだら、黒板にわたしが書いておいたアファメーションを写させます。「わたしは肉体を超える存在です」というのが、『セス・スピークス』や『カンバゼーション・ウィズ・ゴッド』その他から引用して使っている内在メッセージです。

アファメーションがきっかけとなって、その意味や毎日の生活への応用をめぐって長い討論が始まることもしばしばです。わたしは読書リストに霊的なテーマの本を追加しました。ベティー・イーディーの『Embraced by the Light』（邦訳は『死んで私が体験したこと』同朋出版）のような、臨死体験や体外離脱旅行、遠隔視などを述べた本です。ヘミシンクをほとんど1日じゅう、ノンストップで流しました。『**コンセントレーション**』や『**リメンブランス**』などのさまざまなメタミュージックを交互にかけ、ときにはモーツァルトやグレゴリオ聖歌なども取り入れます。お香をくゆらしたり、キャンドルをともしたりすることもあれば、占い棒で生徒のエネルギー・フィールドをたどって、生徒たちを夢中にさせることもありました。

それはいろいろな意味で、重要な学年度でした。薄っぺらなフェルト状の仕切りの向こう側では、混沌と怒りとフラストレーションという、学校のお決まりの狂乱状態が続いていました。ある教師など、すっかり圧倒され疲労困憊して、２、３カ月後にはとうとう病気休暇をとらなければならなくなったほどです。仕切りのこちらのわたしのクラスには、奇跡がありました。さらけ出され、共有され、目撃されることを切望する人間のこころの優しさが、見られたのです。ときには、ふたつのクラスに分割されていることで、気が散ることもありました。向こうのクラスの生徒が、仕切り越しに紙を投げ込んでばかにするのです。それでも、うれしいことに、私のクラスの生徒たちは自制していました。実際、侮辱に対して返答するとしたら、こうなったでしょう。

「僕たちは君たちよりも霊に目覚めているのさ」

わたしは、うぬぼれを霊的な目覚めと同一視しているわけではありません。でも、念のために言いますと、侮辱に対する反応としては、げんこつやカッターナイフ、弾丸によるすばやい報復というのが、ここでは普通なのです。冗談を言っているのではありません。この子たちは霊に飢えていたのです。彼らの心は、高く舞い上がりつつあったのです！

わたしのクラスの全員が転換を体験したわけではありません。でも大部分は、ある程度変わりました。それに、プログラムを受け入れることのできなかった若者たちは、すぐに去っていきました。はぐくまれた愛の絆は、それほど強いものでした。

その年の終わりには、ほとんどの生徒が読書をし、それを楽しんでいました。さらに、家に本を持ち帰る子さえいました。読みあげて持ってきて、もっと読みたいと言うのです。わたしは急いで本をバーンズアンドノーブルから補充しなければなりませんでした。予想していたよりもずっと速いペースで、生徒たちが本を読破していったからです。本を家に持ち帰ることは、一部の生徒にとってはとても勇気のいることです。本を1冊抱えているだけで、弱虫のしるしと誤解されかねないからです。

会話から、また「エネルギー変換箱」に落とし込まれた作文から、大部分の子供たちが非物質的な世界を体験し、その体験にぎょっとしていることがわかりました。ある生徒は、インディアンが彼女の家に住んでいて太鼓を叩くのに、ほかの人にはそれが見えも聞こえもしないのだと教えてくれました。

「どうして、こんなことが起こっているの？」

別の生徒の部屋には死んだ友人が訪ねてきて、いとこへの言づてを頼まれたと言います

「わたしは頭がおかしいのかな？」

未来を見ることができ、この能力はよいものなのか悪いものなのかと悩んでいる生徒もいました。

奇妙な夢のことを書いた生徒もいました。家の周りを歩き回っているのに、自分の体はベッドでまだ眠っているという夢だったそうです。

「これはいったいどういうこと？」

わたしがこれまでに出会った教師のほとんどは、おそらく、こんなことを言う生徒は学校の精神分析医に回すことでしょう。そうした体験は現実には起こっていないのだと、納得できないような生徒は、どこかよそにやられて、強力な薬を投与されることになったでしょう。なにしろ、彼らにはこれまでの粗暴行為や不適応行為の記録がありますから、どんなおぞましい治療だろうと、正当化されてしまうのです。物質的な現実は苛酷です。そして非物質的な現実には、混乱させられ、ぎょっとさせられます。

こんな状況に、いったいどう対処したらいいのでしょうか？　悲しいことに、彼らは互いに殺し合うようになります。そして悲しいことに、殺し合いはスプリングフィールド、オレゴン、ファイアットヴィル、テネシーといった場所に広がっているのです。なぜ、子供たちはお互いを殺すのでしょう？　彼らは何を言おうとしているのでしょう？　わたしたちに何かメッセージを伝えようとしているのでしょうか？　ひょっとすると、偉大な霊魂たちがこうした若者を通じてやってきて、根本的な真実を再発見するよう、わたしたちの内とまわりに広がる「神の計画」という知性を探すよう、わたしたちに頼んでいるのかもしれません。

幸いにもわたしは、波の音に隠れたバイノーラル・ビートが子供たちの精神をリラックスさせ、心の鍵をはずすのを、最前列で目撃することができました。若者が静かに落ち着いて、生まれながらの優しさと品位と魅力をいっぱいに花開かせるのを、見ることができたのです。

たった一晩では、たいした変化は起こりません。わたしに言えるのは、その年の終わりには、読む力の点数が確かに改善されていたということです。けれども、もっと重要なのは、つながりという感覚が生まれていたということです。お互いのつながり、そして、もっと大きな何かとのつながり。これらの若者たちは、このつながりを、これ以上ないほど熱烈に求めているのです。

それに対して、わたしたちは何を差し出せばいいのでしょうか？

## ◆第3段階　飛び込んで、出てくること◆

教師としての最後の2年間を過ごした機関では、教室でヘミシンクを使う許可が出ませんでした。補助輪をはずされたかっこうのわたしは、自分がいかに遠くまで来たか、いかに多くを学んだかに、改めて気づかされました。

わたしは決まったカリキュラムの授業をどんどん減らしていったあげく、とうとう、もうこれ以上はがまんできないというところまで来てしまいました。若者の生まれつきの美や勇気、機知、知性の破壊を押しつける教育機関から給与小切手を受け取るのは、もう良心が許しませんでした。

わたしの心の門は完全に壊れ、開いていました。わたしにできるのはただ、人生がわたしの前に奇跡のように広がっていくのを、目撃することだけでした。まちがいなく、この子供たちはわたしの案内役だったのです。優しく（ときにはそれほど優しくなく）わたしを小突いて、自分が本当は何者なのかを悟るほうへと、わたしを向かわせたのです。それは決して理解できないことをそのまま受け入れる、自分を映す永遠の恋人だったのです。

未知の世界へと、わたしは入っていきます。

## ◆クラスが本当にうまくいっているとき◆

たまにわたしのクラスのそばを通りかかると、
始業ベルがやかましく鳴っているのに
がやがやと騒がしい声が聞こえ、
慌てた手がバタバタと、
馬のしっぽのように空気を打つのが見えるでしょう。
わたしは、たいまつのように金色に輝きながら
教室のなかを動き回って、
探り、質問に質問で答えます。
生徒のピーピーという口笛の音にじゃまされながら。
これでいい。これが真の学習だと言う人もいます。
でもクラスが本当にうまくいっているときは
息をする音さえほとんど聞こえないでしょう。
まるで、深くて丸い沈黙のチューブの内側に
するりと入り込んだかのように。
そしてあなたは子供時代のあのときのように感じるでしょう。
朝の甘美な静寂のなか、

ひとりで、外の新しく積もった雪を見つめながら、
真っ先に自分の足で新しい足跡をつけたくてたまらなかったあのときのように。

# 第4章　ヘミシンクを医療に役立てる

柔軟な考えの持ち主であるブライアン・デイリー博士が、ヘミシンクを医学分野で用いるさまざまな方法に関する広範囲にわたる調査を報告する。エネルギー医学の実践者でもあるデイリー医師は、全人的な健康に関心を持ち、多様な療法を診療に取り入れている。彼のデザインしたヘミシンクの『**キモセラピー・コンパニオン**』エクササイズは、化学療法を受けている人々に非常に役立つことが明らかになっている。

大手術の生き生きとした体験記を寄せてくれたのは、ニュージーランド人のマーティー・ゲルケンである。医療スタッフからの全面的な協力が得られなかったにもかかわらず、彼はなんとか、『**サージカル・サポート**』シリーズのエクササイズの一部を用いることができた。その結果、麻酔薬は最小限で済み、術後の鎮痛薬はまったく必要がなかった。

スペイン在住のキャロル・セイビックはモンロー研究所のトレーナーであり、〝レイキ（霊気）〟の指導者でもある。彼女は、メタミュージックがレイキの施術にどれほど強力な支援を提供するかを述べる。より深く効果的な施術を可能にするのだという。この章の最後はヘレン・ガットマンの論説で、耳の聞こえない人々を対象とした実験的な治療について述べる。この実験で彼女は、ヘッドフォンを耳以外の特定の場所に置いても、ヘミシンクの効果が発揮されることを発見した。

# 医療にヘミシンクを用いて効果をあげる

ブライアン・D・デイリー
（医学博士、アメリカ救急医学会会員、アメリカ監察医学会会員）

*ブライアン・デイリー博士は、ニューヨーク州ロチェスターにあるロチェスター医科歯科大学の救急医学助教授ならびに手術指導医である。エネルギー医学の施術者および指導者として、長年の経験がある。具体的にはレイキ治療、ヘミシンク、クリスタル・セラピー、アロマセラピーなどで、彼はこれらを従来型の医療とともにみずからの診療に取り入れている。論説に取り上げた『キモセラピー・コンパニオン』エクササイズを考案したのは彼で、現在は放射線治療のための同じようなエクササイズを作成中である。*

従来型の医学とエネルギー医学両方の教育を受けた医師として、わたしはヘミシンクが治療計画の重要な部分となることに気づきました。病院やホスピス、そして患者の家庭でヘミシンクを使うことで、いろいろな恩恵が得られています。たとえば、リラクゼーションとストレス緩和、疼痛緩和、癌治療の補助、高血圧や喘息や脳卒中など特定の健康問題の治療、それにもちろん、スピリチュアルな成長などがあげられます。

この小論では患者にヘミシンクを用いたわたしたちの体験を紹介し、医療関係者がヘミシンクをそれぞれの診療で使う際に役立つと思われるテクニックを提案します。また、個別の健康問題の治療に適したヘミシンク・エクササイズも紹介します。

## 【ヘッドフォンかスピーカーか】

適切な位置に設置すれば、つまり音源が頭部の両側にそれぞれひとつずつ来るようにしてステレオ効果が最大になるようにすれば、スピーカーでもヘッドフォンでも、特定の周波数に伴う脳の反応を誘発できるでしょう。わたしとしては、最初のうちはヘッドフォンで聴かせるほうが好きです。そのほうが最大の効果が得られます。ヘッドフォンは病院のような騒がしい場所でも使え、アナウンスや見舞客、同室者など外部の騒音を遮断できるからです。また、あるエクササイズをヘッドフォンで数回聴くと、反応が学習されます。その後は、スピーカーでエクササイズを聴いても、すぐにヘミシンク効果が得られるようになります。たとえスピーカーの位置が適切でなくても、だいじょうぶなのです。

患者は、セラピーのあいだも会話ができるように、スピーカーで聴くのを好むかもしれません。あまり目くじらを立てず、柔軟に対応してください。会話が転換のきっかけになる可能性もあるからです。グループセラピーでは、スピーカーを使えば全員が体験に参加できますし、グループのエネルギーに浴することもできます。

## 【ヘミシンクに最適な環境とは？】

◆静かに！◆

ヘミシンク・エクササイズには静かな環境が欠かせません。意識が拡大した状態では、しばしば聴覚が非常に鋭くなるからです。電話の呼び出し音をオフにし、留守電の音量を下げましょう。腕時計のタイマー音やチャイムも切ります。

中断の原因になりそうなものは取り除いてください。セッションを完了させるだけの時間が取れることを確認します。途中で邪魔が入るとわかっている時間帯にセッションの予定を組まないようにしましょう。

◆トイレは事前に済ませておく◆

ヘミシンクを始める前に最後に立ち寄るべき場所が、トイレです。患者には必ずひとこと声をかけてください。せっかく深いリラクゼーションが得られても、膀胱にうるさくせっつかれては、エクササイズを切り上げるしかなくなります。妊娠中の患者では、特に大事です。わたしは、妊娠後期の患者については治療を短時間（30分以下）に設定しています。

◆自分が一番楽な姿勢で◆

ほとんどの患者は仰向けに横たわるのを好みます。本人が快適なら、座った姿勢も含め、どんな姿勢でもかまいません。妊娠後期の場合は、左側をやや下にして、膀胱が大静脈を圧迫しないようにします。

◆その他自分にとって快適な環境を作るには◆

リラックスすると、血管が拡張して熱が発散するため、患者は寒いと感じ始めるかもしれません。毛布をかければ、安心です。頭と〝膝〟の下には枕をあてがい、膝をわずかに曲げた状態にします。

できれば部屋を少し暗くします。アイマスクを使うのもいいでしょう。衣服を緩め、靴を脱いで、ベルトやぴったりした宝飾品をはずします。

**◆アロマセラピーは体験の助けになる◆**

芳香（キャンドル、お香など）やエッセンシャルオイルは、ヘミシンク体験をいっそう生き生きとしたものにするでしょう。バラまたはジャスミンのオイルを1滴、鼻の下にそっと擦りこめば、すばらしい効果があります！

**◆クリスタルはヘミシンクの効果を高める◆**

クリスタルはヘミシンクのエネルギーをおおいに高め、いっそう深い体験を可能にします。

## 【薬に頼らない睡眠を可能にするヘミシンク】

わたしが受ける要望のうちでもっとも多いもののひとつが、「何か、よく眠れるものを」というものです。夜間労働者は日中に働く人に比べて、1日平均2時間、睡眠時間が少ないそうです。わたしも病院の忙しい救急科で16年、夜勤をこなしてきたので、睡眠障害が夜間労働者のあいだであたりまえであることはよくわかっています。ヘミシンクは、薬に頼らないすばらしい対処法です。

うちの病院の医師助手であるダン・Dは、前に睡眠障害を経験したとき、『**スリーピング・スルー・ザ・レイン**』を用いてすばらしい成功を収めていました。ある多忙な夜勤が終わりに近づくころ、どうしたら、もっと体が休まったように感じるだろうかと言うので、試してみたらと、『**スーパー・スリープ**』をわたしました。次の夜、彼は興奮した面持ちで近づいてくると、こう言いました。「効きましたよ。信じられない！　セットして、しばらくは目を開けていよう、どれくらい起きていられるか、ちょっと見てみようと思ったんです。9時にベッドに入ったんですが、9時5分だなと思ったのを最後に、あとは記憶がないんですよ」

わたしが個人的に好きなのは『**レストラティヴ・スリープ**』です。これで教わる符号化シグナル（＊監訳者注＝短いコマンド（命令文）のこと。変性意識下で、あるコマンドとその効果を体験しておくと、通常意識下で、それを唱えるだけで、同じ効果が瞬時に得られる）を就寝時に用います。眠りを誘導するためと、寝ているあいだに疲労回復のヒーリング効果を得るためです。

『**キャットナッパー**』はてっとり早い「元気回復剤」として言うことなしで、時差ボケにも有効です（フライト中またはあとで聴きます）。わたしは長距離のドライヴで疲れたとき、パーキングエリアで休憩中に使います。30分ですから、車のバッテリーがあがることもないし、終わると、すっきり爽やかな気分で目が覚めます（ひとつご注意。ヘミシンク製品はどれも、運転中は決して流してはいけません）。『**キャットナッパー**』は、くたくたの新米ママに大人気です。赤ちゃんに1時間お昼寝をさせたいときに使えば、赤ちゃんのお昼寝が終わる前に、休めたという気分でママは目覚めます。

もうひとつ、個人的に気に入っているのが、『**タイム・アウト・フォー・スリープ**』です。寝不足のときは、6番の曲をもう一度追加するだけで、レム睡眠を増やせます。

思い出してください。ヘミシンクは薬に頼らない睡眠法なのです！

## 【ヘミシンクで手術の痛みが緩和！】

『**サージカル・サポート**』シリーズは、手術を受ける人や、けがや病気の人の助けになる6つのエクササイズからなっています。いくつか、好意的な調査報告が発表されていますが、いちばん新しいのは1999年の『アネステジア』第54巻8号769〜773ページ、「麻酔中のヘミスフェリック・シンクロナイゼーション＝手術中の痛覚コントロールにオーディオテープを使用した二重盲検無作為化試験」です。このシリーズのテープを使った患者は、手術中、対照群の4分の1の量の鎮痛薬しか必要ありませんでした。術後にも、鎮痛薬が少ししか必要ないことが、経験上明らかになっています。

スー・Fは卵巣がんの手術のときに『**サージカル・サポート**』シリーズを使いました。「すごく効きました。回復のスピードと、手術後の痛みの少なさにはお医者さんたちも驚いていました。あれ以来、友だちにも貸してあげてるんですけど、みんなが、役に立ったと言っています」。

モーラ・Pはこのシリーズを使って子宮切除手術を受けました。「回復室ではっきり目が覚めて、すぐにベッドから起き上がりました。痛みもごくわずかしか感じませんでした。自己調節鎮痛法（患者が自分で鎮痛薬を投与できるモルヒネ注入器）の必要もなかったし、使いませんでした。鎮痛剤を1錠のみましたけど、それはのむべきだとナースに言われたからで、そのあとは市販のタイレノールで充分でした」。彼女を担当した麻酔医のアラン・ランニ博士は、その日、ほかにもモーラの前に3例の子宮切除を担当しましたが、3例とも、手術中に患者の状態を安定させておくのがむずかしかったそうです。それに比べてモーラの手術はスムーズに進んだと、彼は言います。術後の鎮痛剤を要求しなかったのには驚いたそうです。「テープにあんな力があるんでしょうか」というのが、彼のコメントです。

**【妊娠中のつわりや精神の安定、出産時の痛みの緩和にも】**

『**オープニング・ザ・ウェイ**』は、妊娠、出産、育児中に使うための8本のテープからなっています。ママが気持ちをすっきりさせたり、リラクゼーションを得たり、健康な赤ちゃんを思い浮かべたりするのを助けます。父親や、手伝いをするほかの人のためのテープもありますし、「赤ちゃんの魂と触れ合う」ためのテープもあります。

ジャッキー・Gは、2度目の妊娠のときに『**オープニング・ザ・ウェイ**』がとても役立ったと言います。「出産のときには本当にこれに助けられました。感じている痛みや不快感から気をそらしてくれたんです。産まれるまで1時間20分かかりましたけど、リラックスしていて、会陰切開も裂傷の縫合も必要ありませんでした」。

**【脳卒中／脳損傷からの回復を助けるメカニズム】**

『**サポート・フォー・ストローク・リカバリー**』はテープ4本からなり、脳卒中後の治癒を助けるために作られたものですが、わたしは外傷性の脳損傷にも使っています。テープのひとつは誘導イメージ療法を利用してエネルギーを高め治癒を促進し、最後はゆったりとした眠りに導きます。わたしたちは人生の3分の1を寝て過ごすのですから、その時間を健康の増進に使うのはすばらしい考えだと思います。脳の損傷部位から、新しい部位への機能の引き継ぎを助けるような符号化シグナルを含むテープもあります。知力は無傷なのに話せないというのは、人生でももっとも苛立たしい体験のひとつです。これらのテープは、精神の途方もない回復力をうまく利用することを目指します。失われた運動スキルを、脳の別の領域を使って取り戻そうとするのを助けるのです。

注意点をひとつ。このシリーズを外傷性の脳損傷患者に使う場合は、「脳卒中のため」と書いてあっても外傷性損傷にも同じように効果があるということを、患者にわからせてください。脳の新たな領域を使って機能を回復するという点では、同じなのです。実は、このシリーズを、外傷性脳損傷患者を診ていた医師に勧めたことがあります。あとでその医師が言うには、自分は脳卒中を起こしていたのかと、患者をギョッとさせてしまったというのです。よく説明をしていなかったからです。どちらも回復のメカニズムが同じであること、自分は決して脳卒中を起こしていたわけではないことがわかると、患者はようやく胸をなでおろしたということでした。

## 【ヘミシンクのリラクゼーションと催眠効果】

メタミュージック作品は、聴いている人にリラクゼーションをもたらしますが、その程度は軽いものから深いものまで幅があります。多くのタイトルが選べますが、**『ガイア』**、**『ハイアー』**、**『インナー・ジャーニー』**、**『スリーピング・スルー・ザ・レイン』**などが、わたしの患者たちのお気に入りです。**『スリーピング・スルー・ザ・レイン』**のデルタ周波数は深いリラクゼーションや眠りをもたらし、これはエネルギー療法やマッサージ療法、催眠に役立ちます。エネルギー療法のバックグラウンドとして、わたしはいつもメタミュージックを患者と一緒に使います。歯科や腫瘍科の待合室で流したり、痛みを伴う処置の前に聴かせたりしても、心を静める効果が得られます。グレッチェン・Gはリンパ腫の患者ですが、待合室で順番を待つあいだ、ヘッドフォンでメタミュージックを聴くのが好きです。『**ガイア**』を聴いたあと、担当の腫瘍医であるジョン・ファレン博士に「ずいぶんリラックスしているように見えますね」と言われた彼女はこう答えました。「メタミュージックのおかげなんです！」。

ジェイムズ・リチャード・ヒューは、「クリサリス・ファウンデーション」の睡眠および神経言語学プログラミングの熟練セラピストです。彼はセラピーのバックグラウンドにメタミュージックを使って、患者がリラックスするのを助けています。フォーカス12の知覚の拡大した状態は睡眠療法に役立つ可能性があります。

## 【ホスピスにおけるヘミシンクの活用】

多くの人たちが、死も人生の一部として自然なものであり、恐れたり、心理的に避けたりすべきものではないのだということを理解し始めています。こうした考え方の変化が、ホスピスの実現を促進する力となったのです。ホスピスの目的は、不死の病にある人々とその家族に慰めと介護と支援を与えることです。不死の病に侵された多くの患者を診てきたわたしは、ホスピスの果たしている役割に感銘を受けています。ホスピスは患者の不安や苦しみをやわらげます。死すべき運命と折り合いをつけ、受け入れるのを助けるのです。

ヘミシンクは、ホスピスの患者とその家族を相手にするわたしの仕事に、欠かせない道具です。不安をやわらげてリラクゼーションをもたらし、痛みと苦しみを軽くするうえで、役に立つことがわかったのです。スピリチュアルな成長を助けたり、個々の健康問題に対処したり、臨終について学んだりするのにも役立ちます（たとえば『**ゴーイング・ホーム**』シリーズ）（＊監訳者注＝ロバート・モンローとエリザベス・キューブラー・ロスが終末期の患者とその家族のために共同開発したヘミシンクCDシリーズ。命が永遠であることを体験を通して知ることで、死の恐怖を軽減し、平穏に尊厳をもって最後を迎えることができるようになる）。

### ◆メタミュージックで末期を安らかに◆

患者も家族も、メタミュージックの真価を認めています。わたしは、数えきれないほどの家庭やホスピスでメタミュージックが流れているのを見てきました。メタミュージックは慰めや痛みの緩和、リラクゼーションをもたらします。バックグラウンドにメタミュージックが流れるなか、旅立ちを迎える患者の枕元に立っていたこともあります。音楽をかけると、末期の苦しい呼吸が安らかになるのも見ました。家族の人たちにもいい影響があるという事実は、思いがけない贈り物のようなものです。

### ◆メタミュージックによる痛みのコントロール◆

わたしの経験からいうと、〝患者は死ぬことを恐れてはいませんが、痛みに悶えながら死ぬことは恐れています〟。介護や支援、適切な管理によって、痛みは驚くほど少なくできますし、完全になくすこともできます。適切な鎮痛薬を適切な量投与することも方法のひとつですが、ヘミシンクも疼痛管理の重要な道具になっています。メタミュージックの『**ペイン・コントロール**』、『**エナジー・ウォーク**』、『**デディスコンフォト**』が、とても役に立つことが証明されているのです。少量の鎮痛薬で、同程度の症状緩和効果を得ることができます。

**◆患者だけでなく家族の睡眠にも役立つメタミュージック◆**

ホスピスという環境では、患者も家族も介護者も、疲労感につきまとわれます。『**スリーピング・スルー・ザ・レイン**』、『**スーパー・スリープ**』、『**タイム・アウト・フォー・スリープ**』は、夜充分に休息するのにとても効果的です。『**キャットナッパー**』は日中の休息にとても役に立ちます。患者が、意識のはっきりした状態で、もっと長く家族や友人と過ごしたいと思うときに使えます。

わたしの患者で『**ゴーイング・ホーム**』を使うことを選んだ人たちは、例外なく、これがとても助けになると言っています。バーニー・Pは、「これはわたしに、本当にたくさんの慰めとスピリチュアルな成長をくれました」と言いました。わたしの経験では、『**ゴーイング・ホーム**』を使うことを選んだ患者の約3分の1では、家族も、支援者用テープを使うことで一連の経過を患者と分かち合おうと決心していました（＊監訳者注＝『**ゴーイング・ホーム**』には患者用シリーズと支援する家族用シリーズがある）。ロバート・Wとその妻のヘーゼルは、体験を共に分かち合ったとき、テープから大きな慰めをもらったように感じたと言います。

## 【癌治療にヘミシンクを役立てる】

ヘミシンクは、従来型の癌治療に対するすばらしい補助療法となります。ジム・グリーンのアイディアによる『**ポジティブ・イミュニティ**』は、免疫力を強化し健康を増進するための8本のテープからなります。癌やエイズ、リウマチ障害、狼瘡《ろうそう》など、免疫力を弱める病気の患者に効果が期待できます。病気ではないけれど、健康を維持したいと思う人たちにも役立つでしょう。

リンパ腫患者のスーザン・Sは最初の化学療法に激しい反応を示し、悪心や嘔吐、広範囲のひどい皮膚発疹を起こしました。抗癌剤の量を減らし、複数の抗アレルギー薬を併用した結果、第2期の治療ではそれほど深刻な反応は起こりませんでした。彼女はふと、個人的な「共鳴エネルギーバルーン（REBAL、リーボール）」（＊監訳者注＝ヘミシンク・エクササイズの準備の段階で自分の体のまわりに想像で作るエネルギーのシールド。好ましくないエネルギーを寄せ付けない）を、第3期治療に備えてちゃんと用意しようと思い当りました。その結果、第3期の化学療法ではまったく反応を経験しなくて済みました。それ以来彼女は、どんなものであれ癌の療法の前にはいつもREBALテクニックを用いるようになり、担当の腫瘍医は抗アレルギー薬の投与〝なしに〟、完全な投薬計画を再開できるようになったのです。REBALは、『**ポジティブ・イミュニティ**』プログラムのエクササイズのひとつで教えるテクニックです。わたしは担当の癌患者全員に、このプログラムの使用を勧めています。これによって肉体的、精神的、感情的、そして霊的な恩恵を受けたという人がとても多いからです。

従来型医療である化学療法は、急速に増殖する癌細胞を標的としますが、残念ながら、ほかの急速に再生する細胞にも同じように作用してしまうことがあります。その副作用の多くはこのことと関係があり、消化管（悪心、嘔吐、下痢）、血液（貧血、好中球減少）、毛嚢（脱毛）などに症状が現れます。メタミュージックはしばしばこうしたことに伴う不快感を改善し、ときには軽くする効果が期待できるでしょう。

発売後間もなくから、わたしは幾度か『**キモセラピー・コンパニオン**』を購入していますが、初めての購入分が届いたのは、診察のためにグレッチェン・Gの家へ向かおうとしているときでした。彼女はその前日にホジキンリンパ腫のための化学療法を受けたのですが、それから12時間ずっと吐き通しで、この4時間は便器の前に膝をついたままだったということでした。わたしたちは彼女をベッドに入れて、ヘッドフォンをかぶせてやりました。どうかうまくいきますようにと、祈るような気持ちでした。45分後、彼女は目を覚まして昼食を食べました。見違えるようによくなっていて、悪心も嘔吐も消えていました。

1週間後、わたしは病院の癌センターにいるアーディス・Fを診てくれないかと頼まれました。彼女は腸癌が再発して、初めての化学療法でつらい思いをしていたのです。90分かかった1回目の注入のあいだに、看護師の記録によれば3回の「爆発的な下痢」があり、何度も嘔吐に見舞われていました。嘔吐は10日間続きました。そのため、2回目の化学療法は中止になりました。最初の治療から3週間後、アーディスは同じ処方を試みました。わたしたちは、前回と同じ90分の注入を始める15分前に、『**キモセラピー・コンパニオン**』をスタートさせました。彼女は注入の半ばころまでは目覚めていて、サンドイッチを食べました。終わってから、「来たときより帰るときのほうが気分がいい」と言いました。そのとき彼女の両側で化学療法を受けていた癌患者2人は、最初の治療のときも一緒でした。その2人が、「それは何ですか？　どこで手に入りますか？」と訊くので、それぞれに『**キモセラピー・コンパニオン**』を分けてあげました。

**『ラディエーション・コンパニオン』**は、放射線治療を受ける患者の助けになるようにデザインされたものです。このＣＤは45分ですが、ほとんどの治療は５～15分で終わるので、治療が始まる前から聴いたり、治療が終わったあとも聴いていたりすると具合がいいという患者が多いようです。ヘミシンク周波数が患者を助けて、リラックスしたホール・ブレイン・ヒーリング（全脳治癒）の状態に導きます。誘導視覚化が、貧血の改善や全身の健康維持、治療部位の皮膚の変化のような副作用の軽減に役立つのです。エネルギーの点からいうと、放射線は治療部位のエネルギー・フィールドに「穴」をあけます。視覚化は、「あなたの手を使って、ケーキのフロスティング（砂糖衣）をならすように、治療の済んだ部位のフィールドをなめらかにします」というような言葉を使います。患者によっては、想像上の包帯をそこに巻くところを思い浮かべたり、治療部位の上で実際に手を動かしたりすることもあります。治癒を誘導する精神の力を、決して過小評価してはいけません。

**『キャンサー・サポート』**シリーズは、**『キモセラピー・コンパニオン』**、**『ラディエーション・コンパニオン』**、**『ジャーニー・スルー・ザ・Ｔセルズ』**、**『スリーピング・スルー・ザ・レイン』**の４枚のＣＤの組み合わせとなっています。**『ジャーニー・スルー・ザ・Ｔセルズ』**は、癌細胞を攻撃する免疫システムの強化を助けます。**『スリーピング・スルー・ザ・レイン』**はリラクゼーション、瞑想、睡眠に役立ちます。**『キャンサー・サポート』**シリーズは、従来型の癌治療にとって価値のある補助手段です。そうした治療法のじゃまにならないからです。

わたしは、自分の患者たちの強さと回復力にいつも驚かされています。ジャッキー・Ｇは30歳の母親ですが、２度目の妊娠が34週目に入ったとき、右の乳房にきわめて侵襲性の強い癌が見つかりました。彼女は主治医の助言に逆らって、もう2週間出産を遅らせることを選びました。赤ん坊に、少しでも成長する時間を与えるためです。わたしはジャッキーに会って、妊娠中の助けのために『**オープニング・ザ・ウェイ**』を、癌治療の助けのために『**ポジティブ・イミュニティ**』プログラムを、手術のサポートのために『**サージカル・サポート**』シリーズを、化学療法の助けのために『**キモセラピー・コンパニオン**』を、そして彼女のリラックスを助けるために3枚のメタミュージックCDを渡しました。テープやCDの量の多さに彼女が圧倒されてしまうのではないかと、内心気がかりでしたが、それから数週間のあいだに彼女はそれらをすべて使い、すばらしい成果をあげました。ぶじ、マイケル・アンソニーが生まれました。7時間に及ぶ手術もうまくいき、鎮痛剤もほとんど必要なく、化学療法にもうまく耐えています。同時に、大事な赤ちゃんの世話までしているのです！　最近のレイキ治療のとき、彼女はこう言いました。「わたしにとってはたいへんな時期でしたけれど、ヘミシンクがずっと楽にしてくれました。健康でいられるのは、本当にヘミシンクのおかげだと感じます」。

　患者のための治療法を検討するときは常に、リスクと恩恵とコストを考えなければなりません。その点、ヘミシンクには深刻な副作用はいっさい報告されていませんし、費用もかからず、繰り返し使えます。ヘミシンクがなぜ、わたしの診療の重要な道具であり続けるのか、よくおわかりいただけたことと思います。

## 入院生活でヘミシンクを有効利用

マーティー・ゲルケン

*マーティー・ゲルケンはニュージーランドのティマルー生まれで、現在は南島のクライストチャーチに住んでいる。食品会社の微生物研究室で働いたあと、大手醸造所の技師となり、その後、保険業界で独自のビジネスを打ち立てた。いまはあるプラスチック会社の営業を担当している。ヴァージニアで、ゲートウェイ・ヴォエッジに続いて4回の滞在型プログラムに参加した。ヘミシンク・プロセスに深い愛着を持ち、南太平洋の美しい生まれ故郷でヘミシンクの販売業者をしている。*

１９９９年の脊椎の手術までの4年間、ヘミシンクが僕の人生の主要な部分を占めていました。最初の結婚の破綻でつらい思いを味わい、やがて受け入れたときも、もっとあとになって、それまでのビジネスを手放すという決断をしたときも、ヘミシンクが重要な役割を演じたのです。その後、はるばる旅をしてモンロー研究所を訪ね、3カ月半のうちに5回の滞在型プログラムを終了して、人生が変わるような体験をしました。ニュージーランドに戻ってからも、ヘミシンクはふたたび、重要な役割を演じることになりました。父が不治の病にかかり、１９９８年にとうとう亡くなるまで、僕が家族を支えることができたのはヘミシンクのおかげです。

１９９９年8月、僕はヘミシンクの多くの活用法のうち、これまで縁のなかったものを利用することになりました。僕にとってまったく新しい体験、つまり脊椎の手術のサポートです。大人になってから初めての外科手術でした。モンロー研究所には、手術中にヘミシンクを利用してうまくいったという人たちからの証言がたくさん寄せられています。僕のもそういった証言のひとつで、取りたてて変わったところがあるわけではないのですが、個人的な体験をお話ししたいと思うのにはわけがあります。ものごとが計画通りに進まないときでさえ、ヘミシンクがどれほど強力な力を発揮しうるかを、ほかの人たちが理解する助けになればいいと思うからです。

まずお話ししておかなければならないのは、僕が手術を疫病のように避けるたぐいの人間だということです。もしほかに手があるのなら、病気になったからといって、手術なんか受けるのはまっぴらです。ところがこのときは、X線検査もCTスキャンも、どうにもならない問題があることを示していました。僕は整形外科医のところに回されましたが、この医師は急いで手術をしようとはしませんでした。痛みを抱え、症状になんの改善もないまま10日がすぎたあと、椎弓板切除と椎間板切除のために突然入院させられました。入院なんて初めてだというのに、気持ちのうえでもほかの面でも、準備の時間はたいしてとれませんでした。でも、**『サージカル・サポート』**アルバムを持ち込むことだけは、忘れませんでした！ 担当の外科医は、手術中のテープの使用を歓迎はしませんでしたが、さりとて反対もしませんでした。というわけで、これから述べるのが、僕の体験したことです。

入院があまりにも急だったため個室に入るのは無理で、結局、一般整形外科病棟の大部屋に落ち着きました。僕のほかに9人の患者がいました。質問用紙の記入に面談、それに看護師や外科医や麻酔医との一連の話し合いなど、ひととおりの手続きを済ませると、自分で使える時間はほとんど残っていませんでした。『**プレ・オペ**』テープを使おうにも、時間がありません。おまけに、ほかの患者たちからじゃまが入ります。きっと僕の気を楽にさせようとして話しかけてきたのでしょうが、思っていたようにリラックスする時間など、まったくとれなかったのです。手術室の隣りの準備室に入るころには、僕の脈拍は少なくとも毎分１００にはなっていました。血圧は異常ありませんでしたが、とても神経が高ぶっていました。麻酔をかけられる前にさえ、ひとりになって意識を集中させる時間はなかったのです。そこで、ただ状況を受け入れることにしました。手術に備えて、『**イントラ・オペ**』テープをカセット・プレーヤーに入れ、待ちました。術前鎮静剤の投与は断りました。ヘミシンクを使ったこれまでの経験から、テープを聴き始めれば脈拍は落ち着くし、手術中も中断なしに聴いていればだいじょうぶだとわかっていたからです。

次に気づいたとき、僕は目が覚めるところで、誰かが僕のプレーヤーのテープを入れ替えているのが聞こえました。すぐに、酸素マスクが顔に載っているのに気づいて、自分が回復室にいるのだとわかりました。手術室を出たらすぐに『**リカバリー**』テープをかけてくださいと言ってあったのを思い出しました。ところが回復室担当の看護師はなんと、危険すぎると言ったんです！　どうして危険だなんて思うのか、僕にはさっぱりわかりませんでした。ひょっとすると、ヘッドフォンのコードのことを言っていたのかもしれません。首に巻きついたり、体にとりつけられたいろいろなチューブに絡まったりするのではないかと思ったのでしょう。彼女は僕の希望に反して、僕の意識が戻るまで『**リカバリー**』テープをかけないことにしていたのです！　僕はがっかりしました。もしテープがかかっていたら、麻酔薬の影響から鮮やかに、しかもとてもすばやく抜けだすところを、その場の全員に実証できたはずなのに。いったん『**リカバリー**』テープを聴き始めると、僕はものの数分で、完全に正常な意識を取り戻しました。

酸素マスクがはずされ、僕はすぐに、酸素チューブでひりひりになった喉を角氷が優しくなだめる感触を楽しんでいました。そのとき看護師が回復室に入ってきて「ゲルケンさんは手術室から戻りましたか？」とたずねました。「はい、ここにいます」と答えると、電話に出られるかどうかと訊きます。「もちろん、だいじょうぶ！」。心配した友人が、手術はいつか、いつ見舞いに行ったらいいか知りたくて、病院に電話してきたのでした。僕は受話器を渡してもらい、完全に理路整然とした会話を交わすことができました。実際、完璧に普通だったと、あとでその友人が保証してくれたくらいです。ほんの数分前に意識を取り戻したばかりだったと知って、たいそう驚いていました。

次に、鎮痛剤のモルヒネを打ちましょうかと言われました。僕が辞退したので、看護師は驚いていました。僕には、テープがあれば自分で痛みをコントロールできるとわかっていたのです。次に驚くのは僕のほうでした。脊椎の手術をしたばかりなのだから、うつぶせに寝たまま、病棟に戻るのだろうと思っていました。ところがなんと！　仰向けにするから協力して、と看護師に言われました。排液チューブが差し込まれたままの切開口にまともに体重がかかります。イタタ！　それから8時間くらいはそのままでした。ストレッチャーでゴロゴロと病棟に戻るあいだ、何も感じなかったと言えばウソになります。ゴトンとなるたびに感じました。排液チューブと、切開口のまわりの詰め物や包帯の上に寝ていることを、痛いほど意識していたのです。

病室に戻ると、モルヒネを打ってほしいかとまた訊かれました。僕は辞退しましたが、**『リカバリー』**テープを**『リキューーペレイション』**テープに代えてくれるように頼みました。病室は見舞客やほかの患者たち、看護師たちでにぎやかでした。リラックスして痛みの緩和に意識を集中するのはなかなかたいへんでしたが、テープのおかげで、気を散らさずになんとかやってのけました。看護師が、体温や血圧、酸素、脈拍を絶えずチェックに来ました。もう鎮痛剤を打ってもらう気になったかどうか、何度も訊かれました。看護師は心配そうに、痛みを感じるのはあたりまえなのだし、強がる必要はないのだと言います。僕に接する態度の端々から、薬を断ることでマッチョぶりを見せつけようとしているのだと思われているのがわかりました。僕はこれよりもひどい痛みをがまんしたことだってあるし、いまはテープのおかげで、充分快適なくらいまで痛みをコントロールできています。残念だったのは、こうしてしょっちゅう邪魔が入るおかげで、ヘミシンクが本来の効果を発揮できなかったことです。それでも、僕には充分でした。

その夜、消灯の前に、包帯交換と排液チューブのチェックのために体を横向きにされました。僕はそのまま横向きで寝ようと決め、また鎮痛剤を辞退しました。テープを替えて、特に気に入っている**『スリーピング・スルー・ザ・レイン』**を連続演奏にセットしました。どんな夜が始まろうとしているか、わかっていなかったんですね。

夜勤の看護師はとても気配りの行きとどいた人で、1時間ごとに現れては僕の目をライトで照らすように思えました。眠っているか、起きているか、鎮痛剤を必要としていないか、確かめるためです。本当に、しつこいセールスマンのような女性でした。その夜、彼女は僕にモルヒネを売りつけようと、固く決心していたのです。成功するまでは、たとえ僕が一睡もできなかろうと、かまうものかと言わんばかりの勢いでした。僕はとうとう、また仰向けになるのを手伝ってほしいと彼女に頼みました。苦労して姿勢を変えるあいだに、僕はつい、うめき声をあげたに違いありません。彼女はここぞとばかりに、鎮痛剤を断るからだと、ガミガミ僕をしかりつけました。これには、控え目に言っても、イライラさせられました。

そして朝の3時に彼女はまた現れました。僕がロック音楽でもガンガン聴いているのだと思ったらしく、大声で話しかけるのです。これでは病室の全員を起こしてしまうと心配になりました。ただその一念から、僕はコデインを1錠受け取りました。くれぐれも言っておきますが、これは背中の痛みを鎮めるためではなく、うるさい彼女をおとなしくさせるためだったのです！　僕はすぐに学びました。すぐ隣の男性のように。もしこの看護師が鎮痛剤のためにあなたを起こしたら、にっこりしてこう言うのです。「ええ、コデインを1錠、お願いします。ありがとう」。そうすれば彼女はおとなしく退散し、こっちはいくらか眠れるというわけです。

この夜勤看護師の勤務ぶりは、実はもうひとつのとても強力な治癒の道具のことを、思い出させてくれました――誰もが自由に使える道具、「笑い」です。次の3晩というもの、この看護師は僕をおおいに笑わせてくれました。横になったまま彼女の夜毎の巡回を目撃するたびに、涙が出るほど笑ったものでした。

手術の翌朝、僕はなんとか朝食を食べることができ、吐き気もまったくありませんでした。傷口は包帯で覆われ、排液チューブと生理食塩水の点滴ははずされました。昼食のあと、立ちあがって病棟の端から端まで歩きました。動きはゆっくりでぎごちなかったものの、まずいところといえば、少々頭がふらつくくらいなものでした。よくある「麻酔後の二日酔い」だそうです。以上のできごとがすべて、手術の24時間以内に起こったのでした。

僕には、この手術のあとでいかなる鎮痛剤も必要なかったことがよくわかっています。しかも、手術が予想より難しかったために、1インチではなく4インチの切開になってしまったにもかかわらずです。麻酔医があとで断言したところでは、僕の場合、麻酔薬は最低限の量しか必要なかったそうです。比較するもの（以前の手術）がないので、それがテープのおかげかどうかは、麻酔医にも断定はできませんでした。人間はひとりひとり違うので、同じ人間で比較しなければ、本当のところはわからないというのです。それでも、テープが役立った可能性もあることは認めてくれました。実は、僕は以前、22歳のときに、自分には大量の局所鎮痛薬が必要であることを発見していました。歯を抜くときに、本当に宣伝文句通り無痛にするには、2倍の量が必要だったのです！

　できれば、手術はもうこれっきりにしたいです。僕は昔から、どんなことにもチャンスを見いだすたちで、この手術という体験についても、それは同じでした。入院しているあいだに、ヘミシンクのうわさを看護師やほかの患者たちに広めることができたのです。そのなかには、現在「特殊教育における音楽の利用」について研究しているある教師もいます。こうした接触がすべて、ニュージーランドでヘミシンクを共有する機会につながるのです。

　とてもうれしい体験もありました。僕の隣りのベッドにいたピーターは59歳の農夫で、膝の人工関節の手術を受けたばかりでした。仕事の性質上、手術後も体を激しく動かすことが求められるため、リハビリのプログラムはとてもきびしいものでした。手術後36時間は、新しい膝を機械で絶えず曲げ伸ばしされていました。きっと痛くはないんだろうな、と僕は思いました。まだモルヒネを投与されていましたから。この最初の処置のあとは、毎日2回この機械に載せられるのが、彼の日課になりました。この治療のあいだ、控え目に言っても彼はとてもつらそうでした。例の「イライラの種《ザ・ペイン》」（あの悪名高い夜勤看護師）はもちろん、膝の痛《ペイン》みのせいで、ピーターはあまり睡眠がとれていませんでした。僕は、日中寝るのを助けてくれるいい音楽があるんだけど、聴いてみませんかと言って、プレーヤーと『**スリーピング・スルー・ザ・レイン**』を貸してやりました。すると、とても気に入ったようだったので、膝曲げ機に寝ているときにも試してみたらと勧めました。彼は喜んで賛成し、彼が言うところの「拷問マシン」に載るときに2度、テープを使いました。どちらのときも、テープを僕に返すとき、聴いているあいだどんなにリラックスできたか、感想を教えてくれました。確かにリラックスしていました――いびきをかいていたんですから！　機械の上でリハビリ中にぐっすり寝てしまうなんて、看護師も僕も唖然としてしまったほどです。

というわけで、僕の１９９９年の入院体験のあいだに、ヘミシンクは改めて、その真価を証明してくれました。たとえ状況や環境が理想にはほど遠い場合でも、治癒をサポートする道具としてどれほど用途が広く、効果的かを、見せてくれたのです。もちろん、この世は決して理想の世界ではありませんから！

# ヘミシンクでエネルギーヒーリングの効果を高める

キャロル・セイビック

*キャロル・セイビックはニューヨーク州バッファローの生まれだが、１９６４年に大学３年次海外研修プログラムで初めてスペインを訪れて以来、この国に住み、仕事をしている。一般教養、スペイン法、国際マーケティング、コンピュータ・サイエンス、エネルギー医学の学位を持ち、いまはもっぱら、モンロー研究所の週末および滞在型コースのトレーナーとして、またレイキ治療の教師として活躍している。研究所の顧問委員会および専門委員会のメンバーであり、レイキサービス・アソシエーションの創立者である。現在の住まいは地中海に面した小さな村にあるが、教えるためにスペイン全土を飛び回り、米国へもひんぱんに訪れる。*

〝レイキ（霊気）〟という言葉は、いまでは現代生活のなかにすっかり溶け込んでおり、ずいぶん多くの人が、レイキとはなんらかの形の治療法だと知っています。といっても、その由来とか発達の歴史、使い方などを知っているわけではありません。そこで、まずこの技法について簡単に紹介することから、始めたいと思います。

レイキは、施術者がエネルギーを受け手にわたすエネルギー・ヒーリングのひとつです。このエネルギーはしばしば無償の愛とも呼ばれます。受け手がそのときもっとも必要としているところにエネルギーを与えるのですが、施術者自身のエネルギーを使うのではないところが、ほかのヒーリングと違います。至るところに普遍的に存在するエネルギーと自分とのあいだにいわば水路を開き、そのエネルギーを自分自身に集めて、受け手に渡すのです。これは「手をかざす」ことによって、つまり体には触れないやり方で、行うことができます。また、いくつかの対照研究で明らかになっているように、レイキもほかのヒーリング法と同じく、遠方に送って効果を発揮することができます。

1980年には、西欧諸国にいるレイキ指導者、つまり「マスター」はわずか23人だったのに、それ以来短いあいだにレイキの実践と指導は世界中に急速に広がり、あらゆる文化や職業の何万人という人々が参加するようになっています。レイキを教えるさまざまなスクールが生まれていますが、すべて基本的には、19世紀末にこのヒーリング法を再発見した臼井甕男《うすいみかお》の教えを基にしています。アメリカには1930年代に持ち込まれましたが、レイキの単純さと力強さは、普通ならヒーリング・アートには見向きもしないような多くの人々を引きつけました。

わたしがレイキのことを初めて知ったのは、モンロー研究所のライフラインの先行クラスに出たときでした。参加者の一部が、気分のすぐれない別の参加者のためにレイキ治療を行っていたのです。覗いてみると、服を全部着たままの人がゆったりとテーブルの上に横たわっていて、ほかの5、6人が、黙って手をその体の近くにかざしていました。わたしは内心、「あんなことして、ほんとに効くと思ってるなんて!」と、思いました。

そのときは、3年後に自分がレイキを実践し教えているだけでなく、ボランティアのレイキセンターを主宰していようとは、夢にも思いませんでした。このセンターには、毎日35〜40人ほどのさまざまな病気を抱えた人々が、治癒や助けを求めてやってきます。そして常に25〜30人のレイキ施術者が、自分の時間と技術を無償で提供し、人々の要望に応えています。このヒーリング・センターのおかげで、わたしはいろいろなことを体験しました。その体験のなかから、ヘミシンク技術をレイキヒーリングと一緒に使うことについて、お話ししたいと思います。このふたつは、力強いコンビなのです。

わたしたちのセンターではバックグラウンド・ミュージックとして、**『インナー・ジャーニー』**と**『スリーピング・スルー・ザ・レイン』**が交互に切れ目なく流れています。やってきた人を受付係が出迎え、登録用紙への記入と承諾書へのサインが済んだあと、待合室に案内します。順番が来ると、受け手は５つのヒーリング・ルームのひとつに案内され、マッサージ台の上にあがってリラックスします。そして２〜４人の施術者が、沈黙のうちにレイキエネルギーを送るのです。枕にはスピーカーが内蔵されていて、**『ソフト・アンド・スティル』**の波の音が、優しく受け手の神経を鎮めます。治療時間は30分ほどです。

わたしたちは、ヒーリングを求めてやってきた人たちがすぐにリラクゼーション状態に入るのに気づきました。待合室でバックグラウンド・ミュージックに浸っているだけでも、そうなるのでした。彼らが言うには、センターの発するよいバイブレーションのおかげで、ドアをくぐっただけで、もう気分がよくなってくるのだそうです。マッサージ台に横になってレイキエネルギーを受けるときには、枕のスピーカーからの静かな波の音のおかげで、すぐに深いリラックス状態になるか、眠り込んでしまうのが常でした。

研究によれば、深いデルタ睡眠状態のとき、体は日々のストレスから立ち直るのだそうです。これらのテープで使うヘミシンクのフォーカス10状態はデルタ・シグナルを含んでいて、したがって音楽だけでも、体のヒーリング・メカニズムをいっそう活発にできるわけです。わたしたちの経験からいうと、ヘミシンクによって得られるリラックス状態のおかげで、レイキのヒーリング・エネルギーをリラクゼーション以外の目的に向けることができるのは明らかです。そのため、いっそう深いヒーリングが可能になるのです。

わたしたちは、多様な身体的・感情的問題について、多くの目覚ましいヒーリングを実現しています。なかには、さまざまな癌のようなとても深刻な病気もあれば、1回の治療で治ってしまう皮膚病のような、もっと軽いものもあります。ある女性は、体重の完全な再調整を体験しました。ほんの短い期間に16キロも痩せたのです。苦労して食習慣を変えたわけではありません。ダイエットなどいっさいしなかったのです。夫がすっかり感心して、自分もレイキをやってみることにしたほどでした。

高血圧と狭心症については、いくつか興味深い症例がありました。患者のひとりは狭心症の発作のあとに、センターにやってきました。彼は痛みと血圧をコントロールするために5種類の錠剤をのんでいました。レイキの最初の治療を受け、自宅でヘミシンク・テープを使ったあと、彼は医師に電話をかけました。血圧が非常に低くなったからです。医師は、薬を1種類減らしてもいいと言いました。その1週間後、また血圧がとても低くなったので、また医師に電話しました。今度は医師も電話だけで薬を減らすわけにもいかず、2週間後の受診日まで待つようにと言いました。

残った4種類の薬の作用と、レイキとヘミシンクの組み合わせのせいで、彼は毎日コーヒーを飲んで、適正な血圧を維持しなければなりませんでした。そしていよいよ受診日、医師はこう言いました。「あなたと同じところでこのレイキとやらを受けている人をほかにも何人か診ましたが、全員が最終的には薬がまったく必要なくなりました。医者も患者として受け入れるかどうか、訊いてもらえませんかね？」

レイキの受け手の多くが、次回の治療までのあいだに自宅で使うため、テープを借りたり購入したりしていました。リラックスしてお昼寝するために毎日テープを使えば、体のヒーリング・メカニズムを促進して、生き生きした状態が保てます。適切な睡眠パターンを取り戻すためにテープを使う人もたくさんいました。正しい方向に、もう一押し、してくれるのです。

こうした人たちを連続して見ていると、ほかにもいくつか利点のあることが明らかになりました。人生一般について、また特に自分の病気について、重要な視点の変化が起こるのです。多くの人が病気を、自分自身や家族をふたたび知るための道とみなすようになりました。病気になってどんなに感謝しているかと語る人さえいました。病気が自分をレイキやヘミシンクへと、そして最終的にはまったく新しい理解へと、導いてくれたというのです。モンローなら、異なる世界観と呼んだことでしょう。自己の深いレベルと接触するにつれ、人生の新しい優先事項が浮かび上がってきたのです。

人生がもっとバランスのとれたものになることも、ヘミシンク・テープによって促進されるヘミスフェリック・シンクロナイゼーションの恩恵のひとつのように思われます。職場での人間関係がとても改善された、家族の結束が強まって問題をちゃんと話し合えるようになった、執着とか困窮しているという感覚が軽くなった、というような感想を述べる人もいれば、これほど多くの思いやりのある人たちや、これほど多くの愛情に満ちたエネルギーに触れただけでも、自分は永遠に変わったと言う人もいました。ある人がこう言ったのを覚えています。「この世には愛情に満ちた善良な人々がいるとわかってはいましたが、これほどまでに善良な人たちが、これほどたくさん集まっているのを見ようとは、思いもよりませんでした」。多くの人が異口同音に、レイキとヘミシンクの組み合わせに触れたことは、自分の全人生に起きたもっともだいじなことだと、断言しています。

施術者もこうした体験から大きな恩恵を受けていました。だからこそ、かなり遠くに住んでいる人たちさえ、何カ月もときには何年もセンターに通い続けたのです。施術者の経歴はさまざまでした。主婦、ビジネスパーソン、海軍の提督、法律学校の教授、シークレット・サービスの警官が3人、学生。字の書けない人もひとりいました。年齢は18歳から89歳まで、男性も女性もいて、家族全員が参加している人たちもいました。

ある男性のことを思い出します。奥さんを車で迎えに来るのですが、こういう「妙なもの」は認めないと言って、建物には入ってこようとしないのです。彼の娘と息子もレイキの施術者になりました。そしてある日、わたしは彼が初級クラスの生徒のなかにいるのを見つけました。彼が言うには、1年間結果を見てきて、自分の家族の変わりように感銘を受けたのだそうです。妻はものわかりがよくなり、子供たちはいっそう愛情深くなり、飼い犬さえ性格がよくなって、それほど吠えなくなったのだとか。ついに、このセンターからはよいものしか来ないようだという結論に達して、自分にも効き目があるかどうか試してみたいと思ったのでした。翌年、この男性はレイキを教える側になっていました。

施術者たちは、**『インナー・ジャーニー』**や**『スリーピング・スルー・ザ・レイン』**の音楽があると、自分たちもいっそう深いヒーリング状態に達することができると気づきました。わたしたちが使う、レイキの無言の瞑想スタイルにすばやく入るのを助けてくれるのです。「クールダウンの時間」も少なくて済みます。引き込むことのできるレイキエネルギーの強度もはるかに高まるといいます。手がもっと熱くなったり、振動したり、チクチクする感じがあったりするのです。

この強力なコンビの恩恵を広めるため、わたしたちは2度、大規模なエコロジカル展示会の展示区画を借りました。ガーデンチェア6脚がマッサージ台の代わりでした。それぞれにヘッドフォンを備え付け、そこにお客さんが座って、椅子の背後に立った施術者からのレイキエネルギーを受けながら、**『インナー・ジャーニー』**に10分間耳を傾けます。会場内にうわさがひろまるにつれ、順番を待つ人の長い列ができました。幾人かは、ただどこかに座りたいだけなのだろうと、わたしは思いました。エキサイティングな展示が満載の会場を何時間も歩きまわってパンパンになった足を、休めたいだけなのでしょう。わたしたちの治療は無料でしたから、ますます魅力的というわけです。それでも、愛情に満ちたエネルギーと平安がわたしたちの展示区画から流れてくるのを感じたので来たと、はっきり言う人たちもいました。じかに体験したいというのです。

大音量の環境音楽、アナウンス、それに雑多な騒音のただなかにあって、ヘッドフォンから広がる穏やかな音楽は、一種独特のオアシスを提供していました――狂乱する群衆のまっただなかにありながら、そこから遠く離れたオアシスです。受け手はリラックスし、10分の治療中に眠り込んでしまう人さえ、かなりいました。いちばんびっくりさせられたのは、母親によればとても落ち着きがないという子供たちのケースでした。ある子の場合など、母親がすっかり不安になってしまったほどでした。9歳の息子がこんなにリラックスしているのは見たことがない、寝ているときだってもっと落ち着きがない、と言うのです。催眠術をかけたか、何かほかのマジックを使ったに違いないと思い込んでいるようでした。子供のほうはといえば、穏やかな気分がとても心地よくて、椅子を離れたがりません。とうとう母親自身が治療を受けて、ようやく、自分たち親子にとってこれがすばらしい贈り物であることを納得したのでした。彼女はこの体験をもっと続けようと決心して、自宅で使うためにヘミシンク・テープをいくつか購入し、自分でもレイキを学んでみることにしました。

こうした恩恵を地域社会にも届けられないものかと、わたしたちは考えました。可能性を探るため、一団の施術者が毎週集まって、遠隔治療と特別プロジェクトを行うことになりました。メタミュージックをお供に、わたしたちは輪になって座り、いくつもの異なった個人的状況や健康問題にレイキを送りました。わたしたちの小さな市で失業が深刻な問題となり――統計によれば29％内外でした――しかも夏が来ようとしていて、そうなれば事態はますます悪くなると思われました。わたしたちは雇用状況に向けて、毎週10分間、レイキを送ることにしました。スタートは6月の初めでした。驚いたことに、7月の終わりに地元の新聞に載った小さな記事で、7月中の雇用が初めて10％増加したと報じられたのです。もしかすると、その増加とわたしたちの強力なトリオ――レイキとヘミシンクとわたしたち――とのあいだには、なんらかの関係があるのかもしれません！

ここまでのことはすべて、1994年から2000年にかけて起こったことです。最初のころ、わたしはレイキを教えていました。いまはほとんどの時間を、ヘミシンク・プログラムの普及に捧げています。わたしが担当する参加者の多くが、わたしたちとは逆のやり方を目指しています。つまり、彼らはレイキを勉強して、その無償の愛を、モンロー・テクノロジーによる内的な探求を補うものとして使いたいと思っているのです。

レイキとヘミシンクは、どの方向から近づこうと、完璧なコンビとなるでしょう。

## 聴覚障害の患者がヘミシンクを使うためには

ヘレン・N・ガットマン（博士）

*ヘレン・N・ガットマン博士は現在、メリーランド州ベセズダにあるHNGアソシエーツ／サウンドバランスの会長をしており、そこでトランスパーソナル心理学のカウンセリングを個人で開業するとともに、意識の状態を研究している（www.soundbalance.net 参照）。以前は医学部および大学院で教授を務め、幅広い研究を行っていくつかの学際分野で論文を発表し、行政のさまざまな役職についたことがある。その後、国立衛生研究所、米国環境保護庁、米国農務省など、国の科学技術機関で管理職を務めた。農務省では人間栄養研究センターの副所長を務めた。*

正常な聴覚の人はもちろん、聴覚に大きな障害のある人々も、音による振動は感じます。こうした感覚は、いつも耳を通じて「入ってくる」とは限らないのです。どうしたら、この能力を利用して、聴覚に大きな障害のある人にも、モンロー研究所のヘミシンクのようなバイノーラル・ビートのオーディオテープを利用してもらえるでしょうか？　そして、正常な聴覚の人のように、意識の状態にすばらしい変化をもたらす刺激を楽しんでもらえるでしょうか？　その手がかりは、耳がまったく聞こえない人が音の振動を感じ取るそのやり方にあります。

一例をあげると、国際的に有名なミュージシャンのエヴェリン・グレニーは耳がまったく聞こえませんが、彼女は裸足になって打楽器を演奏します（こうすれば、自分の楽器とオーケストラの共演者たちの楽器の音を感じ取れるからです）。これは、才能に恵まれ、訓練を積んだミュージシャンだけにできる特技なのでしょうか？　決してそうではありません。

たとえば、こんな例があります。２００２年7月、デフウェイⅡと呼ばれる国際的なフェスティバルがワシントンＤＣのガロデット大学で開催されました。この大学は耳がまったく聞こえない人と難聴者のための第一級の教育機関です。フェスティバルのプログラムにロック・バンドの伴奏によるダンスがあることを知って、聴覚の正常な人の多くが驚きました。音楽が振動となって足から体に伝わるので、耳の聞こえない踊り手も、バンドの奏でるビートに容易についていくことができるのです。踊り手以外の聴覚障害者たちはラウドスピーカーの周りに集まって両手をスピーカーに当て、手から体に伝わるビートに合わせて、体を揺すっていました。

それでは、耳の聞こえない人がヘミシンクの恩恵にあずかるには、足か手をラウドスピーカーに当てなければならないのでしょうか？　これからお話しするように、聞こえる人も聞こえない人もすべて、いくつかのルートを通じて音を感じとっています。耳はそのひとつにすぎないのです。

この研究の目的は、安価で、しかも耳の聞こえない人が利用しやすいヘッドフォンの、〝手軽で快適な〟装着場所を見つけることです。そうすれば耳の聞こえない人も、ヘミシンクを使って異なる意識状態に移り、聞こえる人たちが楽しんでいるすばらしい効果の恩恵に浴することができます（たとえばリラクゼーションや痛みのコントロールなど）。ヘミシンクによって誘発される意識状態の変化は普通、脳の右側と左側が同じ周波数で同期することに付随して起こるため、そうした電気生理学的変化を使って、耳以外でヘッドフォンを装着するのに最適の場所を特定することにしました。

この研究では、耳の聞こえる人を被験者としました。耳または頭の別の場所に装着したヘッドフォンから音を流しながら、16チャネルＥＥＧ（いわゆる脳機能マッピング装置）を使って、脳の反応（ＥＥＧ）を測定しました。なぜ脳機能マップを作るかといえば、演奏されているテープに対して、被験者の主観的報告と無関係の特定の電気生理学的反応が起こるかどうかを確かめるためです。耳以外の場所をテストするときは、被験者は耳栓をして、耳からの音感覚を遮断しました。

用いたテープは、ヘミシンクを伴う瞑想音楽テープの『**インナー・ジャーニー**』、ヘミシンクを伴わない『**インナー・ジャーニー**』テープ、『**ゴーイング・ホーム**』シリーズの中のヘミシンク・テープである『**ツアーリング・ザ・インターステイト**』（邦題『**死後世界ツアー**』）です。

どのテープが演奏されているのか、被験者にも技師にもわからないようにしました。したがって、被験者には、テープが演奏されているあいだに何を体験することになるか、「手がかり」が与えられていないことになります。テープが演奏されているあいだ、技師はコンピュータのスクリーン上に現れる「脳機能マップ」を見ています。

この実験の結果、耳以外のいくつかの場所に装着したヘッドフォンでも、左右の脳の同期を起こせることが明らかになりました。快適さと、ヘッドフォンをその場所に維持する容易さの両方から判断して、いちばんいい場所は、左右の耳の約2・5センチ上でわずかに後方のところということになりました。被験者は『**インナー・ジャーニー**』のどちらのバージョンでも、リラクゼーションと「体が軽くなった感じ」を報告しました。

耳以外の場所にヘッドフォンをつけた被験者が『**ツァーリング・ザ・インターステイト**』の演奏

中に報告した体験の内容は、特に興味深いものでした。テープのガイダンスを聴くとともに、このテープ・シリーズ（『**ゴーイング・ホーム**』）に付いていた説明書も読んだ人の報告と、本質的に同じだったからです――事前に、どういう体験をするかの手がかりは得られなかった（技師からもテープの音声ガイダンスからも）にもかかわらず、です。その体験の中身はというと、さまざまな色のなかを動いていき（これはさまざまなフォーカス・レベルを表しています）、やがて亡くなった肉親または「この世のものではない存在」の姿を見たり声を聞いたりするというものです。

この一連の実験が終了したあと、アメリカサインランゲージ（ＡＳＬ）の通訳者で催眠療法師でもある人から、ヘッドフォンのもっと快適そうな装着場所を提案されました。それはおおざっぱに言うと首の頚動脈の上で、動脈の脈拍が触れるため位置がわかりやすいという利点があります。その脈拍の上にヘッドフォンを置けばいいわけです。『**ツアーリング・ザ・インターステイト**』テープを使ってやってみると、ある患者は、頭部の耳以外の場所にヘッドフォンを装着した時とおおむね同じ報告をしました。これが本当に頚動脈の近くの神経を通じて伝わったヘミシンク音によるものであるという証拠が得られたのは、うっかりしてヘッドフォンがその場所から滑り落ちたときのことでした。被験者（熟練したヘミシンク・ユーザー）はそのとき、「体験」が終わって通常の意識状態にもどっているところですと報告したのです。

対照群を設けたこの研究の結果を受けて、いまわたしは、聴覚障害患者へのトランスパーソナル・カウンセリングに、ヘミシンクの入ったさまざまなテープの使用も含めることを考えており、ほかの人たちにも勧めています。

# 第5章　ヘミシンクと精神医学

モンローの音響技術は精神医学および心理療法に役立つことがますます明らかになりつつある。精神医学に幅広い経験を持つジョナサン・ホルト博士が、ニューヨーク州アルバニーにある病院でのコンサルテーション・リエゾン精神医学（＊訳注＝精神科以外の治療を受けている患者の精神面の問題に対して、精神科医が積極的にかかわり、協力して治療にあたろうとする考え方）の診療にヘミシンクを用いた体験を報告する。彼が紹介するのは5つの症例で、うち3例は、患者が最後の日々を過ごすホスピス病棟からの報告である。『ゴーイング・ホーム』シリーズのテープが、患者たちのあの世への移行を楽にするように見えた。

現在、精神医学教育の指導をしているガリ・シェイキン博士は、心理療法とヘミシンクの組み合わせを用いた場合のセラピストと患者、両方の体験を論じる。ふたつ目の論説では、自己の治癒という独自の考え方を展開する。その際に、ヘミシンクを必須要素として用いている。

ノラ・ローゼンはアルゼンチンを本拠地とする自己啓発のトレーナーだが、「内なるセラピスト」と呼ぶものに焦点を当てる。彼女は、ヘミシンクのおかげで患者の内なるセラピストと意思疎通できることに気づいた。いっぽう、ともに経験豊富な精神分析医であるジョン・ミリガン博士とレイ・ワルドケッター博士は、アルコール依存症に由来する鬱病に苦しむ軍人の患者に6種類のヘミシンク・テープを使った研究結果を報告する。最後に、パリ医科大学の卒業生であるパトリシア・マーチンが、自分の患者のひとりがメタミュージック作品の『インナー・ジャーニー』を聴いているあいだに体験したことを紹介する。

## 精神科診療にヘミシンクを導入する

ジョナサン・H・ホルト（医学博士）

*ジョナサン・H・ホルトは1980年にエール大学を卒業し、精神医学でエール大学リッツ賞を受賞した。研修期間もエール大学で過ごし、ニューヨークのマウント・サイナイ医療センターでコンサルテーション・リエゾン精神医学（メディカル精神医学）の特別研究員を務めた。また、アルバニー医科大学で臨床教育に従事し、ニューヨーク州アルバニーのセント・ピーターズ病院でコンサルテーション・リエゾン精神科医を務めた。2001年にはニューヨーク州立大学の臨床精神医学準教授の地位を得、バファロー病院でコンサルテーション・リエゾン精神医学の診療を行っている。レイキ施術者として3段の資格を持ち、セラピューティック・タッチやそのほかの神秘エネルギー治療法の施術者でもある。また、眼球運動脱感作再処理（EMDR）、思考フィールド・セラピー（TFT）、EEGと末梢バイオフィードバックなども利用する。1996年以来、モンロー研究所専門委員会のメンバーである。*

わたしは精神医学の道に進む以前から意識の探求に興味を持っていました。いまの職業を選んだのも、ひとつにはその長年の興味によるものといえるでしょう。エール大学では包括的教育課程に在籍し、下位専門分野としてコンサルテーション・リエゾン精神医学を選ぶことにしました。これはメディカル精神医学と呼ばれることもあります。この分野では、さまざまな身体的病気で治療を受けている患者が抱えている心理的な問題や精神疾患について、コンサルティングを行います。ニューヨーク州アルバニーの退役軍人局病院でコンサルテーション・リエゾン精神医学のプログラム責任者をしていた期間に、わたしはモンロー研究所の専門委員会に加わり、ヘミシンクを自分の精神科の診療に組み入れ始めました。

資金不足から退役軍人局病院の経営が困難になったとき、わたしはそこを離れて、ふたつの個人開業グループに加わりました。その結果、メディカル精神医学の外来診療を専門とし、同時に一般精神医学の外来診療も行うことができるようになりました。わたしは、標準的な精神医学技法、たとえば精神薬理学や包括的心理療法などに、もっと新しい治療法を組み合わせたいと考えていました。具体的にはヘミシンク、EMDR（眼球運動脱感作再処理）、TFT（思考フィールド・セラピー）、末梢およびEEGバイオフィードバック、神秘エネルギー治療、サイコ・スピリチュアリティ、トランスパーソナル精神医学などです。個人開業診療を1年半続けたあと、わたしはふたたびコンサルテーション・リエゾン精神医学の道に戻って、最初はアルバニーのセント・ピーターズ病院に勤務し、いまはニューヨーク州立大学バファロー病院にいます。この小論で紹介する仕事はセント・ピーターズ病院にいるときのものです。こうした仕事が、いくらか異なるやり方を用いるふたつの分野を組み合わせる可能性を拓いたのです。

どんな入院患者であれ、精神科の評価が必要になれば、病院内でコンサルタントをしているわたしが呼び出されます。そうした患者は内科のなんらかの専門分野や外科、産科および婦人科、神経科、リハビリ科、ホスピス、薬物乱用解毒治療室などの治療を受けています。この病院には入院患者のための精神科診察室がないので、精神医学のケアとその他の科のケアを同時に必要とする患者はすべて、各科の診察室のどれかで治療を受けなければなりません。いったん病状が落ち着けば、精神科の入院治療が必要な場合は精神病院に転院となります。施設での薬物乱用リハビリが必要な患者、というより正確にはそうしたリハビリに同意しているか、またはリハビリを受けるに値する患者は、また別のどこかに移されます。精神科のコンサルティングを始めるかどうかを判断するのは、おもに患者のかかりつけの医師、つまり主治医です。看護師やソーシャルワーカーからの意見が、医師の決定に一役かうこともしばしばあります。ときには患者自身がコンサルティングを希望することもあります。こうして、急を要する精神病があったり、精神科のケアで改善が見込める問題が認められたりしたとき、わたしが診ることになります。

興奮や不安、抑鬱などがかかわっている場合はほとんどいつも、わたしはヘミシンク・テープを提供します。わたしのお気に入りは『**サーフ**』と『**クラウドスケイプス**』のふたつで、どちらも穏やかで控えめなバックグラウンドとなります。言葉によるガイダンスのあるテープをリクエストする患者も少しいます。そのようなときは、『**ガイド・トゥー・セレニティ**』と『**ディープ10リラクゼーション**』がとても役に立ちます。『**ペイン・コントロール**』はもちろん病院にはぴったりです。

入院から退院までの日数は、このごろでは一般に短くなっています。とはいえ、再入院率も急速に上がっています。すばやい退院は、フィードバックが充分にできないことを意味します。こうした事情が特にあてはまるのが、解毒治療室です。患者が重い禁断症状を示していない限り、23時間以内に退院させられることが多いのです。もっと深刻な無能力状態の患者も、わたしの言っていることがわかるくらい頭がはっきりすると、まもなく退院となるのが普通です。こうした状況下では、わたしの助力もまるで虚空に手を差し伸べるようなものです。まさに、流れる水にパンを投げるという聖書のたとえの21世紀版です。このように、条件は決して最高とは言えませんが、解毒治療を受けている患者のコンサルティングの際にはサイコ・スピリチュアリティの話をし、彼らが受け入れようという気になったらすぐに、ヘミシンク・テープを聴かせました。薬物乱用治療科との交渉では、ヘミシンクやその他の補完的な治療法をもっと利用しやすくすることをもっぱら主張しました。

ごくまれに、おかげで患者を早期に退院させることができたといって、その後の経緯を知らせてくれる科もありました。最初にあげるのが、まさにそうした例のひとつです。

### ◆症例１＝手術の予後と回復に効果◆

胆石症の家族歴のある18歳の女性が、急性の上腹部痛および発熱でカレッジの診療所に行きました。診察後、自宅に送られ、診断のためにさらに詳しい検査を受けました。胆石症と診断されたため、石を取り除くために内視鏡的逆行性胆道膵管造影（ＥＲＣＰ）が行われました。胆嚢摘出が計画されましたが、ＥＲＣＰのせいで膵炎が起こっていたため、延期されました。

わたしは彼女に**『ペイン・コントロール』**と**『サーフ』**を与え、それを使いながら肯定的なイメージ・エクササイズを少しするように指示しました。さらに、神秘エネルギー・ヒーリング［レイキ、セラピューティック・タッチ（監訳者注：ニューヨーク大学名誉教授のドロレス・クリーガー博士が体系化した手当て療法の一種）、バーバラ・ブレナン・ヒーリング（監訳者注：『光の手』の著者としても有名なバーバラ・ブレナンが体系化したエナージー・ヒーリング）、ドルフィン・エナジー・クラブの技法を組み合わせたもの］を行いました。患者と母親はフーナに基づく簡単なヒーリング・

エクササイズも習っていました。患者はその翌日退院し、胆嚢摘出は次の週に行うことになりました。彼女からはあとで手紙が届きました。いろいろな技法が、膵炎にもその後の手術と回復にも効果があったと書いてありました。

**◆症例2＝リハビリテーション科への適用◆**

70歳の寡婦であるミセスＡが最初に入院したのは１９９９年12月のことで、睡眠薬の過量摂取が原因でした。わたしは集中治療室で彼女に精神医学的評価を行いました。容体が安定したので、近くの精神病院に転院しました。鬱病と自殺未遂に加え、ミセスＡはときおり鎮痛薬を乱用しており、そのせいで慢性器質脳症候群（ＯＢＳ）になっていました。鎮痛薬や抗不安薬への依存から抜け出し、ＯＢＳも治ったあと、彼女は脊椎手術を受け、リハビリテーション科に移されました。鬱病と不安神経症、しつこいＧＩ（胃腸）症状が、彼女の回復をむずかしくしました。抗鬱薬で鬱病は軽くなったものの、不安神経症は続いていました。ＧＩ症状は心因性ではないかという疑いがありました。過去の薬物乱用が認知力に有害な影響を与えているため、抗不安薬による従来型の治療を行うことはできません。

わたしは『**サーフ**』と『**ガイド・トゥー・セレニティ**』を処方しました。患者は1度に数時間、テープを聴き、聴いているあいだは気分がずっと落ち着くと報告しました。その後も、幾度か不安神経症が再発しました。テープを繰り返し聴くうちに、一般的な不安レベルが治療前の状態よりも顕著に改善されました。理学療法と作業療法の成績もよくなりました。ＧＩ症状はテープを聴いても変化がなく、非心因性の要素がかかわっている可能性を強く示唆していました。患者は１週間半後に退院しました。

ふたつの環境のおかげで、わたしにとってはより広範な相互交流とよりよいフィードバックを実現できるチャンスが最大になりました。そのふたつとは、医学的リハビリテーション科とホスピス科です。どちらの科も、病院内の他の科と外部からの紹介を受け入れ、またほかの入院治療と技術的に重なる部分はありません。リハビリテーション科での滞在はホスピス科での滞在よりも短い傾向があります。リハビリテーション科が受け入れるのは、整形外科患者、心臓病および心臓手術患者、脳卒中後や多発性硬化症、筋委縮性側索硬化症のような症状を抱えた一部の神経科の患者です。

## ◆症例3＝ホスピスでの安らかな旅立ちのために◆

80歳の寡婦、ミセスGは、入院の7カ月前に夫を癌で亡くしていました。彼女は複数の医学的問題を抱えており、不顕性の悪性腫瘍が疑われていました。急性の息切れで入院し、胸水が見つかりました。病状が悪化したため、肺塞栓が危惧されました。ミセスGは不安感に襲われ、抑鬱状態となりました。広範囲に及ぶ面談ののち、わたしは『**ゴーイング・ホーム**』シリーズとともに、リラクゼーションのためのヘミシンク・テープを使うことを提案しました。また、死への恐れや、死と来世についての信念があやふやなことについて、話しあいました。『**ゴーイング・ホーム**』シリーズ（モンロー研究所とチャールズ・タート教授、エリザベス・キューブラー＝ロス博士の共同製作品）について説明し、臨死体験（NDE）のような関連する話題を取り上げているうちに、ミセスGは重要なことを思い出しました。何十年も前、第2子の出産に伴う合併症のせいで心停止を起こしたことがあり、そのとき、体外離脱と「光の中へ」の訪問を含む臨死体験が起こったというのです。彼女の話を聞いたことで、わたしはその記憶を大事にするようにと言ってあげることができました。また、『**クラウドスケイプス**』を聴きながら、心の中で臨死体験のときのあの感覚へ戻るようにと勧めることもできました。ミセスGはその翌日、安らかに旅立ちました。

セント・ピーターズ病院の入院患者向けホスピス施設である「ホスピス・イン」は、補完療法にもっとも理解のある施設です。また、もっとも長期間の入院を許している入院施設でもあります。

## ◆症例4＝恐怖からの解放◆

進行乳癌の54歳の女性、ミセスKは在宅ホスピス・プログラムから「ホスピス・イン」に入院しました。人生の課題をもうかなりの数やり遂げており、いつでもあの世へ行く覚悟はできていると、ホスピス職員には幾度も話していました。彼女はまもなく軽い昏睡状態に落ち込んだものの、ほぼ同じ状態で数週間持ちこたえていました。

チーム・ミーティングで彼女のケースを再検討していると、訪問客がふたり現れました。ひとりは地元の新聞にホスピスの記事を書こうとしているフリーのライターで、もうひとりは病院の広報課の代表者でした。わたしは、ミーティングを終えるにあたって、ほかに何か相談すべきことがあるかどうか訊いたあと、ミセスKが何かを強く恐れているせいでこの世に引きとめられている可能性に言及しました。広報課代表は、苦しんでいないのに、なぜ急がせようとするのかといぶかしがりました。わたしはこう答えました。

「いつ最後を迎えることになるのかは、わたしがどうこう言える問題ではないが、もし彼女が恐れを抱えて静かに苦しんでいるとしたら？」

『**ゴーイング・ホーム**』について簡単に説明すると、フリーのライターが、自分の祖母は臨死体験を体験したことがあったと、自分から言い出しました。看護コーディネーターが、何かいい思いつきはないかと訊くので、最近の『**ゴーイング・ホーム**』テープのひとつを渡しました。その同じ日、看護コーディネーターから電話がありました。『**ホームカミング**』(邦題＝帰還)を聴かせたところ、ミセスKの呼吸が静かになって、テープが終わったときには、穏やかに息を引き取っていたというのでした。

### ◆症例5＝あらゆるしがらみを解き放つ◆

成長した子供のいる58歳の母親、ミセスLは、在宅ホスピスからここへ移ってきたとき、進行した肺癌と診断されていました。かなりひどい痛みがあり、適切な疼痛管理のために入院したのです。すぐに、ミセスLと家族には長期間、「ホスピス・イン」が必要になることがはっきりしました。彼女は実践的カトリック教徒で、以前、看護師をしていたことがあります。また彼女は理性を失うことを恐れていました。ホスピス・チームは精神科のコンサルティングを勧めましたが、家族が承諾するまでに数週間が過ぎ去りました。ミセスLとその家族との面談で、彼女が臨床的鬱病にかかっていて、妄想を伴う錯乱状態にときどき陥ることが明らかになりました。わたしは軽い抗鬱薬と少量の抗精神病薬の投与を提案しました。後者はすぐに効果が現れる薬で、実際、たいへん役に立ちました。この処置が成功したおかげで、患者も家族も主治医も、わたしが治療にかかわることをもっと受け入れるようになりました。

ミセスLには補完療法やスピリチュアルなことがらに対する偏見があり、そういうものに頼ってもいいものかどうか、迷っているようでした。いっぽうでは、彼女はレイキを受け入れ、友人や介護者からのセラピューティック・タッチも受けていました。さらにそのいっぽうで、治療のかなめとしての薬物治療に執着していました。信仰心が篤いと言いながらも、来世を信じているかどうか訊ねると、全然確信が持てないし怖がっていることを認めました。

　わたしは新しいほうの『**ゴーイング・ホーム**』のテープをいくつか聴かせ、彼女が耳を傾けているあいだに、いくつかの神秘エネルギー・テクニックを混ぜ合わせたものを行いました。そのときわたしは、自我の一部、本人の内部にある要素がきれいになって、移行に備える過程にあるのを感じとりました。けれども、残りの部分とエネルギーはまだこの世に絡めとられています。『**ゴーイング・ホーム**』のテープを家族に託したところ、喜んで受け入れてくれました。ちょうど1年前に癌と診断されたその日までがんばろうとしているのではないかと、夫は危惧していました。その運命の日まではまだ1カ月以上あるので、もしそうなら、まだまだ苦しみが続くことになります。ヒーリングを行った翌日、テープが流れているあいだ、彼女は意識がありませんでした。次の日、ミセスLはしばらく意識が戻って不安なようすを見せましたが、その夜早くに、家族に見守られて安らかに旅立ちました。

　こうした体験が、わたしに力をくれます。精神医学的な治療と心理療法がもっと全面的に病院のシステムに統合されることを願って、わたしは日々仕事に打ち込みます。標準的な治療と補完治療が手を組めば、患者とその介護をする人々の双方が恩恵を受けることになるのです。

# 強化された直観的心理療法

ゲイリー・D・シェイキン（医学博士）

*ゲイリー・シェイキン博士は1982年、ジョージア州アトランタにあるエモリー大学医学部を卒業した。テキサスの米国空軍ウィルフォードホール医療センターの精神科で1986年に研修期間を終了。現在はウィスコンシン州ラクロスにあるガンダーソン・ルーテル医療センターで精神医学教育の責任者を務めている。ラクロスにあるウィスコンシン大学の準教授である。インテグラル心理学の利用に特に関心があり、最近、生物心理社会モデルに変性意識状態を組み込むという試みを始めている。*

患者の頭の中に入りこんで心理療法をほどこすことができるとしたら、どうだろう？　わたしはよく、そう思ったものです。セラピストならたいていそうですが、わたしも、患者が言葉や言葉以外の方法で伝えるもので我慢しなければなりませんでした。でも、スピリチュアルな問題でわたしたちのところへやってくる人たちを相手にするのに、果たしてそれで充分なのでしょうか？

その疑問への答えを垣間見たのは、2000年3月、モンロー研究所専門委員会セミナーでドミニク・ド・バッカーの発表を見たときのことでした。ド・バッカーは自分のコンサルティングのようすを紹介したのですが、ヘミシンクを使って、患者とともに特定の変性意識状態に入るという例を見せてくれたのです。治療の深さや速さ、強さが急速に増し、治療には明らかに大きな突破口が開けていました。

少し前からわたしは、さまざまな意識状態の患者を相手にする場合の臨床モデルの開発に取り組んでいました。この間にケン・ウィルバーの著作に出会ったのですが、「意識のスペクトル」に関する彼の理論は、わたし自身の臨床原理に非常に似通ったものでした。わたしの患者の大多数は、わたしの分類では道徳的レベルというべき状態で、問題の治療にやってきます。セラピーが目指すのは、意識を成長させ、倫理的レベルとでも呼ぶべきところに落ち着かせることです。ところが、治療が終わりに近づくにつれ、あるいはときには治療の開始時点であっても、もっと深いスピリチュアルな悩みが正面に出てくることがあります。心理療法師は普通、スピリチュアルなレベルで仕事をする訓練は受けていません。患者自身、そうしたレベルの存在にさえ、気づいていないため、この深く埋められた中核部分にアクセスするのは、ますますむずかしくなります。どうしたら、この意識レベルに手が届くのでしょうか?

「意識のスペクトル」というのは、人間の意識の進化に関するケン・ウィルバーの理論ですが、古くから知られている「永遠の哲学」(＊訳注＝あらゆる民族と文化に共通の真理であるとされる思想)が下敷きになっています。ウィルバーの理論の中心にあるのは、意識はホローキー(＊訳注＝holoh[ホロン＝全体でありながら、より大きな全体の部分]＋hierarchy[ヒエラルキー＝階層]の造語で、ホロンが階層をなしている状態)のなかで進化するという前提です。つまり、より高く深いレベルが、低くて浅薄なレベルを凌駕し、しかも含んでいるというわけです。ウィルバーの定義によれば、これらのレベルは前慣習的段階から慣習的段階を経て後慣習的段階へ、そして最終的には慣習を越えた段階へと進化します。わたしの臨床モデルも「意識のスペクトル」に基づくもので、ナルシスト的段階から道徳的段階を経て倫理的段階へ、そしてスピリチュアルな段階へのホローキーな進行を遂げる、というものです。現実認識は、ナルシスト段階にある自己のレンズを通して構築されます。同様に、善悪は道徳段階、何が最善であるかは倫理段階、そして魂はスピリチュアルな段階で認識されるのです。

ジョセフ・マクモニーグルの著書『Mind Trec』（邦訳は『マインドトレック』中央アート出版社）を読んだことが、どうやってそういう深いレベルに到達すればいいかという疑問を解くのに役立ちました。マクモニーグルは、政治的に重要な地位にある人々に狙いを定めて、彼らの思考や感情、考え方をリモート・ビュー（遠隔透視）することは可能だと主張しています。もし生まれつきの能力と訓練によって彼にそういうことができるなら、わたしだって、似たような力を身につけられるのではないでしょうか？　なにしろ、わたしはよく患者から、「心を読んでいる」と非難されるのですから。

マクモニーグルによれば、フロント・ローディング（前もって情報を提供すること）を排除するプロトコル（手順）があるため、遠隔透視と心霊的なはたらきを識別できるのだそうです。つまり頭の中で考え出しているのではなく、実際に見ているのだと実証できるというわけです。それにひきかえ、心理療法がうまくいくかどうかは、そのときのセラピーに先立つあらゆることを、セラピーに役立つようにフロント・ローディングすることができるかどうかにかかっています。したがって、わたしがやろうとしていることは、セラピー的な遠隔透視とはいえないことになります。共感が感情に由来し、理解が思考に由来するように、直観は魂に由来します。わたしは直観的な心理療法を強化する道を目指すことにしました。

この重要な岐路にあたって非常に重要になる原則を教えてくれたのが、エリクソン催眠（＊訳注＝アメリカ臨床催眠学会の創始者ミルトン・エリクソンによる催眠法。古典的な催眠法とはまったく異なる手法）でした。その原則とは、催眠術をかける際、最適のトランス状態への誘導が起こるのは、セラピストと被験者がともに変性意識状態にあるときだというものです。そういう目的を達成するのに、ヘミシンクを使って同じフォーカス・レベルを共有するよりもいい方法があるでしょうか？　スピリチュアルな伝統には、それぞれ独自のテクニックがあります。いにしえの昔から、シャーマンは太鼓や植物、呪物などを用いてきました。現代の治療師にはコンピュータやコンパクト・ディスク、それにヘミシンクがあるのです。

心理療法とヘミシンクの組み合わせを試すための候補者は、ふたつのグループから選びました。これまでのセラピーによって意識が倫理的レベルに到達し、それを維持できている人々と、セラピーを始めたばかりで、まだおもに道徳的レベルの意識から応答する人々です。静かで快適な、気を散らすもののない場所に装置をセットしました。音響装置から枝分かれして伸びる配線がオープン・エア型のヘッドフォンにつながっていて、わたしたちはお互いの声をはっきり聞くことができます。わたしは音量を調整して、治療に適したヘミシンク製品を選びました。

選定にあたっての第一のポイントは、セラピストとヘミシンクのどちらが、治療を導くのかという点です。セラピストが指示を出しているときは、『**トランセンデンス**』や『**リメンブランス**』のような、音声ガイドのないものを使いました。ヘミシンクが導くセッションでは、『**ゲートウェイ・エクスペリエンス**』や、『**ポジティブ・イミュニティ**』、『**オープニング・ザ・ハート**』、『**ゴーイング・ホーム**』、『**H・プラス**（ヒューマン・プラスの略称）』のようなアルバムを使いました。エクササイズのあいだじゅう、セラピストは注意を常にホバリング状態にしておきます。つまり、意味を割り当てるのは後回しにして、すべてを受け入れ、積極的に耳を傾けるのです。

患者はあるフォーカス状態を達成し維持することを学び、「親切で賢い」スピリチュアル・ガイドを見つけます。そして宇宙からの3つのメッセージを受け取るか、進化の記憶の再現を体験するのです。セラピストは一連の経過のあいだに遭遇したシンボルやイメージを頭の中にファイルしておいて、あとで解釈に使います。エクササイズが終わりに近づくころ、患者には、あなたは顕在意識が対処できることだけを覚えていて、理解できるでしょうと言って安心させます。リラックスした感じが今日一日続くことも言っておきます。

セラピストと患者双方の意識がC1（日常の意識）になると、ヘッドフォンをはずして、部屋の灯りをつけ、患者にエクササイズ中の体験を話してくれるように頼みます。セラピストは、直観的な暗喩が頭に浮かんだら、どんなものでも書きとめます。その後、セラピストのいちばん得意なサイコダイナミックモデル、たとえばフロイト心理学、ユング心理学、トランスパーソナル心理学などのモデルにもとづいて、セラピーを進めます。強化された直観的心理療法ではさらに、重要なものが加わります。セラピストの暗喩が導入されるのです。患者はそれらのイメージをもとに自由連想をしたり、アライエンの選好形テストのような方法を用いたりします。

これは文化が違っても有効なことが確かめられているテストで、万国共通の意味を持つ原型的なシンボル（らせん、円、四角、三角、十字）を使います。患者はそれらの形に1から5までの順位をつけるのですが、その順位を使えば、イメージという言語を介して、言葉によるよりも深く、無意識を覗きこむことができるのです。その解釈に際しては、直訳を避けることがだいじです。ヘミシンクの雰囲気のなかで生み出されたものは、患者のものであれセラピストのものであれ、その源は無意識にあり、夢心理学の法則に従うものだからです。わたしはウィルマーのユング派夢分析を使うのが好きですが、その場合、患者は体験を2度話したあと、重要な要素について自由連想をします。最終的な意味を決めるのはあくまでも患者であり、セラピストは患者の言葉または行動から得られる手がかりを見逃さないように気をつけます。そうした手がかりが、分析による解釈を裏づけてくれるのです。典型的なセッションはほぼ70分で、そこに初回面談、30〜40分のヘミシンク、セッション後の話し合いが含まれます。セッションの内容によっては、ヘミシンクを利用する体験的「ホームワーク」をさらに課して、意識の拡大を促します。

以下に述べる症例研究から、心理療法プロセスを強化できる可能性があることは明らかです。

**◆症例1　S・R◆**

この40歳の女性は脊髄性筋萎縮症を14年以上わずらっており、車椅子生活で、かなりの抑鬱状態にありました。抗鬱薬が処方され、1週間おきに約11カ月間、心理療法を受けていましたが、これは意識の状態を道徳的レベルから倫理的レベルに転換させるという課題に取り組むためでした。

T細胞に神経系の損傷を修復させることができればという思いから、彼女は自宅で数カ月間、『**ポジティブ・イミュニティ**』を使いました。進展がなかったため、彼女はこのプログラムを中止し、強化直観心理療法を用いるセッションが始まりました。あるセッションのとき、催眠誘導を用いて変性意識状態をもたらしました。『**ポジティブ・イミュニティ**』・プログラムのシステムを用いたところ、催眠誘導によってC1からフォーカス10、12を通り、最終的にフォーカス15まで進んだのです。フォーカス15に達したところで、内なるガイドとの接触をめざして、牧草地という古典的な誘導イメージを導入しました。

両当事者、つまり患者とセラピストがフォーカス15を体験しているあいだに、患者からの直観を受け入れやすい状態を保っていたセラピストが、コイルまたは螺旋と、アーチを思い浮かべました。以前、彼は別の患者との体験で、アーチを山と解釈したことがありました。C1に戻ると、こうした要素について自由連想するように患者に頼みました。

螺旋は女性にドアのスプリングを思い出させました。次いで彼女は泣きながら、17歳のときに行ったことがあるアーカンソーのヒーバースプリングスにある場所のことを話し出しました。それはデート中のことで、そのとき彼女は「若い男性とシュガー・マウンテンの頂上に登るというような、いまはとてもできないこと」ができたというのです。このセッションが突破口となりました。それまでは、この患者は自分の病気を決して話題にしたがらなかったのです。

**◆症例2　R・J◆**

離婚していて、7歳の子供のいる医師助手の女子学生、30歳は、鬱病の治療を受けていました。彼女は州外の学校へ進んだのですが、故郷の若い男性とデートしており、長距離恋愛につきものの困難に直面していました。

このミーティングでセラピストは、前もって計画していたエクササイズではなく『**フライング・フリー**』を使うことにしました。音声ガイダンスに従いロバート・モンローとともに飛ぶとき、セラピストの頭には、R・Jが同じブロンドの女性と手をつないで飛んでいるイメージが浮かびました。姉妹だろうかとセラピストがふしぎに思うと、答えが「聞こえ」ました。「いいえ、妹はブロンドではありません」。C1に戻ったところで「どんな体験でしたか」と訊くと、「リラックスしていました」と答えて、雲や虹の情景を述べました。次いで、ひとりで飛ぶようにという指示の声に腹が立ったことを思い出しました。「ひとりで飛びたくなんかなかったんです」

妹がいますかとセラピストが訊ねると、「はい」と答えました。「ふたつ年下で、赤毛です」。セラピストが思い浮かべたイメージのことを聞かされると、こう答えました。「それは1年生のときからの親友でしょう。彼女はブロンドなんです。エクササイズのあいだ、彼女と一緒に飛んでいました。ひとりにはなりたくなかったから。スピリチュアルな体験をすべて、彼女と分かち合うんです」。どうしてひとりになりたくなかったのかと訊かれると、気分が落ち込むからと答えました。そして、ひとりぼっちで死ぬのもこわいと付け加えました。死後はどうなると思うかと訊かれると、「たぶん、過去の人たちとまた一緒になるのでしょう。でも、自分にはその資格がないような気がします」と言いました。

R・Jは『**リリース・アンド・リチャージ**』を使ったホームワークを行い、そのあいだに、どんなときにひとりぼっちだと感じるかを思い出すことになりました。**「フリー・フロー10」**を用いたセッションを開始して、内なるガイドを見つけることにしました。そのガイドなら、心のなかの孤独感に対処する助けになれるはずです。この患者は、セラピストの直観的な洞察によって道が拓かれるまで、自分の孤独感やスピリチュアルな信念については決して語ろうとしなかったのです。

## ◆症例3 G・V◆

インスリン依存性糖尿病と、注意力と視力の軽い低下をもたらした脳卒中の既往のある51歳の女性が最初に来院したのは、職場でのストレスによる抑鬱状態のためでした。抗鬱薬が処方され、意識のレベルを道徳的段階から倫理的段階に引き上げることを目標にセラピーを受けました。この目標が達成されると抑鬱状態が解消し、職場での状況も顕著に好転しました。

すると患者はスピリチュアルな道を探求したいと言いだしました。脳卒中のあとにそういう体験をしたことがあるけれど、いまは職場がらみの状況のせいでそうした体験から切り離されているように感じるというのです。G・Vには『**ゲートウェイ・エクスペリエンス**』から**「ウエーブI――ディスカバリー」**と**「ウエーブII――スレッショルド」**というアルバムが貸し与えられました。彼女はこれらのエクササイズが「神との再接続」を助けてくれたように感じましたが、それでもまだ職場の人間関係になじめず、「彼らが自分にしたこと」に対する恨みを抱き続けていました。

わたしたちはまず、別の女性社員に対する上司のえこひいきについて話し合いました。患者は、不公平に思える状況から距離を置きたいと思っていました。**「フリーフロー12」**を使って、セラピストと患者はフォーカス12に入りました。セラピストは自分が患者の前に浮かんでいるところを思い浮かべました。次いで患者の日を開かせ、彼女の視点から周囲を見始めました。するとニワトリのイメージが浮かび、次に赤い納屋のある農場が見えました。セラピストの頭に、ぱっと疑問がひらめきました。

「G・Vが子供だったころ、誰が両親のお気に入りだったのだろう？」

農村という環境からして、男の兄弟だったに違いないと、セラピストは推測しました。あとで、「どんな体験でしたか？」と訊かれたG・Vは、「まあまあいい体験でした。でも、目がどうしても動かなかった。開けたかったのに」と答えました。「家族の中で、どの子が両親のお気に入りでしたか?」という問いには、一家が農場を離れたあとは姉が母親のお気に入りだったと答えました。そして、自分は農場が大好きだった、5歳までそこに住んでいたと付け加えました。母親がニワトリを飼育していたこと、一家が引っ越したあと、自分が父親のお気に入りになったことも思い出しました。

ここから、G・Vと母親との関係について、そしてそれと現在の職場での状況とのつながりについて、非常に建設的な会話がなされました。その後、G・Vは同僚に思いやりをもって接することができるようになり、自分がスピリチュアルな道をいっそう進んだのだと感じました。

### ◆症例4　C・J◆

強迫神経症傾向と慢性軽度抑鬱のあるこの40歳の男性は、医療関係の仕事をしていました。別のセラピストから、ヘミシンク強化心理療法のために紹介されてきた患者でした。

3回目のセッションで**『アドバンスト・フォーカス10』**のエクササイズを使用中に、セラピストは何年も前に行ったことのあるブライスキャニオンのイメージを受け取りました。C1に戻ってから、ブライスキャニオンに行ったことがあるかどうか、患者に尋ねました。患者はにっこりして「いいえ」と答えてから、こう言いました。「ちょうど、わたしの患者のひとりとブライスキャニオンのことを話していたところでした。引退したら行くつもりなんです」(つまり、C・Jがブライスキャニオンに行くとしても、それは遠い将来のことだというわけです)。セラピストは、「あなたはいつになったらリラックスできるのですか?」と訊きました。つまり、「何をそんなに待っているのですか?」という意味です。C・Jは「そうですね……」と答えましたが、そこには「ああ、そうか!」

という響きがありました。

このときから、彼はもっと楽しそうになり、結婚生活や家庭生活でも状況はよくなり続けています。もう過去のことを持ち出すこともありません。もっとヘミシンクを体験したいそうです。セラピストは、この患者とのセッションの前は、ブライスキャニオンのことなど、もう何年も考えたことがありませんでした。

## ◆考察◆

わたしたちセラピストは本当に患者の頭の中に入るのでしょうか？　それとも、それは単に気の利いたたとえにすぎないのでしょうか？　その答えは、情報をふるい分けるのに使われた理論モデルと、セラピスト自身の意識のレベルしだいということになるでしょう。ケン・ウィルバーなどの哲学者は、意識とは進化するプロセスであると主張しています。

もし意識が進化するなら、セラピーの技法もそれに合わせて進化しなければ、患者のニーズに応えることはできません。持って生まれた才能と学習を実践と組み合わせることによって、わたしたちは患者に関する情報を直観する、つまり知るスキルを身につけることができます。それは普通ならわたしたちには手の届かない情報ですが、患者のセラピーの際には、利用することができるのです。提示されたそうした情報の出所については異論もあるかもしれませんが、その価値については議論の余地がありません。多くの症例できわめて重要な役割を果たすことが証明されています。自分の直観を文字どおりに受け取らないように、そして自分の頭に浮かんだ暗喩の正しさを患者に確認するようにするかぎり、こうした手順を通じて得られた洞察は治療にとって有益なのです。

この論説の序論部分で述べたように、スピリチュアルな問題を抱えた患者には、通常のセラピーとは別の手段が必要です。ウィルバーによれば、スピリチュアルな変容には一貫性のあるスピリチュアルな実践が必要なのです。そうした考え方は、「とにかくこれをやって、やってくる体験を受け取れ」という命令とみなせるかもしれません。強化された直観的心理療法に組み込まれたヘミシンクは、自己のより深いレベルを体験させてくれ、そうした体験の解釈を通して、意識のレベルのあいだに橋を架けてくれるのです。

強化された直観的心理療法がまやかしでないことを、遠隔透視と同一の基準で立証することはできません。心理療法には、患者の情報をあらかじめ聞きとるフロント・ローディングが必要だからです。

それでもなお、ここで紹介したような症例報告から、この手順に実質的な価値があることは明らかです。自覚と共感にもとづく多種多様なセラピーモデルに用いることができるはずです。これは知的かつ心霊的なスキルであって、演習と体験によって学び強化することができます。シンボルからイメージへ、そして直観を通って最終的には知ることへと至るスキルなのです。ときには直観的な頭の働きによってしか得られない、自己の内部への深い洞察は、患者が内部の障害を乗り越えることはもちろん、成長のための新たな道を拓くことも助けます。ほとんどの患者は、この患者中心のアプローチが自分たちのニーズを満たし、切望していたスピリチュアルな本質とのつながりを促してくれると感じています。

批判的な人々は、遠隔透視や心霊的なはたらき一般に対してこれまで言ってきたように、強化された直観的心理療法についても、いろいろと言うかもしれません。実験の設定にミスがあるかもしれないとか、誤った解釈が先走りしているとか、方法が１００％正確とはいえないとか。わたしもジョセフ・マクモニーグルと同じように答えましょう。人生に完璧なものなどありません。可能性が大きいか小さいかの違いがあるだけなのです。わたしの催眠訓練の監督官のひとりが、かつてこう言いました。「良識を駆使すれば、君は誰も傷つけたりはしないさ。きっと大勢の人の力になれるよ」

# ヘミシンク＝自己の癒し

ゲイリー・D・シェイキン（医学博士）

セラピーで、わたしは患者に幾度もこう言ったものです。「バスに乗り込むために、あなたには自我《エゴ》が必要です。そして、あなたがバスから降りるのを邪魔するのも、あなたの自我なのです」。ここでわたしがそれとなく言おうとしたのは、わたしたちが自分（小文字のself）を精神あるいは自我と同一視し、そのいっぽうで、より大きな自己《セルフ》（大文字のSelf）あるいは霊《スピリット》を忘れているということです。この小論では、個人を超えた魂との深い結合へと向かう、セラピストの自我の進化について考察しようと思います。このプロセスは、自分自身の癒しと呼ぶことができるでしょう。

では、自分（self）とはなんでしょう？　大多数の人々は、ペルソナと同一視するという、狭い定義をあてはめています。すなわち、これまでの体験についての、社会的に容認される心的イメージを集めたものというわけです。魂《ソウル》あるいは自己《セルフ》は、精神《プシュケ》を霊《スピリット》につなぐ超自我的な橋、ステファン・ウォリンスキーが「エッセンス」と呼んだものです。したがって、癒しとは、「門なき門」を発見し、その門を通って「統一意識」あるいは霊《スピリット》へと向かう旅ということになります。運転席から自我を追い出し、バスの後ろの席に移るように言うことによって、自己と非自己とのあいだのおもな境界を越え、しかも包含しなければなりません（自我は小切手帳の扱いならお手のものですが、あなたが本当は誰なのかを知るのは苦手なのです）。癒しとは、したがって、あらゆるものとのつながりすなわち関係を見いだすこと、すなわち、「発見のドアをくぐり」、そして「我は汝なり」と気づくことともいえます。

仕事をするなかで、わたしは自分が指数関数的に成長することに気づきました。これはとりわけ3つの理由から、重要です。第一に、わたしたち精神科医の自殺率が統計上、どんな職業よりも高いことを、わたしは知っているからです。それはきっと、わたしたちの多くが、自分自身の情緒的な問題の答えを探してこの分野に足を踏み入れるからなのだと、わたしは思います。プロになった時点で、わたしたちはその探索から切り離され、自分自身のニーズは脇へ置いて、患者に奉仕することになります。ここでついに、癒しのプロセスを取り戻すチャンスに巡り合うわけです。第二に、医師としての訓練を通して明らかになったことですが、患者を相手にするときわたしにできるのは、自分自身の限界のなかで、彼らを理解することだけでした。ほとんどの場合、治療に限界をもたらすのは患者の側の限界ではなく、わたし自身の個人的な成長の不足だったのです。第三に、スピリチュアルな小道をたどることはわたしのお気に入りの旅だからです。つきつめれば、誰にとってもそうなのですが。

もし癒しが、精神と霊とのあいだに超越的で包括的なつながりをもたらすことなら、なぜヘミシンクが自己の癒しに導いてくれるのでしょう？　その答えはプラクティス（実践）の進歩という概念にあります。

ケン・ウィルバーはプラクティスを、チョコレートケーキを焼くレシピのようなものだと言いました。チョコレートケーキとはどんな味がするのか、誰もあなたにちゃんと説明することはできません。でもあなたが卵、小麦粉、バター、チョコレートなどを混ぜ合わせて焼き皿に流し込み、焼いて、一口食べれば、どんな味がするのかわかります。これが、プラクティスです。魂、つまりわたしたちのより深い層とつながるための経験的な方法なのです。

仕事のなかでわたしは、ヘミシンクの使用とそれによる意識の転換が、スピリチュアルなエッセンスとのつながりを与えてくれることを発見しました。セラピストと患者は同じ意識状態を体験するわけですから、それによって心理療法のプロセスが強化される可能性が生まれます。各セッションが、スピリチュアルな道を歩む機会を、双方に提供するのです。セラピーにおける進歩として始まったものが、プラクティスとなりました。ヘミシンクの使用によって、治療者は自我の精神分析医からスピリチュアルなカウンセラーに代わるのです。テクノ・シャーマンというわけです。ヘミシンクは、境界のない、時空のかなたの場所への入り口です。そこをくぐれば、あなたは自分が誰なのかを発見し、人間に課せられた限界を超えて過去へ移動することができます。そして、肉体を超える存在であることに自由を見いだすのです。

患者に用いたのと同じスキルとテクニックを、「自己《セルフ》」の癒しにも用いることができます。癒しは、治ることとは別のものです。癒されることは全体になることであるのに対し、治るというのは、ちゃんと機能するようになることです。すべてはエネルギーであると、よく言われます。わたしも、鬱病の患者に、「エネルギーを持つにはエネルギーを使わなければなりません」と幾度となく言いました。

霊性《スピリチュアリティ》とは、自分のエネルギーの性質を追究することです。大部分の患者と同じように、わたしたち医師も精神的に空腹のまま働いています。平凡な現実生活の基本的なプロセスをこなすエネルギーさえ、充分に持っていません。そのため、プラクティスの初めの重要な部分は、自己の追跡とエネルギーの再生に費やされます。そのエネルギーが、全体となり、つながり、境界のない状態へ向かう超越のプロセスに使われるのです。

エネルギー障壁を取り除いて、わたしたちの個人的なエネルギー、すなわち「自己《セルフ》」の断片を再生させるには、多くの方法があります。どういう方法を好むかはおそらく、体験と意識のレベルに左右されるのでしょう。わたしが好きなのは量子心理学の方法（236頁のメモを参照）です。そこでは、アイデンティティと観察者は「エッセンス」と同じエネルギーを持つと考えられ、したがって内部転換可能あるいは再吸収可能であるとされます。いちばんものをいうのは方法でも内容でもなく、プラクティスにふさわしい意識の状態です。すでにいろいろなところに書かれていることですが、霊的な感受性はヘミシンクのフォーカス状態と比較することができます。スピリチュアルな洞察力があれば、意識の各状態に特有のこうした学習が必ず起こるのです。

方法論からいうと、わたしは3段階からなるプロセスを使います。ただし、ここではっきりさせておかなければなりませんが、この3つの段階をいつも順序正しく踏むというわけではありません し、常に進歩がみられるというわけでもありません。成長は断続的なものであって、最高の体験に伴って加速されることもあれば、ときには退行することもあります。カスタネダが言うように、霊がドアをノックするのです。わたしたちの予定など、ほとんどおかまいなしです。先に述べたように、セラピーの作業はプラクティスとともに始まります。そのプラクティスがアイデンティティやペルソナや自我を運転席から追い出すのです。私は当初、フォーカス10および12でのエクササイズを利用し、『**リリース・アンド・リチャージ**』とメタミュージックをセッションに含めましたが、そのあいだトルテック（＊訳注＝古代メキシコの秘教）の概括テクニックを実践していました。最近ではは作業がフォーカス21と27での探求にまで拡大しており、そのあいだにアイデンティティの再吸収が起こります。この変換が進行するにつれ、魂を通じた「高次の自己」へのつながりがいっそうはっきりしてきます。多くの名称が、この展開に与えられています。例をあげれば、意図との接続（トルテック）、容器の洗浄（カバラ〈＊訳注＝古代ヘブライ神秘哲学〉）、フォーカス21（ヘミシンク）などがあります。エネルギー・ボディ・トレーニング、ガイドとの接触、チャクラについての教育が、この決定的な時点では特に役に立ちます。『**ゲートウェイ・エクスペリエンス**』の「**ウェーブⅦ**」（＊監訳者注＝現行の「**ウェーブⅥ**」）、『**オープニング・ザ・ハート**』といったシリーズの利用が特に効果的です。道程のこの部分、自分が誰であるかを見いだし、全体となるための道の最終的なレベルは、前世や魂の回復、ドルフィン・エナジーといった概念を取り巻く問題と係わりがあります。プラクティスを通じて、スピリチュアルな「自己《セルフ》」が絶えず体験されます。むだになるものはありません。すべては、他人を助けながらあなた自身を助ける方法につながるのです。そもそも、わたしたちセラピストのほとんどは、そういう理由からこの職業に就いたのではないでしょうか？

この発見という癒しの旅を説明するために、患者とセラピスト双方の体験を取り上げてみましょう。このプロセスで、絶えず浮かんでくる重要な疑問、望みもしないのに勝手に浮かんでくる疑問があります。「それで、わたしはこの新たな意識で何をすることになっているのか？」という疑問です。最初にお話ししたいのはH・Wという女性との出会いです。彼女は、『**オープニング・ザ・ハート**』・シリーズを使って並はずれた進歩を実現しました。最初はわたしの診察室で、それからほぼ毎朝、自宅で取り組んだのです。

これからお話しようと思うセッションは、患者が、わたしではなく医学生と行ったものです。患者に課せられた課題は、学生にメッセージを送ること、わたしたちがさまざまな振動レベルでどのように関わりあっているかを、自分の力で示すことでした。患者は、フォーカス21を体験しているとき、「学生がオートバイに乗っているのを見るという夢あるいはイメージが浮かびました。それはハーレーでした」と報告しました。話し合いのなかで、自分自身も役割とアイデンティティの問題に取り組んでいた学生はこう言いました。「僕はいつもオートバイが欲しいと思っていましたが、持つことはできませんでした」。どのオートバイが欲しかったのかとわたしが尋ねると、「ハーレー」と答えました。そして彼は、彼自身がフォーカス21にいるあいだに、患者のあるイメージが繰り返し浮かんだが、それは楽しそうに縄跳びをしている少女の姿だったと言いました。H・Wの報告によれば、毎朝**『オープニング・ザ・ハート』**のCDを使って課題に取り組んでいたとき、割り当てられた課題の一環として、自分の体験した楽しさと愛を学生に向けて投射していたのだそうです。また。オートバイには一度も乗ったことがなく、持っている人もひとりも知らないし、自分自身が欲しいとも思わないと言いました。

H・Wは、学生とのつながりが、彼女のスピリチュアルな取り組みと、思いやりの追求の正当性を立証してくれていると気づきました。翌週、予約の時間に現れた彼女は、「子供のころ、わたしは幸せで、何の苦労もなく、いつも縄跳びをしていました」と言って笑ったのでした。

43歳の男性B・Wは、かなりの肥満に伴う鬱病と強迫的な不安で、経過観察を受けていました。これまでに試みた心理療法はどれも、症状をやわらげることができませんでした。心理療法、摂食障害プログラム、バイオフィードバックなどを受け、薬も飲んでいましたが、わずかな成果しか得られません。ある日わたしが、自分も過去に絶望に陥ったことがあるが、その後、霊とのつながりによって超越を体験したという話をすると、B・Wは、自分の信仰心には深い確信があるけれど、まだ誰にも話したことがないと打ち明けました。ヘミシンクについて話し合い、一度体験してみませんかと言うと、彼は喜んで同意しました。初めに、『**オープニング・ザ・ハート**』の最初のふたつのエクササイズを聴いてみました。愛を拡大するようにという指示のあいだにわたしはフォーカス12に移動し、彼と交流しようとしました。彼のクラウンチャクラに異常があるのが感じられました。そこで、「ドルフィン・エナジー」でこしらえる心的イメージ（＊監訳者注＝通常イルカのイメージを作る）を使って、彼のシステムを活性化することにしました。日常の意識に戻ったところで、B・Wにどんな体験をしたか訊きました。治療が始まって初めて、彼はほほえみました。「わたしは、何もあまりいっしょうけんめいやりすぎないようにしました。すると、初めて、完全にリラックスしているのを感じました。自分の精神をコントロールすることについて、あなたがわたしに教えようとしていたことが全部、突然理解できました。わたしはやめません。自分もなかなか頭がいいとわかったのは、これが初めてです。幸せな感じがします。自分にもできるような気がします」。わたしは彼をぎゅっと抱きしめました。「いったんドアが開いたら、もう後戻りはできない。上へ行くしかないんですよ」とわたしは彼に言いました。B・Wは、「これこそ、わたしがいつも望んでいたことです」とたいへん感謝しながら、幸せそうに帰って行きました。こうしてずいぶんと上向いた彼の気分は、いま現在も続いています。

最後にご紹介するのは、「医師よ、汝自身を癒せ」とでも表現したくなるようなケースです。長年診療に携わり、多くの臨床経験を重ねたわたしは、自分にこう問いかけました。「それで、この新たな意識でわたしは何をすることになっているのだろう？」　わたしは自分がほかの人々にしてきたアドバイスに従うことにしました。それは２００１年11月のことで、わたしはライフライン・プログラムに参加するためモンロー研究所に戻っていました。そのころ、ヘミシンクを使った「高次の自己」の探求は、すっかりペースが落ちて、たまに早朝のエクササイズで、前世と呼べそうなもののガイダンスあるいは復元を受け取るだけになっていました。ライフラインに参加する1週間ほど前、そのための準備をしていたときのことでした。わたしはメタミュージックの『**ビジテーション**』で課題に取り組んでいました。すると、日常の意識に戻る過程で、「アリ」という名前をはっきりと聞いたのです。何年も前、カバラを研究中に聞いたことのある名前だとわかりました。そこで、カバラというテーマが再び顔を出したのはなぜか、研究所にいるあいだに突き止めることにしました。

ライフライン・プログラムでフォーカス21にいるあいだに、わたしは「アリ」に出会いました。彼はイザーク・ルリアといって、15世紀のカバラの学者でした。彼がわたしの高次フォーカス状態の探索のための新しい内なるガイドとなりました。そうした高次のフォーカスにおいて、自分は何者なのか、目的は何なのかについて、もっと探りだすつもりでした。自己という小さな分離された感覚の境界を越えたところで、答えを探そうとしていたのです。フォーカス23、25と進むにつれ、わたしの知は深まり、ついに、フォーカス23では束縛されていたわたし自身の一部を救いだすことができました。自分というものの成り立ちについてこうして新たな洞察を得たことで、人生一般に関して以前から抱いていたもどかしい疑問の多くが、超越と包含のプロセスのなかで、解消され始めました。あとには、「高次の自己の目的」とつながったという感覚が残りました。これこそ、「自己《セルフ》」の真の癒しといえます。

セラピーでは、人生と同じように、わたしたちはみな、成長し、超越し、包含し続けなければなりません。これがやがて「自己《セルフ》」の癒しにつながります。バスに乗るには自我が必要ですが、やがてその自我が、バスから降りるのを邪魔することになります。バス旅行に夢中になりすぎて、どこへ行こうとしているのかを忘れてしまうようなものです。これが大きな落とし穴なのです。こうした傾向はどこにでもみられるもので、禅の教えには、「月を指している指を月と間違えるな」という言葉があります。

癒しの目標は、「門なき門」、「境界なき境界」を抜け、テクニックも、病と治癒という概念も超えていくことです。自我を超え、境界を超えて移動するときだけ、わたしたちは真の「エッセンス」に出会うでしょう。ヘミシンクは現代にとって、わたしたちの時代にとって、門を開く鍵です。効果的で、一貫性があり、繰り返し可能で、即効性のあるプラクティスなのです。この新たな意識で何をしなければならないのか、いまのわたしには、よくわかります！

◆メモ◆

量子心理学は心理療法の一形態でで、ステファン・ウォリンスキー博士によって開発された。このセラピーでは、患者の主観的実在が宇宙との潜在的な一体性を反映する。また、すべてを同一のエネルギーで作られたものとみなす。意識への量子論的なアプローチは経験にもとづく通路となり、その通路によって、人は宇宙を知覚し、関わり始めることができる。その宇宙のなかで、観察者の創造した実在という「事実」や、あらゆるものに内在する相互接続性が認識され体験される。これは漸進的なエクササイズによって達成されるが、このエクササイズは、わたしたちの体験がいかに観察者によって作られたものであるか、そして観察者の関わる同じプロセスで分解されうるかを、個人が理解する助けとなる。アイデンティティすなわち自己は、深いトランス状態での事象のセットとみなされる。これは吸収可能で、そうすると背後にあるものが発見できるようになる。前景と背景とのあいだにある境界が消え、すべてが「自己《セルフ》」、「虚空《ヴォイド》」、あるいは「エッセンス」として体験される。

# ヘミシンクは内なるセラピスト

ノラ・ローゼン

*ノラ・エリーサ・ローゼンは自己啓発のトレーナーであり、催眠療法のトレーナーでもある（ニューヨーク、ハートトズ・スクール）。アルゼンチンのブエノスアイレスにある「クリエシオン・パーソナル・エクスペリエンス・トレーニングセンター」の所長を務めている。心臓内科医のマーチン・コレッキ博士と協力。コレッキ博士の患者がストレス制御の問題を抱えている場合は、治療先としてローゼンが推薦される。またクリニクス病院の毒物学部長をしていたアレハンドロ・カーラ博士と共同で、タバコの本数を抑えたいという人々を助けている。公認アウトリーチ・トレーナーとして、どちらのプロジェクトでもヘミシンクを用い、たいへんよい成績をあげている。*

ヘミシンクに出会ったときわたしは、何年も探し続けてきたものをついに発見したという、うれしい驚きに打たれました。15年間、わたしは自己啓発の分野でトレーナーとして仕事をしてきましたが、そのあいだ、好んで用いた技法のひとつが催眠でした。催眠を使うと、個人のひとりひとりが持つ並はずれた潜在力への入り口が、数限りなく開くのです。けれども、催眠で人々を導くあいだ、多くの点で、彼らがあまりにもわたしとわたしの判断に頼りすぎているように感じていました。

ヘミシンクを初めて自分に試してみたとき、ひとりひとりの内部にいる内なるセラピストと意思疎通するのに必要な道具を、ついに見つけたと感じました。ヘミシンクはわたしたちひとりひとりに、自分自身の内なる知恵へと導く道を提供してくれます。ワークショップの参加者に数えきれないほど幾度も使いましたが、日の当たりにした成果にはいつも驚かされています。

アウトリーチ・エクスカーション・ワークショップのための共通フォーマットでは、２日間に渡ってワークショップが行われるのですが、普通はこれを１回の週末にまとめます。アウトリーチ・トレーナーによっては、２日分の行事を別々の週末に分けて、参加者が予定を組みやすくしている人もいます。とはいえ、参加者の全員が、ほかのことを投げ出して丸一日これに使えるわけではないことがわかりました。そこで、そういう人たちは、ワークショップが完了するまで、毎週１つのエクササイズを体験してセッションを終えることにしました。こうすれば、各エクササイズをいっそう完全に探究することができます。次のセッションまでの１週間のあいだに、体験したことを消化し、学んだばかりの道具で練習して、そうした体験をさらに豊かにするのです。ワークショップの開催法として、この２つにはそれぞれ違う利点があります。１回の週末にすべてを行うのは、提供されたユニークな視点で一気に前進するという意味で、すばらしい方法です。いっぽう、数週間に渡って行えば、シリーズの各エクササイズのプロセスをもっと深く知り、味わうことができます。

では、参加者の体験の一部をご紹介しましょう。内なるセラピストのさまざまな現れ方を集めた一種のポプリというわけです。

## ◆症例１＝〝水恐怖症〟を克服する◆

30歳の女性が、水に対する恐怖症で悩んでいました。入浴さえ、彼女には拷問でした。うっかり水に触れただけで、パニックになるのです。毎日パニックの感情を体験するうちに、とうとう、身の回りの衛生を無視するほどになってしまいました。

彼女はほかの35人と一緒に、ゲートウェイ・アウトリーチ・エクスカーション・ワークショップのエクササイズをしていました。ヘミシンクのエクササイズはどれも海の波の音で始まります。自分でも驚いたことに、彼女はその音が怖くありませんでした。それどころか、その音でリラックスできたのです！　**『リリース・アンド・リチャージ』**は、参加者がそれぞれの足かせとなっている恐れから自分を解き放ち、健康なエネルギーを取り戻すのを助けるようにデザインされています。このエクササイズをしたとき、彼女は涙を流しながら目覚めました。エクササイズのあいだに彼女は、小さいころ、母親に頭を冷水の入ったバケツに押し込まれたことを思い出したのです。母親がそんなことをしたのは、かんしゃくを起こしていた彼女を静かにさせるためでした。

その後、ワークショップで**『クワンタム・セルフ』**のエクササイズを聴いているとき、彼女は、ある誘導イメージイングの部分で、自分が温かいお湯に浸かるのを実際に楽しんでいるところを見ました。そして、そのイメージが彼女を入口へ連れていくと、彼女は優しくて愛情の溢れるガイドに迎えられました。そのガイドが彼女の感情的な傷の手当てを引き受けてくれたのです。

この体験のあと、彼女は水へのパニックと恐怖を解き放ち、より大きな自尊心を得ました。いまは彼女の姿勢にさえ、自信にあふれた安定した人柄がはっきりと表れています。

### ◆症例2＝見失っていた〝何か〟を見つけ出す◆

アナは何かを探してワークショップにやってきたのですが、その「何か」がどういうものなのか、自分でも本当にわかっているわけではありませんでした。同時に、彼女はヘミシンク技術に対して、さらにはその「何か」の存在に対してさえ、少し疑いを持っていました。彼女は毎週出席し、ワークショップのエクササイズを規則正しくこなしました。最初のエクササイズのとき、一種の電気のような感じを受け取って、彼女は驚きました。それは全身を駆け巡りました。

フォーカス12で最初にそれが起こったとき、彼女はその後数分間話すことができず、そのあいだ涙が音もなく頬を濡らしていました。

「どんなふうに感じたか、どこに自分がいたか、言い表すことができません」と、彼女はむせび泣きながらわたしに言いました。「ただ言えるのは、愛されている、これまでの人生で一度も出会ったことがないほどの愛情に包まれている、という強烈な感覚を抱いたことです。それは、失う怖れを抱く余地などまったくない愛、常に変わらず存在する愛です。その愛に終わりはありません。いつまでも終わらない安らぎがあるのです」

アナの言うには、何か説明のつかない方法で、人生のできごとに対する焦点の合わせ方が変わってしまったそうです。すべてが、生きる目的と理由によって、照らし出されているようでした。アルゼンチンは当時、経済的にも社会的にも困難な時代をくぐり抜けているところでした。人々はことあるごとに、大きな不満や絶望を口にしていました。アナは例の体験以来、まるでシャボン玉の中にいて護られているかのように、この混乱をすり抜けて行くことができたのです。

ワークショップのエクササイズ、**『リリース・アンド・リチャージ』**は彼女が父親に対して長いあいだ抱いていた恐れに向き合うのに役立ちました。父親に関する問題には、心理療法のあいだに充分に取り組んだし、もう克服していると彼女は考えていました。ところが、このエクササイズで逆のことが明らかになりました。最初、その問題がまた表面に出てきて、しかもまだ解決されていないのを発見して、彼女は落ち着かない気持ちになりました。すでに通り過ぎたはずなのに、と思ったのです。驚いたことに、翌週のワークショップまでのあいだに家で別のテープのエクササイズを聴いていると、死んだ母親の存在を感じました。母親はアナに、父親の人生に起こったあるできごとを話してくれました。それが、父親にまつわるいろいろなことをはっきりさせ、もっと深く理解し始めるきっかけとなりました。また同時に、この新たな理解のおかげで、父親を許すことができました。ふしぎなことに、こうした意外な事実が、母親に対して抱いていた反感をやわらげるのにも役立ったのです。

「頭のなかのもやもやがすっきりしたように感じます」と彼女は言いました。「いろいろなイメージを、まるで写真のようにはっきり見ることができました。これまでは、何も視覚化できなかったのに！　イメージは鮮やかで、しかも色つきでした」。彼女の個人的成長はまるで連鎖反応のように続き、週を追うごとに深まりました。自宅で『**ノスタルジア**』や『**ビジテーション**』などのテープを使っているとき、彼女は幼い自分が母親と一緒にいるのを見ました。そして、この小さな女の子がどんなふうに、母親の小言や絶え間ない不満と自分とのあいだにカーテンを引くようになったかを、悟ったのです。このことがあってから、彼女はだんだんに自分と他人とのあいだに適切な距離を置くことができるようになりました。いまでは、自分の心や感情を閉ざすことなく人々の言い分に耳を傾けることが、前より容易になったのがわかるそうです。

次に紹介する最後の症例はひょっとすると、「内なるセラピスト」の仕事とはそれほど関係がないかもしれません。それでもここに取り上げることにしたのは、わたしたちの人生に起こる内なる魔法を思い起こすのも、ときにはいいことだと思うからです。

**◆症例3＝幸福な偶然を事前に予知◆**

メイベルは、アウトリーチ・ワークショップ・エクササイズのひとつを行っているとき、ナンバープレートの数字が520で終わっている白いクラシックカーを見ました。そのイメージの鮮明さが、彼女の注意を引きました。車のそばには男性がひとり立っていて、何かを注意深く見つめています。彼女はこの男性にも、車にも、ナンバープレートにも見覚えがありませんでした。それでもなぜか、そのイメージは彼女に、穏やかなほっとする感じをもたらしたのです。わたしは彼女に、細かいことまですべてメモしておくように言いました。1カ月後、彼女は興奮して電話をかけてきました。ある体験のことを話すためでした。

今から2年まえ、彼女は家のそばにある古い納屋を売ろうとしました。請求書の支払いに当てようと思ったのです。買い手がつかなかったため、まだそのままになっていました。ワークショップの次の週、納屋のそばに白い車が停まっているのを見た彼女は、どんなに驚いたことでしょう。ナンバープレートの数字は520で終わっていました。そして、ワークショップで見た男性が車から降りてきたのです！　彼は納屋を買いにきたと言って、彼女が提示していた額を払ってくれました。まさに、ヘミシンクのもたらした魔法です！

（『ヘミシンクジャーナル』第18巻1号、2000年冬号の記事より許可を得て編集）

# ヘミシンクでアルコール性鬱病を治療する

ジョン・R・ミリガン（博士）
レイモンド・O・ワルドケッター（教育学博士）

*ジョン・ミリガン博士は臨床と研究の双方を行う心理学者で、現在は臨床心理士として、陸軍のアルコールおよび薬物治療センターに雇われている。大学で教えた経験があり、大きな地域医療センターの理事長として調査および経営の経験もある。レイ・ワルドケッター博士は研究心理学の広範な素養のあるコンサルティング心理学者である。モンロー研究所の顧問委員会のメンバーであり、専門家委員会の創立メンバーのひとりである。*

## ◆序論◆

本研究は、アルコール依存症と診断された軽度から中程度の抑鬱感情を伴う外来患者に対する、補助治療手段としてのヘミシンクの使用を評価するものである。被験者は、ベックの鬱病調査表（BDI）による測定でさまざまな抑鬱レベルを示す兵士である。BDIは、効果を知る一手段として治療の前後に用いた。外来患者からなる比較群も、治療前後にBDIによる測定を行ったが、テープによる補助治療は受けなかった。両群とも、おもな治療法として心理教育療法を受けた。

多くの研究が、アルコール依存症の治療を求める患者のあいだに抑鬱症状がごく普通に見られることを記述している。抑鬱症状はそうした治療における共存因子としてしばしば報告されるが、治療した依存症の再発を長期間に渡って防止するためにも、また短期的には依存症の治療を受け入れさせるためにも、対処が必要である。薬物乱用に対する有効な治療プログラムはもはや、12のステップからなるアルコール中毒更生会モデルを唯一の方法としているわけではない。更生会モデルは、正式な治療後の継続支援策として以外はあまり重視されなくなっており、いまでは、薬物乱用プログラムは認知行動的アプローチを重視するモデルのほうに移っている。そうしたプログラムは、アルコール依存症や乱用をもたらす破綻したライフスタイルや生涯にわたる行動パターンに、認知思考パターンが一役買い、強化するという認識に立っている。

最新のプログラムは、アメリカ嗜癖医学会のモデルのようなものにしたがって作成されることが多い。そうしたプログラムは個人別の柔軟な治療を重視しており、ケアのレベルとサービス提供期間のめやすとなる基準を、個別に設定できる。こうした基準に従えば、ケアの開始やレベルが固定されているプログラムよりも、患者がそれほど集中的な治療を受けなくて済むようになり、その結果、最新のプログラムの多くでは治療費がかなり安くなる。コストの低下は、実質的な治療中の入院期間が短く、いったん治療を完了すれば、アフターケアすなわち継続支援サービスの期間のほうが一般に長いことによる。本研究は、柔軟性と、治療の柔軟性と、薬物乱用問題を引き起こした個人それぞれの特性を重視するこうした傾向に沿って、考案された。

薬物依存症治療の新しい技法としては、バイオフィードバックを用いる脳波訓練、連邦刑務所で使用が増えている認知技法などがある。さらに多くのプログラムが、改良された柔軟なモデルの存在と、管理医療機関からのコスト削減圧力との双方に押されて、治療期間の短縮へと動いている。

訓練期間を短縮しようとするこうした動きがあるため、一次プログラムの補助手段として、患者が自分のペースで自己管理によって進められる技法を開発することがますます重要となっている。読者を限定した一部の出版物や研究において、意図的な音声パターンを利用して脳波同期をめざすヘミシンク音響テープを用いるという、画期的な方法が報告されている。脳波パターンの同期や心的イメージの変容、リラクゼーションの増強をもたらすこの方法を薬物依存症の治療に応用できないかどうか、調査を行うことが必要と思われる。これが、ここで報告する調査の主要な目的である。

## ◆方法◆

男性海軍兵士42人を研究対象とした。年齢は22～38歳で、いずれも、治療のために軍の外来アルコールおよび薬物治療施設に紹介されてやってきた者たちである。全員がアルコール依存症と診断された。被験者の半数を対照群とし、残りの半数を実験群とした。各群への割りつけは入院の順番にもとづいて交互に行った。全員が、承認されたヘルスケア標準および軍標準に従った総合的な生物心理社会的査定を完了した。それぞれ、査定の一環としてベックのうつ病調査表による調査を受けた。ＢＤＩは21の質問項目について複数の回答から1つを選ぶ方式のスクリーニングテストで、費用効率が高く、回答も採点も容易で、終えるのに5分もかからないため、広く用いられている。境界スコアの13またはそれより上のスコアはわずかな抑うつ傾向を示しており、この人々を研究に含めた。彼らには医療専門家によるスクリーニングも行って、うつ病のための特定の治療を必要とする人がそうしたケアを確実に受けられるようにした。

実験群の被験者には、６本のヘミシンク・テープからなるアルバムとステレオ・ヘッドセットを与え、使用法を説明した。説明には、6本のテープの片面を12日間、毎日聴くようにという指示も含まれていた。テープは、決められた就寝時間のうち2時間を使って毎晩聴くこととし、その前には、興奮作用のあるものの摂取はいっさい控えさせた。以前、アルコール依存症患者を対象としたバイオフィードバック・プロトコルにおける脳波訓練で、アルファ・シータ脳波に対する正の反応が認められたことがある。このときアルファおよびシータの脳リズムが増加し、抑鬱感情の報告が減少し、治療後の禁酒期間も長くなった。

ヘミシンク脳波刺激、すなわち脳半球同期の増加、心的イメージの変容、リラクゼーションの促進が、ますます治療に採用されるようになっている。この音響刺激は、特定の周波数の音の混合物を用いる。たとえばアルファ、ベータ、シータ、デルタといった周波数である。聴く人が音声ガイダンスプログラムに従うにつれ、脳はこの刺激に反応して同じようなEEGパターンを作りだす。アルバムの6本のテープは**『モーニング・エクササイズ』**、**『デ・ハブ』**、**『エナジー・ウォーク』**、**『モーメント・オブ・レバレーション』**、**『ウィンズ・オーバー・ザ・ワールド』**、**『サーフ』**である。対照群にはテープをわたさなかった。

両群とも同じ一次治療プログラムに従った。内容は、心理社会スキル構築のための毎日2回の講義および話し合いと、日に2回のグループ治療セッションを週に5日行うというもので、実験群はさらにテープ・セラピーを受けた。治療の長さは、治療目標達成の進み具合によって、どちらの群でもひとりひとり違っていた。平均入院期間は3週間で、その後スケジュールに基づいたアフターケア・プログラムが実施された。各被験者は担当のカウンセラーと協力して、各自のニーズに合わせた個別の治療計画を作った。アルコール以外の問題に関して地域の支援団体を紹介してもらうというような、アフターケアの考慮事項も含めた。テープの使用に関しては、いくつかの研究が、テープの効果には累積性があり、個人によって異なること、また初回の聴取のあとは、テープの順番は個人の選択にまかせてもいいことを示唆している。

◆結果◆

結果を簡単にまとめると次の通りである。

対照群の治療開始前のベックの鬱病調査表スコアは平均15・10だった。これに対して、治療後のスコアは8・67だった。

実験群の治療前のBDIスコアは19・95だったのに対し、治療後のスコアは4・90だった。これらの結果は、ふたつの群のあいだの高度に有意な差を反映している。治療後のスコア間のこの大きな差は、もし両群が同一の治療を受けていたならば、1000分の1よりも小さな確率でしか起こらなかったと予想される。

モンロー研究所の音響技術とオーディオ・ガイダンス・システムの応用の可能性を調査した以前の研究で、著者らは、学習と行動の変化がどのように起こるかを論じた。今回、実験群のアルコール依存症性抑鬱が顕著に低下したことから、ヘミシンクのオーディオテープ――自己管理と自己調節がおおむね可能な治療技術――が、明らかに効果的と証明されたように思われる。これは、既存の薬物依存症治療プログラムが、そうしたテープを治療計画の一部に組み込むことによって恩恵を受ける可能性があることを示唆している。

（2000年冬『ヘミシンクジャーナル』第18巻1号の記事より、許可を得て編集）

**◆メモ◆**
統計的に表示した本研究の完全な結果は、報告全文を掲載したジャーナルの記事で見ることができる。

# とある患者の体験より

パトリシア・マーチン

*パトリシア・マーチンは心理療法師かつアルコールおよび薬物中毒のセラピストであり、パリ医科大学の卒業生である。モンロー研究所の専門委員会のメンバーでもある。彼女はヨーロッパの伝承に関する資料を深く掘り下げて得た知識を伝えてくれる。民族医学や中世文化人類学の研究に長年携わってきた彼女は、象徴体系や神話学、原型などへの自身の興味の一端を紹介する。*

わたしはモンロー研究所の技術を使って、グループや個人のセッションの効果を高めています。個人セッションのあいだに、わたしの患者のひとりが、自分が体験している興味深い旅のことを話し始めました。彼女は以前、わたしとのセッションで、フォーカス3からフォーカス21とされる意識状態へと進んだことがあります。彼女はしばしば「旅」を体験していました。その旅で彼女は中世の建築職人の親方に出会っていました。このセッションでわたしたちが使ったメタミュージック作品は『**インナー・ジャーニー**』です。

この患者は、フリーメーソンや職人、建築、数学、物理学、秘教の象徴などとはなんのつながりもなく、あらかじめ知識があったわけではありません。彼女は50歳で、フランスの公共機関で働く秘書です。カトリック教徒ですが、教会通いをするたちではありません。

彼女はヘミシンクで深いリラックス状態になり、毛布にくるまれて横になっていました。そして、自分の旅について話し始めました。

わたしは自分が水の中に沈んでいくのを感じました。ひとりの男性がわたしに手を差し伸べ、一緒に来るようにと言うのが見えました。今度はライオンが見え、わたしたちは三角を形づくりました。男性とライオンとわたしです。この三角形の底辺から中心に向かって、下げ振り糸（＊訳注＝糸の先に通例鉛の円錐形の重りをつけて垂直を測定するもの。）が張ってありました。この糸は、正しい場所、正しい存在、正しい能力を知るために使います。下げ振り糸と三角形の底辺とのつなぎ目は、別の世界に属する存在を通じて作られていました。三角形の底辺と糸とのあいだに「メアリ」という言葉が書いてありました。

声がしました。「この女性は働いていた。彼女は女性建築家だった」。彼女は若く、長い暗色のドレスを着ていました。彼女はひとりぼっちで、夫も子供もいません。すると彼女のドレスの色が変わり始めました。青と金色と銀色になりました。頭にはヘッドバンドと透き通ったベールをつけています。声がわたしに、彼女はかつてある教団あるいはロッジ《組合支部》に属していたが、それはヨーロッパのどこの国のものでもないと教えてくれました。その場所は暑く、砂があって、馬やラクダ、ロバがいます。馬たちは黒ですが、それは象徴的な黒です。まるでワックスをかけたかのように輝く黒で、太陽を反射します。この教団あるいはロッジは星と光に関係があります。

声は続きます。「あなたは自分の血で聖書にサインし、誓いを立てた。血は剣によって流された。なぜなら、書くために血が必要だったから。剣が切り裂いた。これが合言葉だ。こうしてあなたはロッジの床にあなたが通り過ぎた跡を残した。わたしにはその染みを明かすしるしが見える。このロッジには兄弟愛の絆があり、世代から世代へと伝えられる。いまあなたが持っている勇気と忍耐は、この絆から生まれたのだ」

ここでまた三角が見えます。声が言います。「ふたたび三角を形づくるときが来た。知識を伝えるかどうかはあなたしだいだ。あなたはしるしを見るだろう。それを取りなさい」

最初の場面に戻ると、ファラオのような衣装を着た存在が見えます。彼はこの体験をすべて見ていたのです。鳥が一羽、飛び去るのが見えます。これで終わりです。わたしはいつもの現実に戻ります。

この体験にはとても重要な意味を持つ象徴がいくつか含まれています。

1. 水＝フリーメーソンの入団式の4つの要素の1つです。カトリック教会の洗礼式にも使われます。清める力があります。
2. ライオン＝強さの象徴で、フリーメーソンや職人のあいだでは見習いの地位に対応します。ライオンはまた、タロットの11番目のアルカナ（＊訳注＝寓意画が描かれたカード）にも出てきます。女性とライオンが描かれていて、女らしさと強さを示します。
3. 三角＝フリーメーソンの重要な象徴です。
4. 下げ振り糸＝建築業者がいまでも使っています。公正、正義、中心性をもたらします。
5. メアリという名前＝テンプル騎士団が儀式で用います。フリーメーソンはテンプル騎士団の一分枝です。

ヨーロッパの伝承には、多くの女性建築家が登場します。シャルトルは4世紀という早い時期に初めて女神に捧げられた神聖な場所でした。ヴェズレーの聖堂は有名なベルト・ド・ルシヨンによって建てられました。この女性は吟遊詩人のバラッド、「シャンソン・ド・ジェスト」に歌われています。

ドレスの色が暗い色から明るい色へと変わるのは、錬金術で鉛が金に変わるのと同じです。大聖堂や神聖な場所はしばしば、コンポステラ巡礼（＊訳注＝スペイン北西部のサンティアゴ＝デ＝コンポステラへの巡礼）のような巡礼の旅の出発地となります。多くの聖堂において、黒は黒い処女、地下世界から来た処女によって象徴されます。シャルトル大聖堂にその一例が見られます。

わたしの患者の体験には黒い馬が現れます。馬はこの体験にさらに重要な意味を付け加えます。カバラの象徴だからです。

ロッジは建築家の集合で、こんにち、このロッジという言葉はフリーメーソンの集会所を指すために使われます。フリーメーソンの新入会員は聖書に手を置いて誓いを立て、自分の血で誓いに署名します。胸の前に斜めに剣を帯びます。もし兄弟を裏切れば剣が心臓を貫くということです。「剣は切り裂き、合言葉を運ぶ」のです。

石を切り分け始める前に、建築家は地面に建物の図面を書き、その後それを消します。彼らの伝承は口伝えのもので、情報を口で伝えました。石工はそれぞれ自分の石にマークをつけました。それは職人のマークと呼ばれます。建築家や今日のフリーメーソンの特性の1つは忍耐です。向上心に燃えるフリーメーソンの新メンバーは、入団の儀式のときにそのことを学ぶのです。

このセッションは、ヘミシンクがセラピストにとって有効な道具であることをよく表しています。ある国の文化に深く根をおろしていながら、いまだに秘密のベールに包まれている伝承に近づくのを助けてくれるのです。

# 第6章　ヘミシンクによる睡眠効果

ヘミシンク開発の早い段階でロバート・モンローの気づいたことのひとつが、ヘミシンクに人を眠らせる強い効果のあることだった。熟睡を助けるエクササイズがいくつか考案され、別のエクササイズには、テープやCDの内容に引き込まれて聴いているうちに自然に眠くなるような、「睡眠シグナル」が組み込まれた。スコット・テイラーは、さまざまな免疫機能障害が正常な睡眠パターンに影響を及ぼすことを明らかにしたうえで、『ポジティブ・イミュニティ』・シリーズに含まれるようなエクササイズには、免疫系に働きかけ、聴く者を深い癒しの眠りにそっと導くという、二重の効果があることを説明する。

エドワード・オマリーとマリー・オマリーは睡眠障害センターの部長で、不眠症の原因を研究している。彼らは『スーパー・スリープ』の音声ガイダンスを含まないテープで良好な反響を得ており、客観的な所見を得ようと、不眠症患者に対するバイノーラル・ビート（このテープに埋め込まれている）の有効性を評価する二重盲検プラセボ対照試験を行っている。

最後のブライアン・デイリー博士は『ルーシッド・ドリーミング』シリーズに関する自身の体験を述べる。彼はルーシッド・ドリーミング（明晰夢）を、「夢を見ていると意識している状態」と定義し、この種の夢が価値を発揮するかもしれないいくつかの道を示唆する。

# 痛みに伴う不眠を克服する

スコット・M・テイラー（教育学博士）

*スコット・M・テイラー教育学博士はミネソタ州エダイナにある「エクスパンデッド・アウェアネス・インスティテュート」の創立者であり、モンロー研究所の滞在型プログラムのトレーナーである。また、サウス・セントラル・テクニカル・カレッジの中小企業管理学科教授会メンバーである。コー・カレッジで文学士号、ノースウェスタン大学ケロッグマネジメントスクールでマネジメント修士号、ニュー・セミナリーでMSC（Master of Spiritual Counseling）、ミネソタ州セントポールにあるセントトーマス大学で教育学博士号を取得している。*

買ったばかりの巨大なサラウンド・サウンド・システムで映画『トップ・ガン』をまた見ていると、フィアンセのシャロンが部屋に入ってきました。顔が涙でぐしゃぐしゃです。右半身全体に焼けつくような痛みが走って、立っていることはもちろん、座ることも、歩くことも、横になることもできないというのです。彼女は耐え難いほどの苦痛と不安に苛まれていましたが、僕にはどうすることもできません。無力感に打ちのめされた僕の脳には、あの数分間の記憶が、まるで焼き印を押されたかのように残っています。永遠にとはいわないまでも、簡単には消えない記憶です。シャロンは痛みのあまりじっとしていることができませんでしたが、動いたからといって、激しい苦痛から逃れられるものでもありません。ついにかかりつけの医師に助けを求めたとき、医師は彼女の膝をぽんぽんと叩いてこう言いました。「誰だって、ときには少しばかりうずいたり痛んだりするものですよ」。そんなこと、言われなくたってわかっています。シャロンには気休め以上のものが必要でした。運よく、それから2、3週間のうちに地域の医療センターの予約が取れました。

何週間もやきもきと待ち、思い出せないほど──それにシャロンがもう我慢できないと思うほど──たくさんの検査を受けたすえに、ようやく診断が確定しました。線維筋痛症でした。筋肉が痛む症候群で、筋肉の変性は起こりませんが、激しい痛みがあって、衰弱することもあります。残念ですと言われましたが、残念だろうとなんだろうと、とにかくシャロンはこの病気とともに生きることを学ばなければなりません。看護師がパンフレットを寄こして少しストレッチをしてくれたあと、家まで送ってくれました。ほかにできることは何もなかったからです。「バイオフィードバックや毎日の運動が助けになるかもしれません」と教えてくれたスタッフもいました。

寝室にこもって、シャロンはパンフレットに目を通しました。線維筋痛症の痛みと共に生きることを学ぶにはどうすればいいか、もっと詳しく説明してありました。彼女はすっかり落ち込んで、3日間泣き暮らしました。そして、落ち込んだのと同じくらいすばやく立ち直りました。突然、新たな確信が芽生え、しゃんと座りなおしてこう言ったのです。「これと共に生きなければならないって、どういうこと？　わたしはそうは思わない」。彼女には、自分の言っていることが具体的にどういうことなのかは、まだわかっていませんでした。ただ、突然わかったのです。答えがどこかにある、自分は絶対こんな痛みと共に生きることを学ぶつもりはない、と。

ここで、1995年の秋まで1年早送りしましょう。シャロンと僕は9月に結婚しました。結婚式の準備やハネムーンの旅行、仕事などいろいろなストレスが重なって、大きな再発が起こりました。同じころ、シャロンはゲートウェイ・プログラムへの参加を計画していました。結婚式の１カ月後です。旅行と新しい環境、初めての人々、新しい未知の体験が痛みを悪化させ、モンロー研究所でのワークショップが始まって２日間は激しい発作に襲われました。こうした苦痛にもかかわらず、出会った人々には興味を引かれましたし、ゲートウェイのあいだの旅にはとても心を動かされました。１週間が終わるころ、目覚めると、もう痛みがないことに気づきました。

なぜでしょう？　モンロー研究所での１週間が、何かすばらしいことをしてくれたのでしょうか？　研究によれば、線維筋痛症や慢性疲労症候群など、免疫機能障害症候群の人はよく眠れないのだそうです。エクスパンデッド・アウェアネス・インスティテュートでの所見からしても、またシャロンの体験からしても、確かにそのようです。こうした病気の人は寝つきが悪く、すぐに目覚め、疲れが取れるようないい眠りができないのです。実際、睡眠中の脳波パターンに異常があって、このパターンが改善されない限り、病状もよくならないことが、研究で明らかになっています。したがって、人の脳波に働きかけるヘミシンク・テープは、こうした人たちの安眠を助けるのにぴったりの、比類のない方法ということになります。

シャロンは家に戻ってきました。２週間もしないうちに、痛みがまた再発しました。僕は、ゲートウェイ・コースのあいだモンロー研究所でしていたように、睡眠のためのテープを毎晩聴いたらどうかと勧めました。これが、シャロンの完全な回復の始まりでした。

## 【入眠を助ける】

ヘミシンク技術は、進んで実験に参加した人が眠りに入るのを、実にさまざまな方法で助けます。第1に、音調が脳を通常の「ベータ」意識から深い「デルタ」睡眠へと、周波数追従反応を介して優しく導きます。「精神が目覚めていて体が眠っている」状態であるフォーカス10をもたらすテープなら、どれもこうした働きをします。

第2に、一部の睡眠テープには言葉による指示が含まれていて、これが、聴く人の「頭のなかのおしゃべり」を減らすのに役立ちます。わたしたちの患者の多くは働きすぎの頭を持っていて、ベッドに入っても、世界の問題をすべて解決しようとします。それを一通り終えても、働きすぎの頭はまだ休もうとしません。新たに問題となりそうなことを探し出し、それを解こうとするか、少なくともくよくよと心配し始めるのです。

第3に、睡眠テープによっては、リラクゼーションを徐々に促すエクササイズを含んでいます。このエクササイズは、体のどこにストレスが溜まっているかに気づかせ、どうやってそれを解放するかを学ぶ手助けをします。

第4に、一部の睡眠テープは音声ガイダンスによる楽しいツアーを提供しますが、これが「大きな子供のためのおとぎ話」のような働きをします。

第5に、人によってはあまりにも痛みがひどくて、ベッドに横になっているのさえつらく、寝つくことができないのですが、この問題に直接対処するテープがあるのです。それが『**ペイン・コントロール**』で、痛みの信号を減らすのを助け、その後、しだいに深い眠りに引き込みます。

ヘミシンク睡眠テープは、また今夜も寝つけないのでは、と思ってしまう悪いくせを打破するのも助けます。数回成功すれば、テープによって正常な睡眠習慣が強化されて、眠りに入るのがどんどん容易になります。すると今度は、今夜もよく眠れるぞと思うのが普通になります。眠れるという自信が戻ってくるのです。

眠れると思うということの「新たな」よい習慣を中心に、ほかの行動も強化されていきます。いろいろな悩みを「エネルギー変換箱」と呼ばれる想像上の容器に入れることを毎晩繰り返していると、自動的にそれができるようになります。すると、頭のなかのおしゃべりがぐっと少なくなり、やがてほとんど消えてしまうのです。徐々にリラクゼーションを促すエクササイズを毎晩行っていると、ベッドに入るという行為そのものがリラクゼーション反応を引き起こすようになります。筋肉にストレスを溜め込む行為が過去のものとなるのです。そのうえ、頭のおしゃべりや溜め込んだストレスを減らすこうしたテクニックを、目覚めているあいだも使えるようになります。

モンロー研究所からはいろいろな睡眠テープが提供されており、眠りを求めるわたしたちの患者の多様なニーズに応えることが可能です。こうしたテープのさまざまなエクササイズは、頭のなかのおしゃべりを減らしたり、体に溜まったストレスをやわらげたり、疼痛信号の緩和を助けたりします。エクササイズよりも物語によく反応する人たちのためには、誘導視覚化をもたらすテープもあります。声の入っていないテープが好きな人たちには、暴風雨の音と音楽を収めたテープがあります。また、静かな環境が必要な人たちなら、ピンク・ノイズ（＊訳注＝パワーが周波数に反比例する雑音）とヘミシンク信号を混ぜ合わせたものを含むエクササイズも利用できます。

わたしたちはヘミシンク製品にテープの使用法と睡眠衛生に関する指示シートをつけて、効果を高めようとしています。ステレオの置き方、栄養、運動、就寝儀式、ベッドに入ってからすること、行動の一貫性、心構えなどはすべて、よく眠ることを学ぶうえで一定の役割を果たします。睡眠前の適切な行動の習慣をつけることは、心身に、「いまドアの施錠を確認している、ネコを外に出している、髪をとかしている……さあ、寝る時間だ」とはっきり意識させるのに役立ちます。

## 【眠り続ける】

経験上わかっていることですが、ヘミシンクを使うと、ほとんどの患者は普通の覚醒状態から深い安眠に移行して、それ以上何もしなくても眠り続けます。どうすればいいかを心身が思い出して、「自動的な」睡眠サイクルに入るように思われます。ほとんどの人はその後普通の90分の睡眠周期で一晩眠り、元気を取り戻して目覚めます。

ところが、なかにはそうでない人もいます。研究で、深い睡眠の途中に脳が突発的に鋭いアルファ波を放射する人のいることが明らかになっています。体はこれを覚醒の信号と解釈して、覚醒を促す一連の反応を開始します。こうしたケースでは、モンロー研究所から出ている、テープを自動反転することで一晩中かける睡眠用タイトルを使うように勧めます。こうしたテープは正常な90分の睡眠周期を再現します。連続オート・リバースモード（CDではリピート演奏モード）で再生すれば、エクササイズが脳に強化作用をもたらします。脳を助けて、睡眠周期の適切な状態に、適切な時間、適切な順序でとどまるようにするのです。アルファ波を放出したいという脳の願望を、事実上抑え込むわけです。

ときには、ヘミシンクの影響下にあってさえ、アルファ波の突発的な現れがやまず、一晩じゅう、定期的に目が覚めてしまうこともあります。その場合でも、ヘミシンク・テープをバックグラウンド・ミュージックとして静かに流しておけば、すぐにまた眠りに入るのを助けてくれます。オート・リバース・テープは、夜間ひんぱんにトイレに起きる人にも適しています。トイレに起きる際には、必要以上に明るくしないことも勧めています。常夜灯が便利です。頭上のまぶしい灯りは、体を刺激して覚醒状態に近づけてしまいます。使用を続けているうちに、ヘミシンクの同調効果のおかげで、突発的なアルファ波は目に見えて減っていきます。正常な働き方を脳が学び直すのです。

## 【深い眠りがよみがえった】

線維筋痛症や慢性疲労などの免疫機能障害症候群の人は、健康を維持するのに必要な深い「デルタ」睡眠の恩恵が受けられません。病気の影響を受けた脳にはデルタ睡眠に入る力がないか、たとえ入れたとしても、適切な時間とどまれないのだと思われます。わたしたちの患者も、『ホスピタル・プラクティス』のゴールデンバーグ博士の論文（「線維筋痛症の診断および治療上の難問」1989年、第24巻9号、39‐52頁）で報告されたような人たちも、このような眠り方では全然疲れが抜けないと言います。「8時間か9時間は寝たはずなのに、夜中にトラックにはねられたような気分」と表現するほどです。

スタンレー・コレンが、調査の行きとどいた著書の『睡眠不足は危険がいっぱい』で述べていますが、わたしたちは正常な90分の睡眠周期の20％をデルタ睡眠に費やすべきだそうです。この貴重な18分のあいだに、体は筋肉の維持に重要な役割を果たすホルモンを放出します（『アースリティス・トゥデイ』1993年9‐10月号を参照）。デルタ睡眠のこの時間がなければ、体は気づかないかもしれませんが、修復の仕事が行われないままになってしまいます。睡眠不足の症状が現れ始めます。もしデルタ睡眠のない状態が長引くなら、行きつくところは線維筋痛症のような症状ということになります。しつこくて激しい筋肉痛です。修復作用のある適切なデルタ睡眠は、線維筋痛症の症状を緩和したり解消したりします（『ブリティッシュ・メディカル・ジャーナル』の1995年2月号に報告されています）。

ヘミシンク技術は、脳が修復睡眠に必要なデルタ波パターンに入り、それを維持するのを助けます。睡眠は一種の学習行動と考えることができます。毎晩寝るときにテープを使い続けることで、脳をこの修復態勢に引き込むことができ、変化を永続的なものにできるように思われます。ありがたいことに、毎晩テープを使うようにすると、2週間もしないうちにシャロンのぐあいはよくなってきました。テープなしで一貫して正常な睡眠パターンを維持できるようになるには、9カ月かかりました。ほとんどの患者はこの睡眠スキルをもっと早く学び直すことができます。2年後、彼女は痛みと縁が切れました。

ヘミシンクの睡眠技術を使うことは、薬に頼らない解決法となります。簡単に使える穏やかなテクニックであり、効果も永続的です。ヘミシンクは費用効率が高く、持ち運びが容易で、さらにほかの健全な生活スキルも教えてくれます。

エクスパンデッド・アウェアネス・インスティテュートでも、『**ポジティブ・イミュニティ**』・プログラム（ＰＩＰ）の使用を中心としたワークショップを設けました。ＰＩＰテープはさらにいくえにも重なった恩恵をもたらしています。眠ることを学んで、体が正常なリズムに移行するにつれ、免疫機能も高まります。わたしたちはＰＩＰにさらに『**デ・ディスカンファト・ヒューマン・プラ**

ス』・エクササイズを加えて、やがてはテープを使わなくても疼痛管理ができるようになることを目指しています。

L・Bとその夫はミネソタ州ミドルデールにある高齢者向け高層アパートの管理人です。地域の医療センターで重い線維筋痛症と診断されたときにもらったアドバイスを、彼女はこう回想しています。

「あなたはもう二度と働けないでしょう。社会保障事務所に行って、障害手当をもらいなさい。そしてこの病気とできるだけ折り合いをつけて生きることを学ぶんです……線維筋痛症で死ぬことはないけれど、いっそ死んだほうがましと思うかもしれませんよ」

標準的な治療法からも代替療法からも限定的な救いしか得られないとわかったあと、絶望した彼女はわたしたちのところにやってきました。追跡調査（睡眠ワークショップに参加してから1カ月以内）の手紙に、彼女は次のように書いています。

一晩じゅうよく眠れることがもっと多くなって、薬ものんでいません。この1年半で初めてです。ワークショップに参加したときは、ひどい不眠症を克服するための助けが何か得られるのではとわくわくしながらも、自分にも効くのだろうかと、とても不安な思いでした。わたしはクリスチャンで、ルター派ミズーリ教会会議の伝統のなかで育ちました。ご存じのように、この宗派は催眠術とかある種の瞑想などを禁じています。幾人かにこのワークショップのことを話したら、なにしろとんでもない無知のはびこる土地柄ですから、「悪魔の所業だ！」と警告を受けました。でも、あなたの率直で科学的なやり方が、わたしの不安を鎮めてくれました。

わたしは健康上の問題があるときは大きなクリニックに行っていました。最初は1992年のライム病のときでした。今回の病気が「すべて気のせいです」と言われたあとは、助けを求めて精神科のクリニックにまで行きました。痛みをなんとかしようと、バイオフィードバックも試してみました。でも誰も、そう、〝誰も〟、睡眠障害をどうにかすることはできませんでした。

かかりつけの医師は睡眠薬と、眠気を催す副作用のある抗鬱薬のトラザドンを処方してくれました。そして、とにかく少しでも眠らせてくれる薬なのに、もしそれを拒否するなら、あなたは〝すぐに〟精神病院に入ることになるでしょうと言ったんです！絶望して、わたしは言われるまま、薬ものんでみました。そしてやっと、〝薬剤誘発性の〟睡眠をいくらかとることができました。副作用は、それはひどいものでした。わたしはトラザドンをやめ、睡眠薬も半分にしました。それでも、眠るためにはとにかく、薬を続けるしかありませんでした。

ワークショップの最初の日、テープの1本のある部分で、クリックアウト（＊監訳者注＝モンロー研で使う用語。眠ったわけではないのに、ある期間、記憶が飛んでいること。熟睡したことを指す場合もある）したときのわたしの驚きと喜びを想像してみてください!! あれ以来、毎晩テープを使っていますが、だんだんエネルギーが湧いてきて、「病気前」の仕事の能力に戻っていくのがわかります。といっても、自分でペースを決めることを学ばなければなりません。この新しいエネルギーの噴出にはりきりすぎて、痛みを起こしてしまったことがあるのです［L・Bはワークショップの2日後、自分が管理しているアパートの窓という窓を洗ったのです！］。

ヘミシンクが決して「特効薬」ではなく、徐々に変化をもたらすものであることはよくわかっています。もし特効薬というものがあるなら、わたしがかかっただけでもあれだけの数のクリニックがあるんですから、あのお医者さんたちのひとりがとっくに発見していたはずです！　これからもテープを使って着実に努力していかなければならないことは、よくわかっています。それでこそ、あなたが癒しや痛み、その他もろもろのために提供してくださったこの新しい道具の恩恵を受け、ますます快適に使えるようになるでしょうから。

（1996年5月、許可を得て転載）

L・Bの2年後の追跡調査（1998年6月）で、ヘミシンクによる脳同調が彼女の睡眠パターンを永久に変えたことがわかりました。いまでは、ほぼ毎晩、ヘミシンクを使わずに眠れます（「丸太のように！」）。彼女の推測では中断なしに平均7時間寝て、さわやかな気分で目覚めるのだそうです。ときには「悪い夜」もあります。何がストレスの原因になったのか、たいてい自分でもわかります。そんなときは睡眠テープをかけます。その晩はいわば「再教育コース」となるわけです。

L・Bはワークショップに参加して以来、医者にはかかっていません。「理由がありませんから」と彼女は言います。「すばらしい気分！　以前やっていたことを、いまは何でもできます。普通に丸一日仕事をすることもあれば、少しだけ働くこともあります。以前持ちあげられたものは何でも持ちあげられます。お医者さんたちは、もう重い物は持ち上げられなくなるって言ったんですよ。働きすぎると、たまに痛みがくることもありますけど、それは線維筋痛症になる前と同じ、普通の筋肉痛です。前みたいにひどい痛みになることは決してありません。基本的に、わたしはいま痛みから解放されています！」

「『**ポジティブ・イミュニティ**』・プログラムにはとても助けられました。線維筋痛症との闘いの真っただ中にいたときは、まわりにいるあらゆるバイ菌に対する抵抗力が落ちていましたから。いまは、ほとんど病気になんかなりません。疑い深い人には、ぜひ言ってやってくださいな。うちの妹はミズーリ教会会議（ルター派教会）の牧師と結婚してるんですけど、あの人たち、今じゃ教会の図書室にテープ（ＰＩＰ）を置いているんですよ！」

最後に、とっておきのエピソードをひとつ。ワークショップで初めてエクササイズを体験したとき、Ｌ・Ｂはテープの終わりのベータ・シグナルで目覚めました。驚いたことに、ぷりぷり怒って目を覚ましたのです。そして隣のベッドにいたＣ・Ｃにくるりと向き直ると、「あんたのいびきのせいで目が覚めちゃったじゃないの！」とどなりました。その瞬間、彼女もＣ・Ｃもはっと動きを止めたかと思うと、わっと泣きだしました。どちらも、この18年というもの、薬の助けなしに寝つくことはできなかったのでした。

# 不眠症とヘミシンク

エドワード・B・オマリー（博士）
メアリ・B・オマリー（医学博士）

エド・オマリー博士は1985年にニューヨーク州立大学ストーニーブルック校で心理学の学士課程を修了、1992年にコーネル大学医科学大学院で神経生物学の博士号を取得したのち、ニューヨーク大学睡眠障害センター（SDC）でのヒト脳の研究に戻った。1995年に睡眠医学の認可を受け、現在はSDCノーウォーク病院の院長である。ニューヨーク大学で数年間、不眠症部門を率いていたことがあり、独自の行動療法を開発した。いま関心を持っているのは、睡眠やその他の意識状態からの覚醒の脳マッピング、医学教育プログラムにおける睡眠と疲労の評価などである。

メアリ・オマリー博士は1985年にオバーリン・カレッジで化学の学士課程を修了、1993年にニューヨーク市のコーネル医科大学およびロックフェラー大学で医学博士と学術博士の共同学位課程を修了、エール大学およびノーウォーク病院でインターンシップを終え、1998年にニューヨーク大学およびベルヴュー医療センターで精神科の研修医期間を終了した。現在はノーウォーク病院で精神科の指導医をしている。また睡眠障害センターの睡眠特別研究責任者でもあり、睡眠医学における学術・臨床プログラムを確立した。ナルコレプシー（発作性睡眠）の治療に広範囲の経験があり、夢を見る睡眠やその潜在的な癒し効果などの研究に関心がある。

不眠症は一般に、主観的な感覚と定義されます。睡眠の開始または維持が困難だとか、睡眠自体に疲労回復効果がないとか、主観的に感じる状態というわけです。有病率研究によれば、成人の約3分の1が不眠症を経験している（10％近くが慢性的な問題として）そうです。不眠症に悩む人の多くが、慢性的な睡眠不足に伴って現れるのと同じような昼間の症状を報告しています。疲労感、能力の低下、気分障害などです。こうした日中の機能低下は労働生産性の低下や事故率の上昇につながります。また病気にかかることも多くなって、医療施設の利用も増えます。こんにちの超多忙な社会では、こうしたことが明らかに懸念の種となっています。

不眠症の根底には、しばしばいくつかの要因の組み合わせが隠れています。これらの要因は一般に、５つのＰのもとにまとめることができます。physical（身体的）、psychological（心理的）、pharmacologic（薬理学的）、psychiatric（精神医学的）、physiologic（生理学的）の５つです。

痛みや病気、ホルモンの変化、環境からの悪影響などの身体的要因は、覚醒システムを活発化させることによって、不眠症の発生に一定の役割をはたすことがあります。

心理的ストレッサーと精神病の症状は、体が睡眠を開始したり維持したりする能力に直接影響を及ぼすことがあります。

薬理学的要因が不眠症を引き起こすのにはいくつかの道があって、まず、ほかの病気のために処方された薬剤の副作用として、カフェインやその他の中枢神経系（ＣＮＳ）刺激剤の覚醒作用を通じて不眠症を引き起こすことがあります。また、飲酒の直接的な効果によることもあれば、睡眠を助けるために処方されたＣＮＳ抗鬱薬の使用中止後に起こるリバウンドのように、間接的な効果によることもあります。

最後の生理学的要因というのは、時差ボケや交代勤務にみられるような概日リズムの変化のことで、睡眠と覚醒の周期をひどく損なうおそれがあります。

不眠症の訴えというのはひとつの症状であって、それ自体が病気ではないことに留意すべきです。したがって、診察にあたっては、体、心、環境の面で原因となりうるものがないかどうか、注意深く評価します。持続期間、一緒にみられる症状、これまでの健康状態、これらはどれも、正確な診断や治療に欠かせない重要な情報です。睡眠障害をもたらすほかの身体的原因を除外するため、あるいは患者の訴えを確かめるため、睡眠の実態調査が行われる場合もありますが、心理的な不眠に対して日常的に行われることはありません。

不眠症の診断が確定すれば、その根底にある原因の修正をめざして、治療を行います。特に、身体的な病気や精神病理学的問題がかかわっているときは、その解決をめざします。日課や生活環境、食事を単に変えるだけでも、有効な場合があります。

どのような症例においても、睡眠のメカニズムに関する睡眠衛生教育が重要です。たとえば、睡眠を促進する行動や妨げとなる行動などの知識が役に立ちます。ただし、個々の治療計画は一般に、症状の持続期間に応じて実施されます。

数日から2週間程度の一過性の不眠症は普通、子午線をまたぐ旅行や短期の病気、ストレスとなるできごと（たとえば翌日に試験やプレゼンテーションがある場合）に伴って起こります。このどちらかといえば軽い不眠症は、睡眠薬の短期服用で効果的に管理できるでしょう。漢方薬や鎮静作用のある抗ヒスタミン剤、一般鎮痛薬の夜間型製剤といった市販の薬や、処方された軽い催眠薬の使用が、おもな治療法となります。

数週間から１カ月続く短期不眠症は普通、もっと衝撃的なライフ・イベントに伴って起こりますが、それは好ましくないできごと（愛する人の死、離婚、突然の入院）のこともあれば、好ましいできごと（結婚、昇進、子供の誕生）のこともあります。短期的には投薬が役に立つかもしれませんが、慢性不眠症の発症を防ぐには当然、行動療法や睡眠衛生教育が必要です。不眠症が長引けば長引くほど、原因も治療も複雑になります。

長期すなわち慢性不眠症は何カ月もあるいは何年も続くことがあります。よく知られた効果的な行動療法があって、慢性不眠症の症状への対処に利用できます。睡眠制限、認知療法、リラクゼーション療法、刺激コントロール、バイオフィードバックです。こうした治療法には共通の行動様式があって、情緒的・身体的興奮を引き下げることによって（認知療法、リラクゼーション療法、刺激コントロール、バイオフィードバック）、あるいは睡眠効率を改善することによって（睡眠制限）、不眠症をやわらげます。行動療法は、訓練を積んだ有能なセラピストが６～10週間のプログラムを実施するのが普通です。注意しなければならない点として、睡眠薬を唯一の治療法とみなすべきではないことがあげられます。特に慢性不眠症のケースではそうです。薬物治療はむしろ、教育や行動テクニックを強化するために用いるべきなのです。

どのような形の不眠症に対するものであれ、現在の行動療法の実施には、特別の訓練を受けた医療従事者の専門的知識が必要です。残念なことに、そうした人々の数はあまりにも限られています。そのうえ、６～10週間のプログラムとなると、日程や時間の問題、医療保険上の制限などで、多くの人は受けられないことになります。治療期間が短く、医療従事者ならほぼ誰でも行えるような方法があれば、治療を受ける不眠症患者の数を大幅に増やせる可能性があります。わたしたちは、ヘミシンクがそうした方法のひとつとして有望だと感じています。

不眠症患者は過覚醒状態を示すこと、また、これは速い周波数の脳波が増えて遅い周波数の脳波が減るという脳の活動に反映されることが明らかになっています。また、特定のヘミシンク周波数は、脳の活動すなわちEEGを、もっと興奮度の低い状態に移行させることができるとされています。特殊な音の刺激が「ピンク・ノイズ」バックグラウンドに埋め込まれていて、それをステレオ装置を介して聴きます。この音の刺激はバイノーラル聴覚ビートと呼ばれ、わずかに異なる周波数の音を左右の耳から別々に聴かせるときに生じます。聴覚系がこの情報を処理してまた別の周波数のビートを生じさせ、聴いている人はこれを認識します。被験者がEEG活動の周波数範囲にある音のビートを「聞く」と、EEGパターンはしだいにその音の周波数をまねるようになります。EEG周波数範囲のなかでもゆっくりした周波数の音の刺激を与えれば、EEGを同調させることによって、眠気や眠りをもたらすことができるわけです。

実際、モンロー研究所の創立者でありヘミシンク技術の生みの親であるボブ・モンローがわたしに語ったところによれば、研究所のプログラムに参加した人の多くが、意識を研ぎ澄ましていようとどんなに必死になってもたびたび眠り込んでしまう、とこぼすそうです！　眠りをもたらすというヘミシンクの性質に着目して、モンロー研究所は特にこの目的用にデザインしたテープをいくつか作りました。

こうしたテープを使った多くの人が、長く、またよりよく（つまりより深く効果的に）眠れたと報告しています。眠りを誘発するヘミシンクの効果については数多くの事例報告があるものの、「科学的な試験」はまだひとつも行われていません。そこで、わたしたちは二重盲検プラセボ対照研究プロトコルを用いた厳密な試験を実施中です（進行中のこの仕事の詳細は補遺を参照のこと）。

研究プロトコルについて簡単に述べると、まず器質性睡眠障害を除外するため、被験者には最初に睡眠調査を受けさせる必要があります。次に通常の研究手順にしたがって、ベースライン・パラメーターを決定するための２度目の調査を行います。翌朝、被験者はステレオ枕、オート・リバースのテープ・プレーヤー、実験用のテープ（ピンク・ノイズにヘミシンクを埋め込んだものか、ピンク・ノイズだけのプラセボ・テープ）を自宅に持ち帰り、睡眠／覚醒活動をモニターするための装置を身に付け、日誌をつけます。２週間後、被験者は最後の睡眠調査を受けるために睡眠センターに戻り、一晩じゅうテープを聴いて、そのあいだに脳の活動とさまざまな生理学的信号が記録されます。改善の程度を評価するため、睡眠パラメーターや脳の同調程度からなる客観的ならびに主観的測定値を用います。

データの分析がすべて終わって盲検性が破られるまで、わたしたちは客観的な所見を得ることはできません。しかしながら、被験者のほとんどから興味深いコメントを得ています。

これまでに、参加者の半数近くが、実験用テープを使ったプロトコルの実施中に睡眠が改善されたと報告しています。実際、ある被験者など、最終的な追跡調査を数回キャンセルしたあげく、来るようにと要請されると、もしテープとステレオ枕とプレーヤーを返さなくていいなら顔を出してもいいと言うのです。そこで、装置は持っていてもいいと言って安心させ、ただし実験用のテープは市販のものと交換してもらわなければならないと言ったところ、市販のテープでも満足すべき結果が得られることがわかって、一件落着となりました。

ほとんどの場合、プロトコルが終了した時点で著しい改善を報告しなかった被験者には、市販の**『スーパー・スリープ』**・テープを試しに使ってもらいました。この人たちからも好ましい評価が聞かれ、誰ひとり、テープや枕やプレーヤーを返却しませんでした。わたしたちはこれを、ヘミシンク睡眠テープによって効果的な治療が提供されたことを示唆するものと考えており、研究が完了して最終的な分析結果が出るのを楽しみにしています。

**◆補遺◆**

**表題**＝一次不眠症の睡眠改善におけるバイノーラル聴覚ビートの有効性に関する二重盲検プラセボ対照研究

**研究者**＝エドワード・B・オマリー博士およびメアリ・B・オマリー医学博士

**施設**＝地域密着型大学付属病院睡眠障害センター

**序論**＝不眠症患者は、生理学的測定値の上昇に反映される過覚醒状態を示すことが知られている。速い周波数の増加と遅い周波数の減少というEEG活動が、覚醒と睡眠の両方でみられることを示す充分な証拠がある。いくつかの介入療法によって、この過覚醒状態の緩和がこうした患者の睡眠を促進することが明らかになっている。特殊な聴覚音であるバイノーラル聴覚ビート（BAB）が、同調あるいは共鳴によってEEGを覚醒度の低い状態へ導けることが、最近の研究で明らかになっている。こうしたシグナルはわずかに周波数の異なる2種類の音程を左右の耳に聴かせたときに発生し、うなり音という主観的な知覚を創りだす。このとき知覚されるうなり音は、2つの音程間の周波数の差に相当する周波数をもつ。遅いEEG周波数範囲のBABを聴かせると、眠気と眠りを誘発すると報告されている。我々は、遅いEEG周波数範囲で提示されたBABが速い周波数のEEG活動を減少させて遅い周波数の活動を強め、それによって不眠症患者の睡眠を改善させるという仮説を立てた。

**目的**＝本研究は地域密着型病院睡眠障害センターに来院した不眠症患者の睡眠改善における、バイノーラル聴覚ビートの有効性を評価する。

**デザインと方法**＝本研究は、二重盲検、被験者間および被験者内プラセボ対照デザインを用いて、「ピンク・ノイズ」に埋め込まれたデルタ／シータ純粋音程バイノーラル聴覚ビート（実験群）と、純粋音程およびピンク・ノイズだけのプラセボ条件（対照群）とを比較する。最少6人の被験者を各群に入れる。器質性睡眠障害を除外するとともに患者を実験手順に慣らすための順応夜間睡眠調査に続いて、被験者はベースライン睡眠調査のためにセンターに戻る。自宅に帰ったあと、すべての被験者は枕のステレオ・スピーカーを介して、カセット・テープを研究期間の14日間に渡って毎晩聴く。テープにはバイノーラル聴覚ビートが含まれている場合と含まれていない場合がある。被験者は挙動記録装置でモニターされる。これは手首につける小型の動作検出器（腕時計の大きさ）で、睡眠／覚醒記録の代理測定手段の役目をする。また毎日睡眠日誌をつけ、気分と俊敏さを測る視覚アナログ尺度（VAS）を用いて睡眠変数を主観的に推定する。2週間後、被験者は治療後の睡眠調査のために研究室に戻る。挙動記録および脳地形図作成（TBM：10-20法によるEEGモンタージュ）をベースラインおよび実験睡眠調査のあいだに行う。研究終了後、被験者には実験に使用した睡眠テープの市販版による継続治療をさらに1～2週間提供する。もし改善がみられなければ、不眠症のための標準的な行動療法を提供する。

**被験者**＝被験者は、医療機関で不眠症の可能性があると言われ、地域密着型病院睡眠障害センターに来院した患者から募集した。施設内倫理委員会によって承認されたインフォームドコンセントを得たのち、性別と年齢をマッチングさせた各群最少6人の不眠症患者を研究に組み入れた。精神病の最近の既往があるか現在罹患している人、精神活性物質を使っている人、神経学的異常のある人、その他の一次睡眠障害の人は研究から除外した。

**介入**＝被験者は実験テープまたはプラセボ・テープを2週間に渡って毎晩聴く。

**評価項目**＝一次評価項目は全米患者安全目標（NPSG）による入眠潜時（SOL）、入眠後覚醒（WASO）、睡眠効率（SE）である。二次評価項目はNPSG由来の総睡眠時間（TST）、睡眠断片化指数、ステージ1〜4のノンレム睡眠およびレム睡眠パーセント、EEGデータ（前頭部、中心部、頭頂部、側頭部、後頭部で、ベータ、アルファ、シータ、デルタの4つの周波数帯を測定）、毎日の挙動記録データ（SOL、WASO、SE、TST）である。主観的目安は、俊敏さと気分をみるために毎日睡眠日誌に記録したSOL、WASO、TST、VASなどのデータである。

**統計分析**＝必要に応じて、多変量統計ならびにポストホック（事後）分析を行う予定である。

## 明晰夢

ブライアン・D・デイリー
（医学博士、アメリカ救急医学会会員、アメリカ法医学検査官協会会員）

ルーシッド・ドリーム（明晰夢）とは、夢を見ていると自分で意識している状態です。明晰夢は、悪夢を治療したり健康を増進するため、問題を解決したり、アーティストがインスピレーションを得るため、また超越状態を経験するためにに、利用できる可能性があります。明晰夢の状態に意識的に入り、プログラムすることによって、考えていることを物理的現実として具現化することができるかもしれないのです。

『**ルーシッド・ドリーミング**』・シリーズは4本のテープからなるエクササイズで、明晰夢を見ることと夢を想起することの両方を助けます。これには、ほかの夢プログラムとは違う点がいくつかあります。

ヘミシンク周波数が、入眠の状態を誘発するために用いられます。眠りに落ちる直前の深くリラックスした状態です。これらの周波数は自然な90分の睡眠周期も創り出しますが、その周期の終わりが急速眼球運動（レム）睡眠で、このとき夢を見ます。これがとても重要な点です。

というのは、そのときレム睡眠を認識し、明晰夢のプロセスを開始することが、簡単に習得できるからです。明晰夢を見るうえでいちばんむずかしいのはおそらく、夢を見ている状態を認識し、プログラムし、想起することでしょう。しかしながら、ヘミシンク技術のおかげでレム睡眠が確実にしかも一貫性をもって得られるようになったため、明晰夢を見るうえでの最大の障害が取り除かれました。

普通はオート・リバースのカセット・プレーヤーにつないだステレオヘッドフォンが必要ですが、スピーカー内蔵のフォームラバーの枕でも効果は同じで、人によってはこちらのほうが快適かもしれません。

**『ルーシッド・ドリーミング』**・シリーズについている小冊子に、いくつか重要なことが載っています。わたし自身の体験をもとに説明すれば、わかりやすいと思います。

明晰夢を見ることは、練習と意思で学ぶものです。わたしはそれまで、夢の想起に大きな困難を感じていました。そこで、このスキルを1カ月かけて学ぶという目標を立てました。まず、各テープを3回ずつ聴きました。次に、シリーズの2〜4番のテープからランダムに1本を選んで、毎晩就寝時に聴くことを2週間ほど続けました。それから1週間、4番のテープを毎晩聴きました。約2週間後には夢の想起が大幅に改善され、夢で体験したことを夢日記に記録することができるようになりました。日記をつけると、多くの重要な洞察が明らかになります。日記がなければ、そうした洞察も記憶には残らず、失われてしまうでしょう。

テープを聴く人には、狙いや目標、夢のシナリオを寝る前に書きとめておくことが推奨されます。たとえば、昨晩わたしはこう書きました。「どうかわたしに、明晰夢とヘミシンクについての小論を書くための力添えをください」。そして今日、意識と無意識にこの要求を処理するための時間を与えたあと、小論はたやすく完成しました。また、1週間前に妻とわたしは不意の出費で3600

ドルを支払わなければなりませんでした。その晩わたしは、「どうかこの請求書の支払いを助けてください」と書きました。翌日給料小切手が届きましたが、予想もしていなかった400ドルが上乗せされていました。偶然の一致？　ひょっとするとそうかもしれません。それでも、わたしはこうしたできごとをシンクロニシティと呼びたいと思います。

患者を相手に仕事をするわたしに、明晰夢は病気への思いがけない洞察を与えてくれます。明晰夢がなければ、考えてもみなかったようなことを教えてくれるのです。

スー・Sはほがらかな女性でしたがリンパ腫に侵されていて、わたしは従来の化学療法に加えてヘミシンク、レイキ、クリスタル療法、アロマセラピーと、いろいろな方法を精力的に試していました。不幸なことに、過去数回の治療でわたしはホリスティックな視点よりも身体を重視するほうに傾き、彼女の胸や腹部、リンパ節の腫瘍そのものに注意を集中していました。彼女の頭と感情の幸せをまったく無視していたのです（脳は病気に侵されていませんでしたし、病苦にもかかわらず彼女は感情的に安定していました）。

明晰夢でわたしは、自分が彼女の頭に注意を向けているところを見ました。翌日、診察中に手を彼女の頭のまわりのエネルギー・フィールドに置くと、膨大なエネルギーが入っていくのを感じました。スーは最近化学療法を始めたところで、髪が抜けてしまっていました。たいへん驚いたことに、この処置やその後の治療によって、化学療法のあいだに髪がまた生えてきたのです。

わたしはスーと一緒のグループセッションの患者をほかにも幾人か診ています。髪がある患者も、頭のまわりに同じエネルギーの引き込みがありました。その後の夢のセッションで、わたしは患者をまるごと治療することの大事さを学び直しました（ときおり自分に思い出させることが必要なのです）。あのとき、わたしとスーは抜け毛だけを治療していたのではありません——感情的な要素やスピリチュアルな要素、それにその他の多くの要素を治療していたのです。スーはわたしに、あらゆる患者にこうした治療をすることを思い出させてくれました。スーと『**ルーシッド・ドリーミング**』は、次のような洞察を与えてくれたのです。「病気ではなく、〝人間〟を治療せよ」

『**ルーシッド・ドリーミング**』・シリーズの４本のテープを使えば、あなたも明晰夢を見ることを学び、夢の想起を改善することができます。ヘミシンク周波数はこのプロセスに不可欠の要素で、なかなか学ぶのがむずかしいプロセスを、誰にでも容易にやり遂げられるものに変えてくれるのです。

# 第7章　介護施設におけるヘミシンクの活用

モンロー研究所の専門セミナーでのデブラ・デービスのプレゼンテーションは、常にエネルギーに溢れ、議論を盛り上げる。そのエネルギッシュな仕事ぶりを彼女は介護施設でも発揮し、ヘミシンクの使用法をスタッフに教えるとともに、カセット・プレーヤーとテープを至るところに配っている。彼女の小論には、ヘミシンクがいろいろな方法で、入所者の苦痛や不安をやわらげたり、職員や訪問した家族のために静かな環境を創りだしたりできるという、豊富な例が述べられている。

リチャード・スタウトとジュディー・マッキーは長期介護施設の作業療法士で、65歳以上の入所者を相手に仕事をしている。彼らは多感覚ルームを創って、そこでメタミュージックを流している。また入所者もベッドサイドにステレオを持っていて、いくつかのメタミュージック・テープを利用できる。これが非常に効果的なことがわかったため、今度は食事エリアでもメタミュージックを使う計画を立てている。各階にヘミシンク・リラクゼーション・ルームを設けることも考えている。

## コミュニケーション・ギャップに橋を架ける

デブラ・デービス
（教育学修士、公認カウンセラー、公認結婚および家族セラピスト）

*デブラ・D・デービスは1995年に専門委員会に加わった。テキサス州フォートワースで、公認のカウンセラーならびに結婚および家族セラピストとして20年以上、個人開業している。おもなカウンセリング契約は育児支援センターとのもので、クライアントはテキサス州の保護・監督局と児童保護局からの紹介による。*

１９９７年初め、わたしは介護施設で働き始めました。育児支援センターの同僚カウンセラーが、ジェロケアという会社がカウンセラーをもっと必要としていると教えてくれ、わたしは興味を引かれました。最初は、人々の扱いをめぐってスタッフを批判したり闘ったりせずにやって行けるかどうか自信がありませんでした。ところが結果は自分でも驚くほどでした。すっかりここの環境が気に入り、溶け込んで、言うべきことがあるときも冷静に主張できます。たまにかっとなるのは、問題を正そうとするときだけです。

ジェロケアは１９９６年に、現在は会長となっているデヴィッド・ディクソンによって設立されました。デヴィッドは公認カウンセラーで、１９８９年から長期ケア施設に高齢者のコンサルタントを提供しています。その合間に２つの養護施設でカウンセリングをしていました。そしてカウンセリングが非常に必要とされていることに気づいたとき、ほかの専門家たちと契約してそうしたサービスを提供するプログラムを考案すれば、サービスを提供できる範囲が飛躍的に大きくなると思いついたのです。その思いつきから2年もしないうちに、ジェロケアはテキサス州の50カ所の養護施設にサービスを提供するようになっていました。わたしが加わったのは、彼がちょうど第2次の25カ所と契約を結んだときでした。わたしの契約内容は、ジェロケアのセラピストや心理学者、その他のスタッフを訓練して、ヘミシンクが使えるようにするというものでした。

全人口の高齢化が進んでいますが、自宅に住んでいる高齢者が鬱病にかかる割合は40～60％と推定されています。介護施設では、痴呆症の人を除いても、その割合は70～90％に跳ね上がります。従来の考え方では、高齢は成人としての発達の終わりとみなされ、いわゆる「倉庫保管」が理にかなうと考えられました。当時、介護施設で暮らす期間は比較的短いものでした。いまでは、5～20年も施設で過ごす場合があります。鬱病は、引きこもりや寝たきり（褥瘡性潰瘍《じょくそうせいかいよう》のリスクを高めます）、行動上の問題、生活の質全般の低下などをもたらします。デヴィッドは、施設内で鬱病の予防措置を実施するだけでも、かなりのコスト削減と施設の環境改善につながると考えています。

施設では、何もかも混乱の極み、もう収拾がつかないというような場面に幾度も出くわします。そんなときは、ただ、プレーヤーをコンセントにつないで、**『コンセントレーション』**をかけます。すると、まもなく雰囲気が変化します。事態が収まって、騒音レベルが下がり、スタッフも入所者も落ち着きを取り戻すのです。わたしはそっとほほえんで、次のクライアントのところへ向かいます。ホームによっては共通のエリアにヘミシンクを流しているところもあって、問題行動が劇的に減っています。

**◆成功事例◆**

93歳の女性が、自宅アパートで一人暮らしをしていました。ある晩、起き上がってトイレに行きましたが、そのあとの記憶がありません。目が覚めるとそこは病院のベッドで、なんと腰の骨が折れていました！　彼女は病院からそのままホームに入りました。最初は個室でした。少し理学療法を受けましたが、歩くときはやはり腰が曲がっていました。彼女は、ほかの人とおしゃべりしたり、ダイニング・ルームでいっしょに食事をしたりせずに、引きこもってしまいました。わたしが会ったのは入所して1カ月後でしたが、精神状態が悪化して不安とパニック発作に襲われるようになっていました。わたしを引きとめようと、早口でノンストップで話し続けます。そこで、ほかの人たちが待っているので行かなければならないけれど、気持ちが楽になるのを助ける特別な音楽を置いていきますから、と言って、音楽を「試して」みるように頼み、また戻ってくると約束しました。

それからの3時間、わたしは何度か顔を出してテープやCDを交換し、最後に**『インナー・ジャーニー』『スリーピング・スルー・ザ・レイン』**をかけました。すると看護師が、かけたままにしておいてと言います。その朝わたしが顔を出して以来、いつもは1時間に数回ともる呼び出しのライトが、全然つかないというのです。しばらくしてから、その女性がホールに出てきて「助けて！　助けて！」と叫ぶので、看護師が駆けつけると、プレーヤーを指さして、「とまっちゃった！　動いていたのに！」と言いました。曲の切れ目にさしかかっただけだったのですが、あまりにもうっとりと聴き惚れていたので、心地よい音楽とトーンが急になくなって、動転してしまったのでした。

50代後半の別の女性は、精神的にも肉体的にも多くの問題を抱えていました。彼女はすぐにヘミシンクが好きになりました。お気に入りが5つあります。たまに別のを渡してみるのですが、彼女は自分が選んだのだけで満足なのです。バランスを崩しそうなときは自分でわかるので、ヘミシンク・テープをしばらく聴きます。以前は、そういう不安定な感じを克服したり、どうしようもないほど感情が高ぶったりするのを避けたりするために、何日も寝込んでいたものでした。彼女はその後入所者の委員会の長に選ばれ、たまにガーデニングをして植物に水をやったりしています。ほかの人たちに対しても、とても親身になって面倒をみています。

グレンダ・グリーンのテープも役に立っています。彼女がイエス・キリストの肖像画を描いているときに受け取った情報に関するテープですが、内容は実際的かつ普遍的で、宗教的な偏りもありません。いまはテープの内容が『Love Without End: Jesus Speaks... 』（邦訳『終わりなき愛』太陽出版）として出版されています。わたしはグレンダのテープとヘミシンクを、いろいろな肉体的・精神的問題を抱えた50歳の女性に使ったことがあります。娘が彼女を州の病院に入れたのは、宗教心が深まって、行くところまで行ってしまったからでした。数カ月の間は、メタミュージックがよく効いていました。その後、投薬の調整が必要になり、彼女は境界型人格障害にまっしぐらに落ち込んでしまいました。絶えず激怒し、過去の悪事を振り返るのでした。

ついに彼女は、終末論的な傾向の強い宗教専門のラジオ局に耳を傾けるようになりました。グレンダのテープのひとつが、ほんの少しでもバランスを取り戻すきっかけになるかもしれないと、わたしは考えました。確かに、何週間かに渡って、何かが彼女のなかに染み込んだようでした。『**エナジー・ウォーク**』を何週間も彼女のそばに置いておいたところ、ついに、夜それを聴いてくれたのでした。わたしが最近顔を出したのはその翌日です。顔つきが一変して、以前より穏やかになっていました。そして、恥ずかしそうにこう言うのです。「あのね、あの『**エナジー・ウォーク**』をゆうべ聴いたんだけど、とても気に入ったの。ああいうの、もっと持ってない？」。「いくらでもありますよ」とわたしは答えました。「車に積んであるので、すぐにいくつか持ってきましょう」。というわけで彼女はいま、さらに2本のヘミシンク・テープを持っていますし、グレンダのテープは聴き終えました。不満を別のやり方で表す助けになればと思い、わたしは、テープに耳を傾けて心をすっきりさせ、簡潔に話すようにアドバイスしました。効果があったように思われます。

わたしはみなさんにテープ・プレーヤーを提供しています。ヘッドフォンがついていて、連続演奏ができる15ドルのプレーヤーです。この値段でこれだけのものは、そうないと思います。ヘッドフォンにどうしてもなじめない人もいるのですが、安くてコンパクトなステレオ・ラジカセで、連続演奏ができてテープもCDもかけられるものは、まだ見つかっていません。スペースも貴重です。もし食事用のワゴンが散らかっていなければ、わたしはそこに装置を置いてヘミシンクを紹介します。ある特別な「音」が音楽と一緒に入っていることを説明して、意見を聞かせてくれるように頼みます。言葉の入っているテープを好まない人もいますが、ヘミシンクが効くといまではわかっているので、わたしが持って行けばなんでも試してくれます。

ある70歳の男性は、妻が介護に嫌気がさして自分をホームに入れたというので、とても腹を立てていました。第二次大戦のときには水兵だった人で、その信じられないほどの頑固さが一因となって、人の助けを遠ざけているようなところがありました。古傷と脳卒中の後遺症のせいで、彼はたいそう痛みを感じていました。わたしはなんとか彼を説き伏せようとしました。体の片側全体が動かせず、ほかの人たちに介助してもらわなければならないのだから、気持ちのいいコミュニケーションを維持することが望ましいのではないかと、言い聞かせたのです。この数カ月、彼はヘミシンクを気に入っています。どうにか痛みをがまんしてよく眠れるように、夜聴きます。『**ミッドナイト**』がお気に入りなのは、これが軽快なジャズで、退役軍人クラブに集まって飲んでいたころを思い出すからです。信仰心に自信がない彼には、グレンダのテープも、スピリチュアルな危機を救うという意味で役に立っています。いま彼は電池交換を頼むので、忙しいソーシャルワーカーをいらいらさせています。

80代のある女性は、見た目のきれいなホームに入っています。とはいえ、ホームは基本的にどこも同じです。彼女はどうやら、先立たれた夫に甘やかされていたようです。娘とのあいだの問題に加えて、娘と孫娘との対立が、彼女の心配と緊張の原因です。「わたしたちみたいな人間にこんなことが起こるなんて、とても信じられない」と彼女が言うのを聞いて、わたしはふと思いついたことがあり、彼女のために『**サーフ**』（＊訳注＝「打ち寄せる波」の意）を選びました。そんなものは聴いていられないと彼女は言い張りましたが、わたしは肩をすくめて、「別に聴こうとしなくていいんです」と言いました。毎回、彼女は5分もしないうちに眠ってしまいました。看護師は、「これが何だか知らないけど、わたしもいくつか手にいれなきゃ」と言って、入所者のために1本、自分のために1本、購入しました。彼女はフロリダからテキサスに移ってきたばかりで、海を懐かしく思っていたのです。

また別の入所者は、肺気腫でした。酸素を吸入していましたが、それでも息を吸うたびにつらい思いをしていました。ヘッドフォンはわずらわしいだろうと思い、代わりにわたしのステレオ・ラジカセを使わせました。テープ・プレーヤーを手に入れるように家族を説得しようとしましたが、結局、スピーカーひとつの口述記録用カセット・レコーダーを持ってきてくれただけでした。ともかくメタミュージック・テープをポンと入れてあげると、彼女はまるでぬいぐるみのようにプレーヤーを抱きしめました。確かに効果があったように思われます。ひょっとすると、彼女の脳はステレオ効果を覚えていたのかもしれません。わたしがあげたオート・リバース・プレーヤーを、彼女は本当に気に入ってくれました。いくら言っても、スタッフはテープをひっくり返すのを怠けがちだったからです。

わたしに深い教訓を与えてくれたのは、脳卒中で半身不随となったヒスパニックの女性でした。彼女は玄関のロビーに毎日腰をおろし、窓から外を眺めては泣いていました。とても雰囲気を明るくするような行為とはいえません。わたしはステレオ・ラジカセをコンセントにつないでヘミシンクをスタートさせると、椅子を引き寄せました。彼女の話によれば、彼女は通いの掃除婦として生計を立て、おかねを貯めてすてきな家を買ったのだそうです。そこにはいま、彼女の娘と孫たちが住んでいます。彼女は困惑して、とても悲しんでいました。わたしに料金を払ってくれるメディケイドは、毎年患者1人につき30回のセッションしか認めていません。そのリミットが近づいてきたため、わたしは彼女のようすを見にくるのを1週間おきにすることにして、1週飛ばしました。そのあいだに、彼女は大きな心臓発作を起こして、ダイニング・ルームで亡くなりました。それを知ったとき、わたしは打ちのめされました。セッションが保険でカバーされないのが、そんなに重大なことだろうか？　これからは毎週、全員のようすをチェックしよう。たとえ、ただ目を合わせて、心を通わせるだけでもいい。誰かが気にかけているということを、わからせてあげよう。そう思いました。この女性は、ヘミシンクとわたしとともに過ごすあのひとときを楽しみにしていたのです。

ヘミシンクは患者が話すのを助け、ときにはぱっと意識を鮮明にしてくれます。そんなとき、彼らの考えていることや必要としているものが、わたしたちにもわかるのです。

また別の女性は、記憶喪失と意識の混乱のせいで、いっそう強い孤独を感じていました。自分の4人の子供の名前も思い出せず、姪の1人が久しぶりに訪ねてくれても、10分後にはもうそのことを忘れてしまっているのです。調子の悪い日には、ヘミシンクと親身な触れ合いと思い出話で、ようやく落ち着くのでした。興味深いことに、ヘミシンクは楽しい子育ての記憶を呼び起こすようでした。

あるとき、麻薬びたりの暮らしでボロボロになった60歳の男性のために入所の決定をする場に呼ばれました。ホスピスというのは臨終の手助けをするところで、ヘロイン中毒のための荒療治をするところではないということが、彼にはよく理解できなかったようです。家族がテープ・プレーヤーを用意したので、わたしはすぐに**『スーパー・スリープ』**をかけました。彼は耐え難い痛みに苦しみ、ほとんど眠れないでいたのです。テープが始まるとほぼ同時に痛みがやわらぎ、彼はすぐに眠りに落ちました。彼は言葉や音楽にがまんができなかったので、使ったのは**『スーパー・スリープ』**と**『コンセントレーション』**だけです。わたしは彼のところに3回、顔を出しましたが、その後は実演と印刷物で、ホスピス・チームにヘミシンクの使い方を教えました。後日、患者の痛みを抑えるほど薬剤を使うと保険でカバーしきれないと、ホスピスの介護者たちが話していたということを小耳にはさみました。わたしはその問題に別の方向からアプローチしてみようと、ナース・ステーションでヘミシンクを聴かせました。看護師はわたしの言わんとするところをよくわかってくれました。自分と家族のためにヘミシンクを購入したほどです。

子育て支援センターの同僚が、『**サージカル・サポート**』・シリーズを使って大成功を収めました。その後、彼女はそのアルバムのなかの『**ペイン・コントロール**』を、手術後3週間たっても痛みで眠れないでいた母親に紹介してあげました。痛みにも不眠にもすぐに効果がありましたが、母親は「簡単すぎる」と文句を言ったそうです。それから2年たったいま、母親は娘と暮らしていますが、とても忘れっぽくなっています。思い出させてあげると、眠るためや、痛みや不安をやわらげるためにテープを使うそうです。そしていまだに、簡単すぎると不平を漏らすのだそうです。

実は、わたしのことを自分のカウンセラーだと言って紹介してくれるのは、ひとりの女性だけです。わたしはいつも、「訪問」と言うことにしています。いろいろと含みの多い言葉を避けるためです。「カウンセリング」なんて言おうものなら、入所者は、「なんですって、わたしはどこもおかしくありません！」と気色ばむでしょうから。わたしは何週間も働きかけてやっと、この80歳の女性のところを訪問できました。彼女はずっと入院していて、混乱や孤独や不安を感じていました。事実上、生きているのを申し訳なく思っていたのです。わたしは、彼女の口述を書き取って家族に手紙を出すことから始めました。彼女は手紙に返事を出すことができず、それを心苦しく思っていたからです。家族の名前と住所を大きな読みやすい活字でタイプしたリストを作ったことが、彼女に生きる意欲を与えました。いまでは、介護施設のさまざまな活動に参加しています。

このあいだわたしは、70代後半の入所者の女性のようすを見てきました。彼女は一度も結婚せず、家族は遠くに住んでいます。ホームは気に入っていますが、視力が衰えたため、読書も、長年好きだった刺繍もできません。翌日、彼女のために『**マスター・ワークス**』をセットしました。お昼には、これが気に入ったと言っていました。夕食のときに、テープを自分の引き出しにしまったので、それはみんなが使うためのもので、ずっと使いたければ社会福祉事務所から借りることができるのだと説明しなければなりませんでした。彼女はその言葉と、ほかのテープを持ってくるというわたしの約束で、やっと安心したのでした。

50代のある入所者は心臓に病気がありました。薬を変えたあとで急に具合が悪くなったため、ソーシャルワーカーは心配になりました。かかりつけの精神分析医に電話して投薬上のアドバイスはもらいましたが、彼女にはすぐに助けが必要でした。この女性は何日も前からしょっちゅう叫び声をあげ、評価のあいだじゅう、しくしく泣いていました。前から身なりにはむとんちゃくでしたが、いまの絶望しきったようすには、ぞっとするものがありました。翌日、**『リメンブランス』**を持って行くと、投げやりな疑い深い態度を見せました。しつこく勧めると、もうカセット・プレーヤーを3台も壊したと言います。そこで、「これは安いの。だから壊して」と言って、車椅子のトレーにどういうふうに留めつけるか、見せてあげました。10分ほどすると、彼女はすっかり魅了され、深く引き込まれているようでした。昼食の前に、何も言わずにプレーヤーを返してよこしました。昼食後、ある活動に参加しているのを見つけて感想を訊くと、にっこりしながら、リラックスして眠り込んでしまったと教えてくれました。その後、また別の活動の最中に、声をあげて笑っているのが見られました。その朝早く、まだ気分が落ち込んでいたときには、買い物に出かけようというソーシャルワーカーの誘いを断っていたのに、午後の半ばごろには、1ドルショップで楽しそうに買いまくっていました。ソーシャルワーカーが喜んだことに、メイクアップ用品まで買ったのです！

あるヒスパニックの男性は、自分の健康と能力が衰えていくことにとても腹を立てていました。なんとか関わりを持とうとする人には、口汚くののしるか、いっさい無視するかのどちらかでした。

ある同僚が評価を試みましたが、どなり声とともに部屋を追い出されました。その晩、わたしは夢を見ました。ソーシャルワーカーとわたしが、わたしのステレオ・ラジカセとヘミシンク・テープを、この男性の同室者のために持ち込むところでした。その同室者というのが、事実上、姿勢が固まって身動きできない人だったのです。翌朝、わたしたちは夢の通りに行動し、『**リメンブランス**』を流したまま、置いてきました。わたしたちが部屋を出るとき、同室者はほほえんで、目に見えてリラックスしていました。少なくとも、わたしたちの「ターゲット」は音楽のことでわめきもしなければ、抗議もしませんでした。その後、通りすがりにようすをチェックしたかぎりでは、部屋は平和で静かでした。午後の半ばころ、もう一度面談を試みてついでにラジカセを回収するため、同僚が部屋に戻りました。ところが、いまやラジカセからはラジオ番組が流れ、男性たちは元の状態に逆戻りしていました。片方は腹を立ててわめき、片方は固まっていたのです。具合の悪いことに、清掃スタッフが自分たちの好きなものにスイッチを切り替えてしまうのは、珍しいことではなかったのです。

ヘミシンクは別のヒスパニックの入所者との架け橋にもなっています。毎週、その女性とわたしは通訳の助けを借りて話をします。2回目のとき、いつも憂鬱そうでしょっちゅう泣いているのをやわらげようと、わたしはヘミシンクを紹介しました。娘と孫娘が毎日来ていたので、ヘミシンクと安価なカセット・プレーヤーのことを説明すると、翌日、1台持ってきてくれました。わたしはスペイン語のヘミシンク・テープを注文しました。いまでは、イライラを感じると、女性は「エスパニョール（＊訳注＝「スペイン語」の意）」とか「ムジカ（＊訳注＝「ミュージック」の意）」と言って頼みます。

## ◆使命◆

ジェロケアには独特のオリエンテーションがあります。わたしたちは施設の入所者に、帰属意識と、自分は少なくとも2、3人の人にとっては大事な存在なのだという感覚を持たせようとしています。これまでの役割を失ったことからくる虚しさを埋めるために、目的意識も持たせようとしています。ジェロケアは入所者への対応について看護師への助言も行っていますが、わたしたちへの信頼が増すにつれ、そうした助言を医師に伝えてくれるようになっています。

入所者のそばにいることは、わたしにとって、家族のみなさんがそうするよりも容易なことです。そうした人たちのかつての姿を知らないわけですから。家族がとてもつらい思いをするのは、つい以前と比べてしまうからなのです。いま新たにその人たちと知り合いになるわたしは、彼らに現在という時をプレゼントし、現在をともに過ごす喜びを分かち合えます。いまこの瞬間に彼らの頭を悩ます問題にいっしょに取り組み、どうしたらそういう状況を変えられるかを考えます。わたしを必要としている人たちを紹介してくれるのは、おもに介護施設のソーシャルワーカーです。わたしの仕事にとって、ヘミシンクはまさに思いがけない贈り物です。非侵襲的に（この場合は薬物治療のじゃまをせずに）痛みをやわらげることができ、その上、職員や入所者、訪問中の家族をも落ち着かせる方法など、ほかの人は誰も持っていませんから。

（1999年春『ヘミシンクジャーナル』第17巻2号より、多少変更して転載）

## 長期入所者に対する補完治療法としてのヘミシンク

リチャード・スタウト（技術経営修士・認定作業療法士・認可マッサージ療法士）
ジュディー・マッキー（公認作業療法士助手）

リチャード・スタウトは1989年にテキサス・ルーテル教会大学で生物学と心理学の学士号を同時に取得し、続いて1992年にテキサス女子大学ヒューストン・キャンパスで作業療法における技術経営修士号を取得した。妻のケイトとともに長期ケア施設での旅行セラピーの職を求めて全米を転々とした。ペンシルバニア州カーライルに落ちついたあと、リチャードはマッサージ療法の学校に通い、国家認証および免許下付の試験に通った。ジョン・バーンズ筋・筋膜リリース法のフルインストラクターでもある。現在はペンシルバニア州ウェーンズバロ近郊のサウスマウンテン・レストレーション・センターで作業療法の監督官をしている。ペンシルバニアの州立長期ケア施設として唯一残っているところである。

ジュディー・マッキーは現在、サウスマウンテン・レストレーション・センターの公認作業療法士助手の地位にある。最初は介護助手として雇われたが、ペンシルバニア州立大学モントアルト校を卒業して戻り、作業療法科になくてはならない存在となった。21年間ヘルスケアに携わるあいだに、治療活動サービス従事者としても活躍した。リチャードとジュディーは協力して、サウスマウンテンでケアをしている長期入所者のためによい刺激になる環境を提供しようと奮闘している。

体や認知機能に障害のある成人集団を相手に仕事をしてきたリチャードは、教科書通りの治療法以上のものがほしいと思い始めた。決まりきった方法で得られる成果にはたいてい、限界があったからだ。そうした折、人間まるごとを治療する新しい方法に出会って、心と感覚が解放されるような思いを味わい、内心感じていた葛藤が解消された。ジョン・バーンズ筋・筋膜リリース法は、クラニオセイクラル・セラピーとともに、体の軟部組織の制限を徒手治療で解放するとき、音楽を使って右脳を刺激する。レシピエントは変性意識状態に入り、ときには、子供時代の占いトラウマを追体験したり、過去の人生の感情的なエピソードに深く入り込んだりする。体と心につながりができて、それが意識的知覚の「解凍」をもたらすからだと、リチャードは感じた。筋・筋膜療法が、作業療法と一緒に大脳半球同期化（＊訳注＝ヘミシンクのこと）を使う可能性に気づかせてくれたのである。

長期ケア施設入所者のなかでも身体的な障害のある人たちには、複数の方法を組み合わせると効果が高まることにリチャードは気づいた。とはいうものの、サウスマウンテン・レストレーション・センターでは、その実現にはいっそうの困難が伴う。このセンターには、地域社会へのサービスを発展させてきた100年の歴史がある。入所者の平均年齢は65歳で、ひとりひとり状態が違う。介護を要するような高齢に伴う病気のほかに、精神疾患も持っているのだ。多くの人が向精神薬を与えられている。機能水準は最小限の介助から完全介助まで幅がある。

ジュディー・マッキーは次のように語っている。「わたしは作業療法助手で、リチャードの助手をしています。彼の助手になってまだ2年ですが、彼のアイディアがわたしの人生をよいほうに変えました。わたしは作業療法の学校で教えられているような伝統的なやり方をしていたのですが、リチャードが視野を広げてくれたのです」。ジュディーはサウスマウンテンで二十数年仕事をしてきて、作業療法について、単純ではあるものの深い哲学を持っている。認知能力にかかわりなく、入所者の心が恐れも威圧も感じることなく直観的に受け取り、吸収するのでないかぎり、人間まるごとを相手にする治療法が効果を発揮することはないと、ジュディーは感じているのだ。そうした受容と吸収を促進する手段としてヘミシンクを用いることが、リチャードとジュディーの目標である。

まず、リチャードとジュディーは施設内の医師からなる医療保健サービス審議会と会合を持った。ヘミシンクを流したあとでリチャードが、「これはただリラックスを助けるためのものです」と説明した。次のステップは入所者の選定である。望ましいのは、わめいている人たちや、扱いがむずかしいとみなされている人たちだ。「まず入所者の問題行動を熟知している人に適当な人を推薦してもらい、左右のスピーカーのあいだが20～25センチの小型CDプレーヤーを使って、治療クリニックをスタートさせました。このステレオ・システムをテーブルの上に置き、入所者はその正面、1・2～1・8メートルくらいのところに座ります。最終的には資金がおりて、スピーカーが取り外せるCDステレオを購入したので、左右のスピーカーを部屋の両側に配置することができました。入所者は自分のベッドのそばに小さなステレオを持っています。『**スリーピング・スルー・ザ・レイン**』、『**インナー・ジャーニー**』、『**リメンブランス**』、『**ミッドナイト**』、『**ノスタルジア**』、『**サーフ**』、『**クラウドスケイプス**』が、一番ひんぱんに用いたメタミュージックです」。ジュディーは、「わたしの定番は『**クラウドスケイプス**』と『**スリーピング・スルー・ザ・レイン**』と『**インナー・ジャーニー**』です」と言う。

リチャードとジュディーは多感覚室も設けた。60年代であれば16歳の少年が一人残らず欲しがったような部屋だ。紫外線灯に暗闇で光るモビール、携帯型の光ファイバーのおもちゃ。そしてヘミシンクがさまざまな「ステーション」から流れる。部屋を暗くしたのは、光と闇のコントラストがはっきりしていたほうが、入所者が認識しやすいからである。ジュディーはいろいろなものを一度にひとつずつ試す。反応のあったものが、その人の促進法として用いられることになる。

次の4つの症例研究は、サウスマウンテン・レストレーション・センターでの非常に困難な状況におけるヘミシンクの有効性を、はっきりと示している。

### ◆症例1．N・W◆

N・Wは94歳の女性で、11歳のときに始まった未分化型統合失調症を患っている。施設に入れられたのは19歳のときだった。身体的あるいは性的な虐待歴は認められなかった。作業療法を紹介されたのは、毎日、真っ赤になるまでこぶしや平手で自分の顔を叩き続けるからだ。長年叩いてきた結果、頭がでこぼこになっていた。セルフケアのあいだ、彼女は泣き叫んで、触られるのをがまんできない。わたしたちは、彼女が自分を痛めつけることが少なくなって、ケアをもっと受け入れるようになればいいと思った。セラピーが始まっても、彼女はどんな触刺激も受け入れようとしなかった。最初の治療は行動修正と、神経筋再教育、伝統的な静かな音楽からなり、週にほぼ3回行なった。クラニオセイクラル・テクニックを頭頂骨と側頭骨に実施したあと、触覚防御が50％減少した。セッションにメタミュージックを組み入れて8回ほど行ったあと、1時間のセッションのうち30〜60分間、頭を叩く動作が止まった。スタッフにもなかなか信じられないほどの劇的な変化だった。

さらに8回のセッションののち、N・Wは人と目を合わせることができるようになった。3、4カ月後には、実際に外の世界に手を伸ばし始めた。右手を差し出してわたしたちにあいさつし、自分から手を伸ばして介護者の手をつかんだのだ。最後には、自分を傷つけるようなことをせずに身づくろいや肌の手入れに耐えられるようになった。学習された反応も現れてきたようで、作業療法科に連れてこられると、自動的に自傷行動が止まったり減ったりして、リラックスしたようすを見せる。持ち越し効果を最大限にするため、ポータブル・ステレオにお気に入りのメタミュージックを入れて、彼女の部屋に置いた。

### ◆症例2. R・Y◆

こうした劇的な変化を目の当たりにしたわたしたちは、R・Yにもヘミシンクを試す義務があると感じた。この入所者には、長期にわたる自虐行動歴と、金切り声で叫ぶ癖があった。その声の大きさときたら、6階から駐車場まで届くほどだった。R・Yは73歳の女性で、生まれつき重度の知的障害がある。36歳になるまでは母親が世話をし、その後、施設に入れられた。診断は認知症および行動上の問題で、その問題とは、金切り声で叫ぶ、自分の髪を引き抜く、自傷といえるほど自分の体をかきむしる、などだった。顔や目、唇を繰り返しこするので、とうとう皮がむけてしまうほどだった。意思の疎通ができず、法定盲人とみなされていた。わたしたちは週に2回、彼女を多感覚室に連れてきて、『**スリーピング・スルー・ザ・レイン**』を流した。片方の目がいくらか見えるようで、頭上のモビールに反応を示した。1カ月過ぎたころ、自発的に、「あなたは赤い」とジュディーに言った。作業療法が始まって3カ月たつと、マッサージを受け入れ、自分から足をあげるようになった。いつもは、触れようとすると抵抗し、叩いたり、蹴ったり、椅子の上で飛び跳ねたりしていたのである。まもなく、駆り立てられるような自傷パターンは減って、たまに軽くなでるくらいになった。もう肌が傷つくこともない。大声でわめくのも、1時間のセッションに1〜2回にまで減った。スタッフとの会話中は目を合わせていられるようになった。ヘミシンクを含むセッションを初めて5カ月ほどすると、1時間のセッションのうち40分も、落ち着いて静かにしていられるようになった。ヘルパーさんからもらったビロードのぬいぐるみのウサギの柔らかさについて、筋の通った完璧な発言もした。彼女の部屋には、ヘミシンクを入れたポータブルCDプレーヤーと頭上に揺れるモビール、カラフルなバナーがある。どれも、彼女を落ちつかせる効果がある。

## ◆症例3．M・A◆

言葉で意思を伝えられない入所者の場合、わたしたちは、ボディーランゲージ、発声の頻度、動きの激しさなどに注目する。本当にかすかな変化も見逃さないように、注意深く観察しなければならない。できれば、誰かがヘミシンクについての感想を言葉にするのを聞きたいと思っている。

わたしたちの願いが聞き届けられたのは、保護病棟が新しい入所者を迎えたときのことだった。この81歳の女性、M・Aは、精神病、アルツハイマー病、拒食症を伴う慢性の統合失調症と診断されていた。再発性の大鬱病で、幻聴があると言っているという記載もあった。食事の途中で抜けだしたり、1日じゅう部屋から出てこなかったりするので、作業療法をすることになった。言葉で意思を伝えることができたが、感情が全然こもっていない。スタッフやほかの入所者に殴りかかることもあった。最初は多感覚室に警戒心を見せたので、開放的なクリニックで簡単な認知課題をするあいだにヘミシンクを流すことから始めた。やがて信頼感が生まれて、ジュディーは多感覚室で『**リメンブランス**』のCDを用いるセッションをスタートさせることができた。このCDがM・Aの不安を著しくやわらげた。週3回のセッションを1カ月行ったあと、彼女はためらいもせずにビーンバッグ・チェアに腰をおろすと、クラニオセイクラル・テクニックのあいだ、ずっと座っていた。あるセッションのとき、『**インナー・ジャーニー**』のCDが流れていた。すると彼女は金切り声で叫び出した。「わたしはやってません！　わたしはやってません！」。どういう意味なのか、説明は拒んだものの、この「解放」以来、病棟にいるときも離れているときも、以前よりリラックスしている。作業療法フロア以外の場所でジュディーに気づき、スケジュール通りのセッションのときにジュディーもいてほしいと頼んだこともある。

### ◆症例4．N・F◆

N・Fは末期ハンチントン舞踏病およびてんかんと診断されていて、基本的に体は動かせず、あちこちが拘縮で固まっていた。入所のときは、ほぼ絶え間なく、叫んだりブツブツ言ったりしていて、外からの刺激には目に見えるような反応を示さなかった。痛み止めにタイレノールを処方されていた。多感覚室に連れてきて、暗い宇宙空間に輝く星を表現したモビールの下に座らせた。もしかしたら見てくれるかもしれないと思ったからである。ジュディーがずっと話しかけて、触れていた。N・Fは盛んにブツブツ言ったり叫んだりしていて、本当に落ち着きがない。ヘミシンクを流して15～20分くらいすると、ブツブツも叫び声も止まり、赤ちゃんのような「バブバブ」という声を出していた。腕をマッサージすると、片方の腕のこわばりがとれて、指を1本動かすことができるようになった。いまはもう、セラピーに来るときも声を出していないし、病室のあるフロアでもそれほどひんぱんにブツブツ言ったり叫んだりしなくなった。これまでは、嚥下障害のせいで適切な栄養状態を維持することがむずかしかったが、ヘミシンクを始めてから、献立は変わっていないのに9キロも体重が増え、前より健康になった。

わたしたちはN・Fのような状況にある人々の調査と記録を続けていきたいと思う。まず、長期または短期の拘縮がある人で、関節の可動性と運動範囲を測定する。そして、ヘミシンクを組み込んだ神経筋手技治療を施したあとで、違いが生じたかどうかをチェックする。現在、入所者に改善が見られるたびに、図表をチェックして投与薬剤量の減り具合を調べている。ほとんどの場合、減少は見られない。それでも、たいていは増加も見られないという事実に、わたしたちは元気づけられている。

## ◆症例5．R・B◆

R・Bは50歳で、1998年に、ピック病と呼ばれる重い慢性の進行性かつ不可逆性の神経疾患と診断された。コンピュータ断層撮影で、脳の前頭葉および側頭葉前部の萎縮と初老期認知症が明らかになった。入所に先立つ検査によれば、R・Bは課題をこなすことも、一段階の指示に従うこともできないということだった。入所のとき、R・Bは人と目を合わせ、声を出し、服を着せてもらうときのような単純な決まった動きで手足を動かすことができたが、一段階の指示を実行することはできなかった。多感覚環境にヘミシンクを組み込んだセッションを25回ほど行ったあと、彼は外からも見えるほどの大幅な改善を示した。現在彼は視覚的な刺激に注意を集中することができ、声を出すことができ、荒っぽく手でつかむという形で周囲の世界と身体的に関わり合う。いちばん興味深いのは、言葉と視覚的な手掛かりだけで円錐形を積み重ねるという、構造的な多段階課題を始めたことである。これが、病気のせいで新しい課題や機能的な課題はいっさい、学ぶこともこなすこともできないとされた人なのだ。作業療法による治療はまだ続くので、まだこれから、いろいろな進歩が見られることだろう。

こうした症例は、サウスマウンテン・レストレーション・センターにおける補完治療と伝統的治療との一体化に向けた試みの先駆けとなるものである。これらの成功に勇気づけられて、作業療法部では、食事エリアでのヘミシンクの利用を研究する計画を立てている。食堂は学校のカフェテリアのようなもので、入所者はサプリメントや粉末タンパク質など、必要とするものはすべて、ここでとる。とげとげしい雰囲気があると、彼らはそれだけでもう、食べる気をなくしてしまう。ヘミシンクへの反応は、体重増加、受け入れた食品数、リラクゼーションの度合い、注意の集中度で測ることができる。わたしたちは、ヘミシンク・リラクゼーション・ルームを各棟に作ることも考えている。この部屋は周囲の喧騒から離れた避難所となるだろう。入所者が自分で行くこともできるし、興奮したときに職員が連れて行くこともできる、静かな場所である。すばらしい仕事が、まだたくさん、わたしたちを待っている！

# 第8章　ビジネスに活かせるヘミシンク

ビジネスの世界では、ヘミシンクの価値がまだ充分に認められていないように思われる。ここに取り上げる3つの小論は、それぞれ異なるやり方で、音響技術を用いたリソース、すなわちヘミシンク製品についての知識が、どれほどビジネスに役立つかを示している。

リン・ロビンソンの小論はマーケティングとコンサルタント業におけるみずからの体験に基づくもので、ビジネス・セミナーでの使用に関する青写真を提供する。ジェイムズ・エイケンヘッドは、ヘミシンクを用いてワークショップ環境を豊かにした経験を詳しく述べる。そのワークショップとは、コンフリクト・マネジメントに関する2日間のプログラムである。最後に、ダクラス・ブラックが、『H・プラス』機能ひとつを用いただけで、高精度の海軍の作戦計画訓練に、どれほど貴重な貢献ができたかを明らかにする。彼によれば、まさに奇跡が必要だと思われるような状況だったという。

## ビジネス・セミナーでヘミシンクを使う

リン・ロビンソン（博士）

*リン・ロビンソンはマーケティングの名誉教授で、30年に及ぶビジネス・コンサルティングのキャリアを持つ。4つの大陸の数多くの国のワークショップで、講演したり手助けしたりしている。*

個人で、あるいは小グループで、人をかきわけるようにして講堂に入ってきたのは、個人病院の専門職や一般職の人たちです。彼らは就業後に受けなければならない継続教育のノルマを満たしてくれるセミナーに出席するために来たのです。足取りは遅く、肩が丸くなっています。幾人かは、腰をおろしながらため息をつきました。見るからにくたびれたようすです。セミナーへの関心の程度はさまざまですが、しなければならないことをして、仕事が山積みの日常に一刻も早く戻りたいと思っている点は同じです。講師が話し始めました。いくらも進まないうちに、近くに座っていた聴衆のひとりが話を遮りました。「この音楽はなんですか？　とてもリラックスできますね」。静かに背景に流れていたヘミシンクは、こうして自己紹介を果たしたわけです。セミナーの中心テーマではなかったのですが、そうであってもおかしくなかったと思います。

エネルギー関連会社の上級管理職6人が、1日半かけて集中的にチーム結成と戦略立案を行ったあと、ひと眠りしなくちゃ身がもたないと冗談を言いあいました。彼らがどれほど疲れているかよくわかっていた司会者はなるほどと思い、６人が昼食に出ているあいだに、『**キャットナッパー**』を聴くためのイヤフォンつきのオーディオ装置を用意しました。これはヘミシンクを体験できる30分のコースですが、90分の睡眠周期をまるごと体験したような効果を提供します。この体験がどの程度快適だったかは人によって多少違ったにせよ、全員が体験前よりも疲れが取れていました。元気を取り戻した彼らは仕事に戻って、無事１日を終えることができました。

コンサルタントの女性には、ある法人顧客のためのプログラムを設計する時間が必要でしたが、オフィスは散らかり放題で、とても仕事に集中できるような環境ではありません。デスクと自分の頭を片づけるために、『**コンセントレーション**』をプレーヤーにセットしました。すると、集中して片づけをすることができ、好きな創造的な仕事を始めるのに十分なくらい、すっきりしました。そこでメタミュージックの選曲を切り替え、『**インナー・ジャーニー**』と『**スリーピング・スルー・ザ・レイン**』も加えて、遠く発見と発明の世界に心をさまよわせ、クライアントの目的にかなうようなプログラムのデザインに没頭したのでした。

ビジネスの場にヘミシンクがあるのは、とても理にかなったことです。前述の３つの例はどれも本当にあったことです。応用の道は無限です――想像できるものはすべて可能ですし、想像をさらに広げてくれるヘミシンク製品が選べるのです。

## 【クライアントのグループにヘミシンクを使う】

扱うテーマによって、ヘミシンクは支援策として働くこともあれば、プログラムに不可欠の要素となることもあります。いずれにしろ、参加者はメタミュージックについてもっと情報を求めるでしょうし、メタミュージックに対する反応をフィードバックとして返してくれるでしょう。グループを相手にして仕事をする企業トレーナーや講師、コンサルタントにとって、このオーディオ技術はとても役に立つ助手です。いったん使えば、メタミュージックをはじめとするヘミシンク製品は、作業に欠かせない要素となりうるのです。

ヘミシンクの使用を成功させるには、オーディオテープとCDの両方を、ステレオ・スピーカーを通して再生できる設備が必要です。広さが中から小程度の部屋なら、りっぱなサウンド・システムなど必要ありません。ポータブルのラジカセで十分です。ただし、よく知らない場所で仕事をする場合は、延長コードを持って行くと役に立つでしょう。

さまざまな理由から、セミナーやワークショップの参加者が居心地の悪い思いをしていることがよくあります。これについても、ヘミシンクは司会者の務めを楽にしてくれます。メタミュージックをバックグラウンド・ミュージックとして静かに流しておけば、部屋に入ってきたときからストレス軽減プロセスが始まって、楽しい気分で作業を始められます。リラクゼーションには、『**インナー・ジャーニー**』と『**クラウドスケイプス**』が最適であることがわかっています。

休憩時間にセミナー参加者が音楽を希望することがよくあります。音楽に対するコメントは一般に好意的です。それでも、音楽で気が散ると感じる参加者も少しはいるのではないかと思うかもしれませんね。特に、意識が散漫になりやすく、高度なコントロールが必要な人は、リラックス効果のあるバックグラウンド・ミュージックをじゃまに思うかもしれません。こうした理由から、メタミュージックを選ぶ際にはグループの構成やワークショップの目的を考慮に入れることがだいじです。たとえば、『**リメンブランス**』や『**バロック・ガーデン**』は参加者の集中を助けます。これなら、注意のコントロールが必要な人も、音楽をじゃまに思うことはないでしょう。それでも、バックグラウンド・ミュージックを使わないのがふさわしいというときもあります。

セミナーなどが丸1日かそれ以上続くときはいつも、脳にも体にも休憩をとらせたほうがいいでしょう。深呼吸をしたり、ストレッチをしたり、笑ったりするエクササイズが体をほぐしてくれます。脳には短い瞑想や誘導イメージ法が効きます。そしてどちらにも効果のあるのが、ヘミシンクです。

とても集中的に作業をしたり、長引いたりしたときは、『**キャットナッパー**』を使えば、キャット・ナップ（うたた寝）ならぬ「パワー・ナップ」ができて、質の高い生産性を維持できます。休憩のあとは何か体を動かすエクササイズをして、ぱっちりと目を覚ますのがベストです。

## 【ヘミシンクとメタミュージックの選び方】

作業グループごとに、テープやCDをいくつか持って行くようにしましょう。まず、あなたにとって、またあなたが一緒に作業するグループにとって、どれを選べばいちばんいい結果が得られるか、感じをつかむことから始めます。それがつかめれば、切れ目なく交代に演奏するための一揃いを選ぶことができます。おそらく、同じタイプのヘミシンクが続かないようにする必要があるでしょう。リラックス効果のあるもの、たとえば『**インナー・ジャーニー**』とか『**ハイアー**』などをひとつまたはそれ以上入れるといいでしょう。また、参加者の集中を助けるものもいろいろ用意しましょう。

『**バロック・ガーデン**』、『**リメンブランス**』、『**アインシュタインズ・ドリーム**』などがあります。これらはそれぞれ、まったく違う魅力を持っています。

ときには、ワークショップのあいだ聴いていたテープを家に持ち帰れたらうれしいという参加者もいます。テープやCDは、あなたが参加者にあげられるすばらしい「おみやげ」なのです。

**【相乗作用】**

ワークショップで脳に関連した評価や作業をすれば、ヘミシンクについて、また、あなたが使っている教材とヘミシンクとの関係について、参加者により詳しく話すいい機会になります。応用脳機能研究と、ボブ・モンローおよび研究所の意識研究とのあいだには、当然のことながら、相通じるものがあるからです。ヘミシンクと特に関連の深い脳機能研究として、トニー・ブザンのマインド・マッピング・テクニックとネッド・ハーマンのホールブレイン技術の2つがあります。

直観訓練ならどんな種類のものも、ヘミシンクを使うといい結果が得られます。ただし、産業界や科学界、多くの教育現場にいまだにはびこっている偏った考え方には充分に注意する必要があります。線形アプローチや、外からの問題解決をよしとする態度のことです。学習や問題解決にあたって、きちんと管理された、還元主義的かつ物質主義的アプローチを好む傾向が残っていることが多いのです。ヘミシンクは生まれたばかりの技術で、ものごとを全体として捉えるような考え方を促すのですが、まだ多くの人が、この技術に抵抗を感じるようです。ヘミシンクを、感覚入力の拡大を促進するための技術として、あるいは直観力の真価を認めてもっと利用するための方法のひとつとして提示することを考えてはどうでしょうか。多くの人にとっては、カンでわかったと言うより、感じとったと言うほうが、心理的に抵抗が少ないものです。たとえ、その2つが同じものだとしても。

企業の価値観をはっきりさせる作業は、ヘミシンクを使うのによい機会です。この技術について少し説明しておけば、何をすべきか、どのようにすべきかといったお定まりの議論では得られない深みにまで、参加者が楽に入っていくことができます。その後、バックグラウンドにメタミュージックを流せば、何が重要なのかを発見する助けになります。ヘミシンクは、ひとりひとりのなかにある場所への案内役です。会議室では普通、そうした場所を訪れることはあまりありません。ヘミシンクはいろいろな意味で、毎日のビジネス上の決定という実践的な業務を支えてくれます。成功している企業は価値を追求するものですが、新しいことを学び取り入れることには、何よりも大きな価値があると思います。

## 【職業人のための個人的利用】

意識の拡大と学習は、あなたの専門知識を積み上げ、表現するための鍵です。『**モーメント・オブ・レバレーション**』、『**トランセンデンス**』、『**ザ・ビジット**』といったテープで試してみましょう。使う前に、ちょっと時間をとって、もっとよい仕事をするためにテープ体験を利用するのだという、しっかりした決意を持ちましょう。決意を固めることは、穏やかに浮かぶ目標を創るようなものであり、潜在意識に暗示をかけることなのです。より強烈な体験をするには、水に浸かりながらテープまたはCDを聴きます（ヘッドフォンなしで）。

また、出張のときには、忘れずに『**キャットナッパー**』を持って行きましょう。それを使えば、いつも元気で熱意に溢れ、エネルギッシュに仕事をするための最高の保険となります。

ビジネスはあなたを列車や飛行機、あるいはその他の乗り物で、あちこちに連れて行くかもしれませんが、あなたの心はあなたを可能性の王国に運びます。そこでは、どこでも行きたいところへ行けますし、ヘミシンクが旅のすばらしい道連れとなります。ただし、あなたが乗り物を運転しているあいだは、どんなヘミシンクも聴いてはいけません。リラックス効果のせいで、ドライバーとしての責任がおろそかになりがちだからです。

ヘミシンクに慣れれば慣れるほど、使用と応用のための選択肢がたくさんあることに気づくでしょう。そのうちに、自分のお気に入りや、人に勧めたいものが、きっと出てくることでしょう。

# ヘミシンクで仕事を効率化

ジェイムズ・エイケンヘッド（教育学博士）

*ジムは、教育学の博士号とコンサルティングの修士号を含め、大学の学位を5つ持っている。学校の指導監督者を23年務め、大学の講師およびコンサルタントを20年務めた。1995年に、ボーリンググリーン州立大学同窓会から優秀卒業生と認められた。2000年6月、妻のシャーレーンとともにリュックを背負ってアラスカのチルクート峠を踏破。一部の歴史家が、史上もっとも手ごわい33マイルと評した道である。ジムは犬の訓練士の資格も持っている。*

こんにちの組織において、作業チームを発展させていくことはなかなか骨の折れる事業である。チームの結成もたやすくはないが、時が過ぎてもチームの活力を保つことは、それよりさらに大きな難題なのだ。高度なチームになればなるほど、新たな成長体験を提供するために、毎年新しい興味の対象を見つけることが必要になる。その興味の対象が、チームを訓練し、新しいスキルと新しい理解をチームの働きに組み入れるための原動力となる。以下に取り上げるのは、地図のない領域へとチームを導くそうした努力の概要である。

人間の潜在能力に関する研究のフロンティアで何が起こっているかを知ることは、なかなかむずかしい。ときには混乱させられる場合もある。いろいろなアイディアを教えるいわゆる専門家はたくさんいるが、そうしたアイディアを綿密に調べてみれば、疑わしかったり、根拠が不明だったり、そもそも科学的にありえない話だったりという困った傾向がある。

潜在能力に関する最先端の研究を行っている組織のひとつがモンロー研究所の専門委員会で、ここは人間の意識の研究に携わっている。メンバーには心理学者、精神科医、いくつかの専門分野の医師、物理学者、生物学者、化学者、遺伝学者、カレッジの教授、教育者、役人、カウンセラー、それに世界中のさまざまな国からやってきた大勢の人々が含まれる。

専門委員会は定期的にシンポジウムを開いて、提案された研究プロジェクトを伝えたり、これまでの努力の成果を検討したり、人間の潜在能力をどのようにして増大させるかのアイディアを交換したりする。教育者およびコンサルタントとして30年以上も過ごしてきたわたしがこうした会議でいちばん興味を持っている分野のひとつが、働く人々の学習を助ける分野、すなわち、疲れて消耗した人々がセミナーやワークショップ、プレゼンテーションに参加しているあいだにより多くを吸収する助けになるような機能を扱う分野である。一般には、ちょっぴりユーモアを取り入れたり、教え方をいろいろ変えたり、身体的な快適さを重視したりといった方法が用いられる。こうした従来からある方法もそれなりに注目に値する。しかしながら、モンロー研究所の専門委員会に関わったことで、わたしは異なるアプローチを採用することに決めた。もっと別のやり方で、「疲れ消耗した」人々が彼らの時間と努力からもっと多くを得る手助けをすることにしたのである。

そうした考えに沿って、わたしは、コンフリクト・マネジメントに関するワークショップの効果を高めるためにヘミシンクを使うというプロジェクトを考案した。全体の意図は、このオーディオ技術システムがどのようにして、標準的な研修プログラムによる教育を強化するのかを調べることだった。

## 【作業中の集中力を高めるために】

ワークショップのおもな目的は、学校管理者のグループに、よりよいコンフリクト・マネジャーになるためのスキルと知識を与えることだった。さらに、我々はヘミシンク技術を用いてワークショップの学習環境を改善した。参加者が集中状態を維持するのを助けてやれば、対立が起こっている状況に、より効果的に対処できるはずである。この集中した状態は、運動選手やその他のパフォーマーが「ゾーン」と呼ぶものと同じようなものだと考えられる。彼らがプレッシャーのもとで能力を発揮できるのは、これのおかげだという。

## 【4種のアプローチを採用】

ワークショップのカリキュラムには、参加者ひとりひとりの性格の型が、対立のある状況とどのようにかかわっているかを調べることも含まれていた。各人の型を、コンフリクト・マネジメントにおいて生産的であるとみなされる仮定の型と比較した。この分析のあと、対立の性質とその解決法についてさらに知識を深めるため、参加者は講義を受け、スケジュールに基づいた活動とシミュレーションを行った。

初めに、ワークショップの環境を豊かにするためにヘミシンクを使うことを参加者に告げた。ワークショップのあいだ、さまざまなオーディオテープとCDをバックグラウンドに流した。ヘミシンクの技術的な側面を、脳波の変化に関する知識とともに簡単に説明した。周波数追従反応と生産的な脳波パターンを支えるその能力に関する情報も含めた。また、ある種の音を音楽やピンク・ノイズに埋め込んでステレオ・システムを介して聴かせれば、予想通りの脳波パターンを誘導できることを指摘した。これを利用すれば、精神的な集中をある程度コントロールできるというわけである。

我々がワークショップで採用したアプローチは次の４つである。

**1．コンセントレーション**

音声ガイダンスの入っていない『**コンセントレーション**』のテープを、講義と報告会のときに流した。このテープに用いられている技術とその論理的根拠を説明し、まず、充分に聞き分けられるくらいの音量で聞かせた。それから音量を下げて、ほとんど気づかないくらいにした。ここでは、セミナーのあいだ参加者の集中維持を容易にすることを目的とした。

**2．メタミュージック**

小グループでの討論や休憩のときには、メタミュージックの曲を流した。参加者には、これらにも、またほかのテープやCDにも、サブリミナル・メッセージはいっさい含まれていないことを保証した。用いたのは、『**クラウドスケイプス**』と『**デイブレイク**』である。

**3．エクスプロアリング**

これは、アプライド・クリエイティヴ・リーダーシップ・システムズがモンロー研究所と共同で開発した『**ジャーニーズ・イントゥ・クリエイティヴ・プロブレム・ソルヴィング**』・シリーズのなかの1本である。このテープをワークショップの最終段階に導入した。このテープは、対立状況に応じた問題解決と計画立案に使える選択肢を考え探るための追加の手段として、誘導イメージを採用している。

### 4．リラクゼーション

『H・プラス』『リラックス』を導入し、深呼吸をして機能コマンドを繰り返すことによって、全身のリラクゼーションを助けた。この効果は、リラクゼーションや高揚感、あるいは全般的な明るい気分をもたらすお気に入りの歌を聴いたときの状態と比べられるかもしれない。参加者には、いったん練習しておけば、この個人コードがちょうどいいときにリラクゼーションをもたらしてくれること、ストレスの多い状況においても、しっかりした集中力を取り戻す助けになりうることを示唆した。

## 【反応と認知】

我々は、どう受け取り、理解したかを参加者に訊ねることによって、ヘミシンク技術を評価することにした。参加者ひとりひとりにアンケート用紙を配り、ヘミシンクが用いられた状況それぞれに対して自分の反応はどうだったかを答えてもらった。15人の参加者のうち13人が、すべて記入してくれた。残る2人は、別の約束があって早めに退出しなければならなかった。回答の統計分析も実施した。

**【結論】**

**1．コンセントレーション**

参加者たち自身は、『**コンセントレーション**』・テープが俊敏さすなわち集中力の維持に役立ったとは考えていなかった。とはいうものの、このテープの性格からすると、個人的な認知は有効性を評価するのに最適の手段とはいえない可能性もある。知識やスキルの実際の増加を見る正式なテストのほうが適切かもしれない。我々自身の観察からは、提示された素材に対する強い集中を維持するうえで、テープは確かに参加者の役に立っているようだった。そう考えたのは、ワークショップの環境が異常に暑くむしむししていたにもかかわらず、参加者が作業を続けていたからである。普通なら、こうした条件下では注意の持続時間が短くなり、エネルギーレベルが下がるはずだった。

**2．メタミュージック**

参加者は、メタミュージックが生産性のレベルと、小グループ討論および休憩中のリラクゼーションに好ましい効果を及ぼしたと報告した。我々の感じでは、全員が音楽を楽しんでいるようだった。標準的なステレオ装置を使用し、スピーカーを部屋の四隅に配置したが、何も問題はなかった。

**3．エクスプロアリング**

誘導イメージ法の導入と創造性の強化のためにこのテープを使用したが、参加者は役に立ったとみなしていなかった。こうした否定的な反応が出たのは、このテープをワークショップの最後にだけ使ったからかもしれないと我々は感じた。最後のほうは時間もあまりなく、部屋も特に暑かった。

**4．リラクゼーション**

参加者は、『**H・プラス**』『**リラックス**』のテープのPrep（準備）の面がリラクゼーションの程度に著しい影響を及ぼしたと考えていた。約半数が、これほどまでにリラックスさせてくれるものがあるなんて信じられないと言った。

## 【まとめと個人的観察】

我々は、このプロジェクトで採用したヘミシンク技術が、コンフリクト・マネジメント・セミナーの効果を高めたという結論に達した。問題点はわずかで、綿密なオリエンテーションによって、テープの性質と狙いに関する参加者の疑問のほとんどが解消された。一部の参加者はテープを事実上催眠術と似たようなものと認識していた。さらに、ある参加者は創造性とリラクゼーションのテープを使うことに関して個人的な信念との葛藤を感じていたため、代わりの活動を提供した。全体的に見て、我々はこの技術がセミナーの環境を支えるうえで価値があることを実証できたと感じている。

# 目覚める、そして知る

ダグラス・M・ブラック

*米国海兵隊大佐（退役）のダグラス・M・ブラックは、商用および軍事用情報技術業界で働いた経験があり、またモンロー技術を10年以上研究している。滞在型プログラムに4回参加しており、ドルフィン・エナジー・クラブと専門委員会のメンバーとして活発に活動している。回想録の『Finding My Way（我が道を見いだす）』には、モンロー技術の習得と応用を通じた彼個人のスピリチュアルな発見の旅がいきいきと描かれている。現在は妻とノースカロライナ州ソールズベリーに住み、執筆活動を行っている。*

1990年代初頭、わたしは上級通信参謀将校として、米国海兵隊本部の指揮・統制・通信・情報部隊で兵役に就いていました。

この期間のわたしの任務のひとつは、海軍作戦本部長が毎年ロードアイランド、ニューポートの海軍大学で開催する海軍の演習に、計画立案者および討論指導者として参加することでした。これは1週間に渡って行われる技術および人員計画立案演習で、米国と同盟国の海軍をさまざまな世界戦争の戦闘シナリオに沿って展開することを主眼としていました。米国国防総省やさまざまな政府機関、国務省などの職員、それにとりわけ軍需産業の面々が顔を揃えて、検討中の問題に対するそれぞれの特殊な専門知識を出し合います。この恒例行事の重要性は、将来の海戦のための戦闘戦略を開発し検証することにありました。

演習の結果として報告される多くのテーマのなかでいちばん肝心なのは、注目と投資を必要とする、技術的に弱い地域を正確に特定することでした。将来戦争になった場合に戦闘戦略を成功させ、さまざまな外交政策シナリオを支えることができるようにするためです。

わたしはワシントン地区の同僚数名とともにニューポートに出頭しました。わたしは特に地上戦の指揮を命じられました。上級海軍将校ふたりとの緊密な連携のもとに仕事をすることになりましたが、彼らはそれぞれ水上と水陸両用の即応グループの指揮官を務めることになっていました。わたしたち３人は、退役したある提督の助言のもとに、演習での自分たちの役割をこなし、空中戦部隊などほかの部隊との協調をはかります。その提督というのは人あたりのいい潜水艦乗りで、非常に尊敬を集めている人物でした。

演習の初日、全員がニューポートに集まった時点でチームの顔合わせをしましたが、戦闘関連のほぼあらゆる部門から、資格を持つ専門家が大勢揃ったことにとても感銘を受けたのを、いまも思い出します。

わたしたちは１９４０年代を思わせるようなだだっ広い教室を確保しました。黒板から何から揃っていて、窓は床から天井まで届いています。背もたれのまっすぐなオークの椅子がすべてふさがったとき、わたしのチームが、経験豊富で熱意にあふれる専門家１００人近くを擁しているらしいとわかりました。

当面の課題は、早急にチームを組織化し、どのようにして主要目的を達成するかに注意を向けることでした。目的とは、協同し一体となって戦う（米国だけで戦う場合と同盟国とともに戦う場合）うえで重要な、あるいは核となる、主要な技術的弱点を突き止めることです。とてつもない課題であり、正直に言って、どこまでも終わりがない課題でした。

集まった人々の性格や熟練度、ひとりひとりの熱意などがあいまって、とてもすばやく組織を編成することができ、その日が終わるころには、自分たちがどういうことをしようとしているのかについて、わたしたちはかなり明確な像を持っていました。

この迅速な進展ぶりをわたしはたいへんうれしく思いましたが、協力するはずだったふたりの指揮官がいなくなってしまったことをその日とても遅くなってから知って、大きな不安に襲われました。予想外の事態が持ち上がって、その難局に対処するため、呼び出されたのです。ひとりは戻ってくると言っていたものの、どちらとも、その週のうちに会えるとは思えませんでした。つまり、事実上わたしはひとりぼっちというわけです！　見捨てられたような気がしましたし、恐ろしくもなりました。

提督とわたしは顔を見合わせ、ため息をついて、肩をすくめました。作戦の優先順位をまず考えなければならないことは、ふたりとも充分に承知していました。今回の演習に参加した重要な人々には現実の世界での任務があり、ときには演習よりそちらが優先されるのです。静かな絶望感に苛まれながら、わたしは書類をブリーフケースにしまうと、のろのろとホールを歩いて玄関から外に出ました。

その夜、ほとんど味もわからずに夕食を終えたあと、いったいどうやってこの難局を切り抜けたものかと思い悩みながら、ホテルの部屋に戻りました。

自分に、水上戦闘に関する役割をこなすだけの経験がないことはわかっていましたが、水陸両用作戦の役割と自分に割り当てられた役割はなんとか努めることができます。けれども、いちばん気になっていたのはそういうことではありません。

いちばん問題なのは、これからの数日間に浮上すると予想される多くの技術的な課題に段取りをつけるために、どのような方法を使うかということでした。それぞれ確固たる見解やお気に入りの計画、論点を持っているこれら大勢の専門家のあいだで、どうやったら、どれがもっとも重要だとか、いちばん取るに足りないとか、決定できるでしょうか？　なんといっても、多くの場合、わたしたちの勧告に基づいて予算が決まるのです。さらにだいじなことは、これから５～10年の外交政策の成功と、軍務についている制服組および民間人の生命が、この１週間にわたしたちがちゃんとやれるかどうかにかかっていることでした。

わたしは数カ月前に初めてモンロー研究所での滞在型クラスに参加しており、研究所で売られているヘミシンク・テープをいくつか購入して、使い始めていました。研究所が出した読み物も少し、ここに持ってきていました。時間があったら読もうと思っていたのです――なんと能天気なことを考えていたのでしょう！

けれども、そのなかに、『**H・プラス**』シリーズの『**ウェイク／ノウ**』（＊訳者注＝「目覚める／知る」という意）という題のテープがありました。実験のつもりで買ったテープでした。わたしの通常任務は海兵隊の首席通信参謀将校としての仕事ですが、この仕事を始めてすぐ、自分が膨大な仕事量と、山ほどの新しいことを学ぶ必要性に直面していることに気づきました。力不足で、とうていついていけないのではと感じましたが、尻尾を巻いて退散するわけにもいきません。そこで、長時間働き、優秀な人材を見つけてスタッフとして確保し、ベストを尽くそうと努力するかたわら、仕事の能率の向上を願ってヘミシンク製品の探求も始めました。『**ウェイク／ノウ**』は前の週に郵送で届いたばかりだったので、演習の合間にじっくり読んで、できたら試してみようと思って持ってきていたのでした。

その晩、どんな選択肢があるか考えていたわたしは、自分に必要なのは奇跡だと思うに至りました。ベストを尽くし、ほかの人たちにもそうするように鼓舞し、そしてその結果をまとめるだけでは足りない、1週間の終わりに模索すべき「正しい」答えは何なのかについて、何か少しでもアイディアが欲しいと、必死でした。

翌朝どういうふうに進めたいかについて、少しメモをとりました。ドレッサーの上の時計を見たのを覚えています。夜の10時でした。へとへとで、一晩ぐっすり寝る必要があるのはわかっていました。いろいろな疑問の答えも必要でしたが、もうアイディアはすっからかんだったので、『**ウェイク／ノウ**』をかけて、ベッドにもぐりこみました。リラックスしようと努めながら、こう自問しました。「満たすべきテクノロジー上の重要な要件は何だろう？　将来のその他の基本的な戦闘プロセスすべての流れを変えるような要件とは？」。そして眠りに落ちました。

目覚めつつあると、ぼんやりと気づき始めました。眼を開けると、頭上の天井は真っ暗でした。その暗黒がわたしの視界を満たしました。なんとなく、ホテルの部屋を見ているのではないという意識がありました。「奇妙だ」とひとりごとを言ったのを覚えています。「朝なのに暗いなんて」。じっと見つめていると、その暗黒が変化し始めました。ゆっくりと、しかし着実に、天井の中央部分の暗黒が下に垂れさがり始め、さかさまの小山のような形になりました。その動きはゆっくりで慎重でした。まるで、かなりの抵抗に逆らって突き出てくるような感じでした。見ていると、タールを思い出しました。インディアナポリスにいた子供のころに、歩道からひきはがしたことがあります。夏になると、ふだんは硬い歩道部分のあいだのタールが、熱くなって柔らかくなるのです。友だちと一緒に、かたまりをむしり取っては投げつけあったり、ガムのように噛んだりしたものです。

やがて、成長する小山の暗黒のなかに明るい橙赤色のひび割れが現れて、突出部の中心から放射状に延び始めました。突出部が大きくなるにつれ、ひび割れもあらゆる方向に長く延びていきました。わたしはぼうっとして見つめていました。半分夢の中にいるような状態でした。まだ数分しかたっていないように思われるころ、小山は成長をやめ、深く響くような声が英語ではっきりこう言うのがわかりました。

「データベース・マネジメント」

すぐに小山は引っ込み、やがて真っ黒な天井は普通の平らな面に戻りました。橙赤色の亀裂は閉じ、黒さは薄れていきました。わたしは唖然として、身動きもできずにベッドに横たわっていました。いま思うと、息をするのさえ、忘れていたようです。突然、自分が目を開けていないのに気づきました。閉じたままだったのです！　眼を開けると、そこはホテルの部屋でした。ほの暗い早朝の光に浮かぶ、アイボリー色の壁と天井、ベッドにテーブル、ランプ、椅子……すべて揃っています。暗黒は行ってしまいました——急速に色あせてちりぢりになり、夢のように消えてしまったのです。でもあの声……力強いあの声は、はっきりと残っています。わたしは天井を見つめて、体のまわりにベッドカバーがあるのを感じ、ようやく自分が、前の晩に寝たそのままの姿勢で横になっているのだとわかってきました。ベッドにあおむけになり、シーツと毛布をあごのところまで引き上げ、腕をカバーから出して胸の上で組んでいます。

ワオ！　いまのは何だったんだろう？

電子時計のアラームがチチチチと耳障りな音を立て、わたしのもの思いを破りました。音楽が始まり、演習の２日目も始まりました。きのうと違うのは、疑問への答えを手に入れたかもしれないということでした。

わたしは服を着て食事をすると、教室に急ぎました。早起きの提督がドアのところでわたしを引きとめると、風雨にさらされ、長年の気苦労でやつれてはいるけれど温かみのある顔に心配そうな表情を浮かべて、こう訊いてきました。

「それでダグ、今日の計画は？」

「データベース・マネジメントに集中して取り組もうと思います」とわたしは答えました。

「各戦闘範囲をそれぞれの戦闘プロセスを通じて少しずつ動かし、どの基本的な戦闘データベースどうしに相互作用が必要かを見きわめ、必要のないものを明らかにします。そのうえで、どこへ行きつくかを見ようと思います」

提督は驚いたようにわたしを見つめました。

「君がデータおたくだったなんて知らなかったよ」

「違いますよ、サー。データのことなんて、本当に何も知らないんです。わたしはしがない通信士にすぎません――ほら、ワイヤー2本と電話機1台があれば満足ってやつですよ。データ処理なんて、柄じゃありません」

「それじゃ、どこからそんなアイディアを思いついたのかね？」提督はわたしに探るような目を向けました。

「昨夜、そのことをずっと考えていたんです。そしたら――まあ、その、思いついたんですよ。ともかく、進め方としては悪くないように思うんですが、提督はどうお考えになりますか？」

「ひとつ、試してみようじゃないか」

提督の声には、励ますような、ほっとしたような響きがありました。

わたしたちは微笑みを交わしてメインテーブルに歩み寄り、演習2日目に取り掛かりました。

3日後、厳しくてストレスの溜まる、異論続出の議論と対話を何時間も重ねたあげく、わたしたちの勧告が、「基本的な戦闘データベースの統合」という表題のもとに採用されました。これは、将来の戦争において戦闘と防衛に確実な成功をもたらす、もっとも重要な投資要件となるものです。わたしは当時、はっきりと確信したし、いまも信じています。

ヘミシンク・テープの『**ウェイク／ノウ**』が、疑問に対する答えを知るためのプロセスを提供してくれたに違いありません。なにしろ、実際の経験がまったくない分野のことを思いついたのですから。もちろん、本当に助けを必要としていたことが一役買ったことは確かです。それでも、ヘミシンクのおかげで驚くべき成果がもたらされたことは、わたしにとって、否定しようのない事実です。

# 第9章　世界に広がるヘミシンク

近年、ヘミシンクは広く世界中で使われるようになった。アウトリーチ・トレーナーが米国以外の13カ国に常駐し、滞在型コースに参加する人々が世界の50カ国以上からヴァージニアにやってくる。

この章でリンダ・ルブランは、東地中海のキプロスへのヘミシンクの導入について語る。彼女はこの地で年に4回、アウトリーチ・ワークショップを開いている。キプロス島はギリシャ系とトルコ系の二つの民族に分かれており、政治も言語も宗教も異なる。リンダはギリシャ系地区のパフォスに住んでおり、英語でワークショップを行うことができる。ただし参加者の国籍は、ロシアを含め13カ国に渡っている。

ポーランドで最初のワークショップが開かれたのは1996年である。テキストをすべてポーランド語に訳さなければならず、モンロー研究所のウェブサイトのポーランド語版も開設された。ポーウェル・ビックはモンローやヘミシンクについてさまざまな雑誌に記事を書いており、彼自身も翻訳の改良版を作成し、その印刷を監督した。ゆくゆくは、ポーランドにホリスティック・センターを開き、研究所のトレーナーに来てもらって、進んだワークショップを見せてもらいたいと考えている。

ヘミシンクは1995年にペーターならびにミロ・シムコヴィチによってスロヴァキアに導入された。ふたりが立ち上げたアンウィンという非政府組織ではヘミシンクにも関心を持ち、スロヴァキア語と英語のテープをさまざまなトレーニング・コースに用いている。アンウィンは現在いくつかのトレーニング・プログラムを実施中で、ペーター・シムコヴィチはヨーロッパ多文化財団の理事会のメンバーである。英国と米国の大使館がアンウィンの活動を支援している。

英国のヘミシンク・センターはスコットランド南西部の片隅にある。ジルならびにロナルド・ラッセルが1994年にケンブリッジからここに移り、いろいろなコースやワークショップを提供している。また、ヘミシンクを事業に組み込むことに興味を持つ多くの組織とも協力している。

最後に、ジーン・バステリスがメキシコ中部のプエブラでのワークショップ中に起きたできごとを語る。ジーンはスペイン語でワークショップを行い、参加者のなかには医師や精神分析医も数名含まれていた。

# キプロスにおけるヘミシンク

リンダ・ルブラン

*リンダ・ルブランは、東地中海の島、キプロスに本部のある民間の非営利団体、サイコグノウシアの共同設立者である。ここは超常現象に関する信頼できる情報を広めるためのセンターとして作られた。彼女は6つのモンロー滞在型プログラムを修了しており、ゲートウェイ・アウトリーチ・トレーナーとして、キプロス内外でワークショップを開催している。*

キプロスは東地中海にある島で、イスラエルからは１００キロほどのところにあります。人口は約70万人と、小さな都市くらいの規模です。ヨーロッパと中東の交わる十字路と、しばしば表現されます。キプロスには長く豊かな歴史があり、人が住みついた痕跡は1万年以上もさかのぼることができます。神話では、愛の女神ヴィーナス（ギリシャではアフロディテとして知られる）が生まれた場所とされています。近年は戦争や侵略、１９７４年の部分的占領などを経て、ギリシャ系とトルコ系のふたつの民族は、政治・言語・宗教によって完全に隔てられることになりました。国連の平和維持軍が40年以上も駐留しています。むずかしい選択と、何世紀も前から未解決のままとなっている諸問題に直面している国なのです。

わたしは１９９７年にヘミシンクをキプロスに導入し始めました。その2年後、島で初めての英語版《ゲートウェイ・ヴォエッジ》を企画し、モンロー研究所のレジデンシャル・トレーナー2人に担当してもらいました。このプログラムはたいへん好評で、翌年、わたしはみずからアウトリーチ・ワークショップの開催に乗りだしました。

ここキプロスには、文化上のむずかしい問題がいろいろあります。圧倒的に優勢な正教の教えに沿わないものに対しては、何であれ、きわめて非寛容です。瞑想は一般に異端であり、悪魔の所業とみなされます。カルトやサタンに対する理不尽な恐怖があるのです。言葉の問題もあります。多くの人がある程度は英語を知っているとしても、やはり問題は残ります。ギリシャ語で説明してほしいと言われたこともありますが、ギリシャ語を話す人には、たいていメタミュージックを勧めることにしています。これなら、言葉や文化の壁を超えられます。

わたしは平均して年に4回ほど、アウトリーチ・ワークショップを開きます。参加者のほとんどは補完療法のセラピストか、自己啓発に関心がある人です。過去3年間に、13カ国の国籍のおよそ100人が、わたしのワークショップに参加しました。なかにはロシア人もいて、『Journeys Out of the Body』（邦訳は『ロバート・モンロー「体外への旅」』ハート出版刊）のロシア語版を自慢げに見せてくれたものです。

ワークショップの反応は好意的なものが圧倒的でしたが、ひとりかふたり、このコースは洗脳にそっくりではないかと言った人がいました。おもしろいことに、わたしが返事をする間もないうちに、別の参加者が次のように指摘しました。日常生活で起きていることこそ洗脳なのであって、わたしたちがここでやっているのは実は洗脳の解除だというのです！　4分の1くらいが、その後もわたしのワークショップに参加し続け、数人はやがてヴァージニアへも出かけていきました。旅費を節約するため、立て続けに2つのプログラムをこなしたそうです。

ワークショップでは、変わったことがいろいろ起こります。

最初のプログラムが終わろうとしていたとき、エホバの証人（キプロスではとてもまれです）の信者が2人、開催場所となっていたお宅にやってきました。女主人が、自分たちはいま、スピリチュアルな瞑想を終えるところだと話すと、あなたは自分の信仰を持っていますかと訊かれました。彼女が答えて言うには、「神様との直通電話を手に入れましたので、ご心配なく」ですって！

次のワークショップが終わりに近づいたころ、ある参加者が、小さなヘビが玄関のドアのそばにいるのを見つけました。その週末に体験したばかりの変換のパワーにぴったりのシンボルだと、わたしたちは感じたものです。

また別のとき、わたしたちは以前石切り場だった洞窟でワークショップを開いていました。美しく整備されて会議場となっていたのです。母なる地球の腕に抱かれてヘミシンクを行うと、独特の雰囲気が醸し出されて、参加していた人たちの心が広がり、目覚めるプロセスが促進されるように思われました。

**【個人的な物語】**

３人の子供の母親でありアーティストでもあるバーバラ・スピッツァーは、数カ月前に臨死体験（ＮＤＥ）をしましたが、それ以来、深い孤立感を味わっていました。家族や友人の誰一人、人生を変えるような彼女の体験に関心を示さなかったからです。

臨死体験後、彼女はいつも、あのときの「光」のなかに戻ることを切望していました。「ここにはいたくない」と思う毎日だったのです。そのようなとき、アウトリーチ・プログラムのことを聞いて、自宅をワークショップの開催場所として提供することにしました。意識に関することになど、夫はほとんど興味を示さなかったのですが。プログラムは大成功で、バーバラの家はいまではわたしのお気に入りの開催場所となっています。参加するために遠路はるばるやってくる人もいて、バーバラの夫も感銘を受けたようでした。

最初のプログラムのとき、ひとつのエクササイズで、バーバラはある体験をしました。臨死体験のときに知った歓喜を、ふたたび味わったのです。宇宙意識の至福の融合へと、連れ戻されたのでした。この体験はとてもはっきりしていて「リアル」だったので、臨死体験の影響を吸収し消化するのがずっと容易に感じられました。いわば、霊と肉体のバランスを取り戻すのを助けてくれたわけです。へミシンクを使うようになってからは「人生のつらい時期にも、前よりちゃんと対応できる」と彼女は言います。そして、「人生がもっとうまくいくようになったんです」と付け加えました。前よりずっと自信にあふれ、グループでいるときにも、はっきりと主張し、自分の感情を表すことができます。

彼女の夫は、やさしくおだてられてワークショップに出るようになっていたのですが、いまではいろいろな面で考え方が一変しています。人生というひとつの大きな体験には、これまで想像していたよりもはるかに深い意味があることを悟ったからです。これはふたりの関係を深めることにつながり、どちらにも恩恵をもたらしています。彼はいまや、スピリチュアルなテーマに関する妻の蔵書を夢中で読んでいます。

レニア・エフシミウ博士は歯科医で、水銀アマルガムの詰め物を専門にしています。患者のなかには長期の深刻な健康問題を抱えている人もいて、歯科の処置を受けるとなると、そのほとんどが、神経質になったり、怖がったり、気をもんだりします。

レニアは処置のあいだメタミュージックを流していますが、それがとても役にたつことに気づきました。患者、とりわけ、深刻な健康問題のある患者の気分をよくしてリラックスさせ、安心感を持たせて、緊張感をやわらげてくれるのです。局所麻酔薬の注射を要求しない人さえいたし、治療中に本当に眠り込んでしまった人が2人いました。再診のときには多くの人が、メタミュージックを特に希望しました。

個人的なレベルでも、ヘミシンクのおかげでいい仕事ができるとレニアは言います。特に、ストレスの溜まるような処置のときには役に立つそうです。妊娠中はリラクゼーションのためにメタミュージックを聴き、彼女が出産した婦人科のクリニックにも紹介したそうです。彼女の娘もそのよさを知っているようです——メタミュージックを聴くといつも、まるで踊っているように手足を動かしますし、とても満ち足りたようすの、機嫌のいい赤ん坊なのです。クリニックではいま、新生児のためにメタミュージックを流しているそうです。

マリナとウラジミールのハジデメトリウ夫妻は、キプロスでヒーリング・タオのセンターを運営しています。毎日10〜15人ほどの人たちが、メタミュージックを聴きながらヨーガや太極拳、瞑想をしたり、個別の治療を受けたりしています。いまでは、以前の「普通の」音楽の代わりにメタミュージックを流すことが多いのだそうです。

マリナは妊婦にヨーガを教えていて、妊娠のサポートのために『**オープニング・ザ・ウェイ**』を紹介しています。キプロスは自然分娩を望む女性にとって好ましい環境とはいえません。ここでは多くの出産が帝王切開によって行われるからです。マリナは自然分娩を望む女性の支援グループを作り、つながりを強める共通の基盤として『**オープニング・ザ・ウェイ**』を用いています。

マリナはチネイザン（気内臓）のインストラクターもしていて、腹部マッサージを用いて、感情の残渣を放出させます。治療のときに『**サーフ**』を用いると、「部屋のなかの空間がヘミシンクによって転換される」と感じるそうです。マッサージをする側も受ける側も、彼女の言う「あの黄金の空間」に入れるといいます。セラピストとして、自分は患者の状態をもっと深く感じ取れるし、患者のほうは治療中にもっと容易に「身を任せ、抱え込んでいたものを手放す」ことができると、感じるのです。彼女のお気に入りは『**ビジテーション**』、『**ガイア**』、『**スピリッツ・ジャーニー**』、それにグループ瞑想のための『**インナー・ジャーニー**』です。「ヘミシンクはすべてを変えました――ときには、わたしたちは何もする必要がないくらいです」と彼女は言います。

ジュディス・ワーステリングはリラクゼーションとストレスのカウンセラーで、レイキの施術者でもあります。彼女の報告によれば、メタミュージックのおかげで、患者がトラウマを解放しやすくなり、リラクゼーションに完全に沈みこめるそうです。彼女は、『**ガイア**』と『**スリーピング・スルー・ザ・レイン**』が特に効果的なことに気づきました。自動的にリラックスして、「体が眠っ

て心が起きている」状態に移行するように思われるのです。またジュディス自身も、『**ポジティブ・**

**イミュニティ**』・シリーズを、子宮外妊娠による緊急手術後の回復に役立てました。ひどい痛みに

耐え、大量の感情を吐き出す必要がありましたが、手術後の1カ月間、毎日テープを聴いたことで、

絶えず浮かびあがる感情的な問題にも心をくもらされずにすみました。日一日と体力が回復するの

がわかりました。

アナスタシア・ニコラウは英国と南アフリカで訓練を受けたヨーガの教師ですが、生徒のために

も、また自分自身のためにも、メタミュージックを使っています。彼女のほうは集中を維持して最

高のトレーニングを提供することができますし、生徒は見るからにリラックスして、落ち着きなく

そわそわすることがなくなりました。気に入っているのは『**ウィンズ・オーバー・ザ・ワールド**』

と『**クラウドスケイプス**』です。アナスタシアは、とても騒々しい3匹の飼い犬を『**リメンブラン**

**ス**』が静かにさせてくれることにも気づいています。

アンジェラ・コマチナは、「癌患者および友人たちのキプロス協会」パフォス支部の事務局長です。

彼女はヘミシンク・テープの貸出図書館を運営しています。キプロスの癌患者のほとんどはギリシャ

語が母国語なので、メタミュージックに人気があります。『**トランスフォーメーション**』は静かな

雰囲気を創りだすのに特に効果的です。英語を話す患者には『**ペイン・コントロール**』が好評で、

たいていはなかなか返却したがりません。

アンジェラは脳腫瘍で死に瀕していた姪のために『**バロック・ガーデン**』をかけてやりました。

彼女が少しでも反応を示した音楽はこれだけでした。

また、『**ゴーイング・ホーム**』・シリーズを父親に使いました。死ぬ前の3カ月、父親はこれに耳を傾けていました。亡くなる最後の週には、父親のためにドルフィン・エナジー・クラブのヒーリングを頼みました。亡くなる前の晩、父親は部屋の灯りを消してくれと言いました。でも、灯りなどついていなかったのです。とても落ち着いたようすで、はっきりした口調で、筋の通った言葉を家族にかけてから、もう寝る時間だと言いました。翌日、穏やかに息を引き取りました。メタミュージックと『**ゴーイング・ホーム**』が、父親の最後の日々を平穏なものにしてくれたのだと、アンジェラは感じました。

バーバラ・ジョーンズは20年の経験を持つ教師で、学習障害について研究していますが、代理授業の期間に教室でメタミュージックを使う許可をもらいました。毎朝始業前に『**プリズムズ**』を流したところ、なぜか、くっきりと結晶化したような雰囲気が醸し出されるのがわかりました。「空気がキラキラ輝いているような気がした」そうです。

6歳と7歳の子供たちがスペリングと計算のテストをしていたときには、『**バロック・ガーデン**』と『**リメンブランス**』をかけました。「そのあいだ、深い集中が見られました」と彼女は報告しています。

あるとき、作文の時間中に『**バロック・ガーデン**』をかけていると、どうしたわけか、音楽が止まりました。すると、ADHDの境界線上にいる子が、顔をしかめ、ものすごくいらいらしたようすで彼女のところに来ると、こう言ったのです。

「音楽が止まっちゃったから、ぼく、全然考えられないよ。ほかのいろんなことに、気を取られてしまうんだ」

この子は、課題に集中して取り組むのを音楽が助けてくれると気づいたのです。彼の抱えている問題の特徴は、ひとつのことではなく、いろいろなことに注意が向いてしまうことでしたから。

バーバラが出会った子供のなかに、重い注意障害を抱えていたものの、この学校に来たばかりで、まだ判定を受けていない子がいました。その子はクラスでもなかなかの問題児で、個人空間の境界という概念がなかなか理解できないようでした。いろいろな方法を試してみたあげく、バーバラは彼にヘッドフォンで『**バロック・ガーデン**』を聴かせてみました。きっちりした境界のある彼個人の作業スペースを与えてやると、ほかの子のじゃまをせずになんとかやっていけるようになりました。バーバラがその学校を去ったあと、彼は行動をコントロールするために向精神薬のリタリンを与えられるようになり、記憶の保持がきわめて乏しいとされました。けれども、18カ月ほどしてバーバラが会ったとき、彼は「先生、覚えてますか？　ぼく、音楽を聴きながら課題をやっていましたよね」と言ったのです。

メタミュージックが子供たちの学習プロセスにどう作用するのか、バーバラには、はっきり説明することはできません。子供たちはたぶん、それぞれ独自のやり方で反応するのだとバーバラは考えています。それぞれ、周囲の世界と自分の体験を独自のやり方で処理しているわけですから。「ヘミシンクのいいところは、いろいろな違いにかかわりなく作用することだと、わたしは思っています。海の波が潮の満ち引きとともに変化し動くように、聴き手とともに変化し動くのです」と彼女は言います。

彼女はいま、「漸進的発達のためのプログラム」に欠かせない一要素として、ヘミシンクを使っています。これは子供の発達のあらゆる側面に対する集学的アプローチによって、身体的・知的・情緒的バランスと調和を創りだす手助けをしようというものです。彼女が受け持つすべての子は、毎晩『**サーフ**』にアクセスします。彼女は、『**フライング・フリー**』が子供にはとてもとっつきやすいことに気づきました。

現実の世界のさまざまな音が、視覚化の不得意な子にも助けになるのです。ADHDの子供の多くがよく眠れず、しばしば悪夢に悩まされています。『**フライング・フリー**』の好ましい体験は、その深いリラクゼーション効果とあいまって、そうした子供たちにとても大きな効果を及ぼします。ある6歳児は悪夢のなかの怪物をコントロールできるようになりました。怪物たちがどんどんどん縮んでいったので、とうとう、おかしくて笑ってしまったといいます。こっけいなしぐさで楽しませてくれることさえあるそうです。「ときどきこわがらせようとするけど、もう、へっちゃらさ。全然こわくないよ」というのが、彼の最終的なコメントでした。

## 【結論】

このハイテク、ハイストレスの世界で、わたしたちの多くは体も心もリラックスさせてくれる使いやすいテクニックを探しています。現代という時代を考えると、わたしたちのテンポの速い生き方に伴う多くの問題にとってヘミシンクがひとつのハイテク・ソリューションとなることは、ふさわしいことに思えます。それに、高度な技術を誇るこの社会の多くの製品とちがって、この技術は現実に世界中の数千人の聴き手に恩恵を与えています。キプロスはその地理的な位置のせいで、ほとんどの国よりもさらにハイストレスの状況に置かれています。異なる多くの文化出身の人々が混じりあった人口構成を持つキプロスは、地球の縮図として、ヘミシンクの有効性を試すのにうってつけの試験場となっています。というのも、ヘミシンク、とりわけメタミュージックは、言語と文化の障壁を超越しているからです。そのことを改めて示したのが、２００３年初めにジルとロナルドのラッセル夫妻がスコットランドからやってきて、わたしとともに『**ゴーイング・ホーム**』・ワークショップを２度開催してくれたことでした。このコースには熱狂的な反応があり、定員はもちろん満杯でしたので、また幾度か開く計画を立てています。さらに、近隣の国々からはるばるキプロスまで来て、ヘミシンクのワークショップに参加する人たちもいます。

これほど多くの人たちが、偏見を捨ててこの音響技術にチャンスを与えてくれたことに、わたしはうれしい驚きを感じています。このような人口の少ない国では、口コミの情報がまたたくまに広がり、ますます多くの人たちがやってきてヘミシンクを知るようになっています。ここに紹介したように、ストレス管理、教育、歯科治療、癌、妊娠、ヨーガ、自己啓発と、多くの分野ですばらしい成果があがっています。

この地にヘミシンクを導入したことは、わたし個人にとって、刺激的であると同時に満足感の味わえる体験となっています。わたしの目標は、ほかの人たちを助けて、彼らが自分自身を助けられるようにしてあげることです。みずからに力を与えるといいましょうか、大きな潜在能力を引き出すお手伝いをすることなのです。わたしのキプロスでの体験は、自助と自己発見のための普遍的な道具としてヘミシンクがいかに有効であるかを、如実に示しています。

## ポーランドにおけるヘミシンク

ポーウェル・ビック

*ポーウェル・ビックは生物医学工学における科学修士号を持ち、現在はソフトウェア開発者として働いている。1995年からヘミシンクとかかわり、ワークショップ開催に伴う技術的な要素すべてに責任を負っている。ウェブサイトを運営し、さまざまな活動のための印刷物の編集にも携わる。深刻な経済問題を抱えた国にあって、ポーウェルは将来にわたる自分と妻の生活の安定に大きな関心を持っている。彼によれば、ヘミシンクのような製品の販売促進では、満足のいく生活レベルが実現できる保証はない。*

ロバート・モンローの『Journeys Out of the Body』（邦訳は『ロバート・モンロー「体外への旅」』ハート出版刊）がポーランドで初めて公式に出版されたのは、1990年代初めのことでした。とはいえ、それ以前にも知られていなかったわけではありません——まったく逆です。ベルリンの壁の崩壊前でさえ、どこかの地下印刷所でコピーされた粗悪な版が手に入ったのです。

あのころ、鉄のカーテンの陰で、ポーランドの人々はいまとはまったく違う暮らしをしていました。共産主義の支配下で、西側諸国に行き渡っているのとはかけ離れた、そして通常は西側の理解を超えた、特殊なニーズや目標、価値観が発達しました。スピリチュアルな探求は、ときには貴重な、あるいは卓越した成果を生むこともあったとはいえ、その基盤は貧弱なもので、かろうじて手に入る文献に頼っていました。人間の意識の探求における東洋と西洋の業績から、ほそぼそと影響を受けていただけだったのです。

当時は、「パラノーマル」関連の充実した蔵書といっても、小さな棚ひとつ分の本やパンフレットのコレクションのことでした。録音されたものや進んだ電子装置についても、似たようなものでした。けれども1990年代の終わり、ロシアと中央ヨーロッパに起きた変化によって、事情は急激に好転しました。ポーランドと近隣の国々は、新しいテクノロジーと考え方を受け入れ始めたのです。

モンローの3部作の最初の1冊がポーランドで出版されてまもなく、彼の体験に大きな影響を受けて、友人のひとりであるダナ・トリエンテが研究所と連絡を取りました。しばらくして、資金と税関の壁を克服したわたしたちは、初めてのヘミシンク・テープを楽しむことができました。けれども、乗り越えなければならない壁はそれだけではなかったのです。最後の、そして見たところもっとも大きな壁は言葉でした。

鉄のカーテンの後ろの国々では、ロシア語が、学校教育で教えられる唯一の外国語でした。ごく一部の人々だけが、みずからの努力によって、なんとか西側の言語を学ぶことができたのです。わたしたちのグループでは、英語に堪能な人はあちらこちらにほんの数人いるだけでした。それでも、ヘミシンクを充分に活用したいなら、言葉によるガイダンスを理解する必要があります。それには、テープの文章を翻訳するしかありません。それができれば、聴き手は翻訳されたテキストを手にエクササイズをたどって、一連の指示を理解したり、「フォーカス10」とか「アクセス・チャンネル」とかいうキーワードを拾い上げたりすることができます。

実際にやってみると、これはうまくいきました。聴き手には余分な努力が要求されますが、結果は上々だったのです。翻訳はたいへんな作業であることがわかりました。実際に翻訳にあたった人にとっては、とても興味深い体験になりました。なにしろ、音声ガイダンスを紙に書き写そうとしても、リラックス効果の高いヘミシンク音のせいで、なかなか最高の能力を発揮することができなかったのです！　コピーを何部も作る作業も必要でした。あとになってから、ＴＭＩの作ったオリジナルの筆記テキストを利用できるようになったものの、最初は本当にたいへんだったのです。

１９９５年春、この驚くべき技術に深い感銘を受け、いまやいくらか経験も積んだということで、わたしたちの一部は専門委員会に加わったり継続会員になったりしました。このときが、ポーランドにおけるヘミシンクの将来にとってきわめて重大な時期でした。

わたしたちの国に政治的な変化が起きて最初の数年は、新しくて価値のある、あるいは変わった技術や活動を取り入れるのにうってつけの土台が提供されました。市場は活気づき、週末ともなれば、数多くのニューエイジの祭典や博覧会が開催されていました。おかげでわたしたちも、ヘミシンクを幅広い観客に紹介する多くの機会に恵まれました。

モンロー研究所の音響技術の最初の本格的な実演が行われたのは、１９９５年9月にシュチェチンで第2回ポメラニア秘儀集会が開かれたときでした。この集まりを準備したのはグラジナ・ビチュコーヴァ（わたしと同じく専門委員）で、わたしの家族全員がかなり手伝いました。集会の報告は１９９６年夏号の『フォーカス』に載っています。集会は価値のある知識を提供するという意図のもとに開かれ、さまざまな分野の専門家による講演やセミナーを通じて、興味深い考え方が提示されました。

会はたいへん盛況で、こうした多くの新しい考え方、とりわけへミシンクに対する興味が国じゅうで高まりました。これ以来、各種の機会が大幅に増えました。わたしはモンローの研究とその成果や、へミシンクの基本的考え方に関する記事をいくつか書き、ポーランドのよく知られたニューエイジ雑誌のほとんどに寄稿しました。グラジナとわたしはラジオやテレビのインタビューも受けました。こうしたことすべてがモンロー研究所とその製品に対する関心を掻き立てたため、ニーズに応えようと、わたしたちはへミシンクの販売資格を取得しました。このころ、研究所のポーランド語のウェブサイトができて、利用できる情報量が増えました。

わたしたちはいま、より専門性を高め、さらに高品質の翻訳や情報教材を提供しなければなりません。わたしは翻訳から最終的な印刷までを直接手掛けた、まったく新しい版を製作しました。ただ、言葉が唯一の壁なのではありません。平均給料が月150ドル程度の国では、テープ1本に15ドルというのはかなりの出費だからです。それでも、大きくなりつつあるわたしたちのグループのへミシンク・ユーザーの多くは、もっとわくわくする冒険を夢見ていますし、『**ゲートウェイ・エクスペリエンス**』全巻を体験してみたいと思っています。驚いたことに、このプログラム全巻が、特に「**ウェーブI——ディスカバリー**」が、わたしたちのところのベストセラーなのです！

とはいうものの、テープや印刷物だけでは十分とはいえません。理屈からいえば、当然次はへミシンク・ワークショップの導入ということになります。最初のワークショップは1996年5月にジェシュフで開催されました。指導したのはジュリー・マソ、モンロー研究所の当時のプロジェクト部長です。すばらしいイベントで、ポーランド全土から約30人が参加しました。休日に小学校の体育館で開かれたワークショップは、研究所の初期の移動ワークショップにそっくりだったに違いありません。けれども、このワークショップは当面の解決策でしかありませんでした。このやり方を何度も繰り返すのは不可能だったからです。

わたしたちは次の動きを起こす必要がありました。そこで１９９７年にワークショップ開催者の資格を取得しました。グラジナとわたしは最初のワークショップを、南部のカルコノシェ山地の山麓の森のはずれにある小さな宿泊施設で、３月に開く計画を立てました。条件は完璧でした。静かで、自然に囲まれ、山地からのよいバイブレーションにも恵まれています。部屋は10人がマットレスに横になれる広さで、２日間のワークショップには理想的です。

ワークショップのプログラムは、段階を追って進むような構成にしました。第１段階はおもに『**H・プラス**』・エクササイズに基づいて行われ、講義と親睦ゲームが含まれます。第２段階はおもに知覚の広がった状態の探求を扱い、知的作業と霊的作業の両方を行います。第３段階では、協調的行動のためのベースラインの創設をめざします。この行動は、ヒーリングのため、また、意識の発達をうながすためのものです。ヘッドフォンは使わず、部屋の両側にスピーカーを置いて、全身が音に共鳴するというユニークな体験を誰もが味わえるようにしました。これは理想的な音響環境で、部屋全体がヘミシンクに共鳴します。このコースにはこれまでに２００人以上が参加しています。

需要の多いテープは『**デ・ハブ**』、『**レット・ゴー**』、『**メビウス・ウェスト**』、『**エイト・グレート**』です。また、ベストセラーには『**モーメント・オブ・レバレーション**』、『**コンセントレーション**』、『**リメンブランス**』などが名を連ねています。メタミュージックやＣＤにも関心はあるのですが、わたしの国の人々は音楽だけのヘミシンクにお金を出すほどの余裕はありません。

現在、ほかのいろいろな活動が人々の興味を引きつけているため、わたしたちの活動はどちらかといえば低調ですが、ヘミシンク・ユーザーの数は、以前よりはゆっくりではあるものの、増え続けています。より広範囲の人々に情報を伝えるうえで、インターネットがとても役立っています。

わたしたちは、普通とは違う意識の状態や、ヒーリング、ダウジング（水脈探し）、瞑想などの体験をしたという人々に、幾人か会ったことがあります。わたしたちの初期のころのワークショップの開催者のなかには、ポーランドの別の場所でもっぱら**『ゲートウェイ・エクスペリエンス』**・プログラムを使ってワークショップを開いている人もいます。

わたしたちはかなりの成功を数え上げることができます――ヘミシンクは現実にポーランドで広く用いられています。けれども、まだまだ達成すべき目標があることも確かです。たとえば、ホリスティック・センターを設立して、モンロー研究所の公認のトレーナーによる進んだワークショップを提供したいと思っています。わたしたちの国も、わたしたちポーランド人の意識も、絶えず変化し続けています。わたしたちの計画もきっといつか、実現することでしょう。

## スロヴァキアにおけるヘミシンク

ペーター・シムコヴィチ

*ペーター・シムコヴィチはバンスカビストリツァに本拠地を置くアンウィンの共同創設者で、プロジェクト・マネジャーとトレーナーを務めている。彼は個人やグループを対象とするいくつかの訓練コースを引き受けており、おもに自己啓発に関心を持ち、シャーマニズムやヘミシンクを用いたワークショップを開いている。創立以来、アンウィンは自己啓発とスロヴァキア社会の変容にもっぱら注意を向けてきた。実施中のプログラムには、民主主義と人権、社会地区プログラム、NGOプログラム、健康、民間セクター支援およびスピリチュアルプログラムなどがある。どのプログラムでも、トレーナーはプロセス指向心理学とヘミシンクとシャーマニズムのテクニックを組み合わせる。２００２年10月、ペーターは招聘を受けて、ヨーロッパ多文化財団の理事会の一員になった。*

### 【スコットランドでの初めての接触】

それは１９９５年の夏の終わり、僕たちの最初のシャーマン体験の数日後のことでした。僕と弟のミロはロンドンへ向かう飛行機の機内に座っていました。ヒースローに着陸後、列車でスコットランドへ向かいます。そこで、僕たちのトレーナーであり友人でもあるジルならびにロナルド・ラッセルに会うのです。彼らのところに1週間滞在し、そのあいだに初めてヘミシンクを体験しました。まるで、祖父母を訪ねて、小さな奇跡でいっぱいの美しい家に泊まらせてもらったような1週間でした。僕たちがたくさんのヘミシンク・テープを体験しているあいだに、ジルがおいしいランチやディナーを用意してくれます。彼女は僕たちが快適に過ごせるように、かいがいしく世話を焼いてくれたのです。本当に特別な雰囲気を味わわせてもらいました。

あるテープでの体験のとき、僕は時のない場所の洞窟に旅をしました。そこで僕のパワー・アニマルに会ったのですが、その動物とはほんの数日前に初めて接触したばかりでした。それはすばらしい旅で、色彩にあふれ、さまざまな場所や文化の光景が次々に現れるのでした。ある門をくぐりましたが、そこではすべてが光にあふれ、すばらしい音が鳴り響いていました。音楽ではありません。優しい音です。体がその音で満たされるように思われました。

そのころの僕の英語力はお粗末なものだったので、何年も英語を学習してきた弟が、ラッセル夫妻との話し合いの重要なところを通訳してくれました。ただし、テープのボブ・モンローの指示を理解するのには、なんの問題もありませんでした。彼の声が、フォーカス10や12の状態に僕を導いてくれるように感じました。1年後には、僕の英語力は大幅に向上していました。

## 【スロヴァキアでの最初のコース】

僕は弟と妻のフィールカとともに、1995年にアンウィン（www.annwin.sk）を設立しました。アンウィンは非営利の教育機関で、自己啓発を支援するようにデザインされたセミナーやコース、ワークショップの開催を目標としています。社会環境が激変したあとで、人々がより自由でしかも責任ある成熟した人間となれるよう支援する、スピリチュアリティを日常生活の一部にできるよう支援するという構想があったのです。重要なスピリチュアル・テクニックを人々が利用できるようにすることが、どうしても必要でした。しっかりしたなかみも科学的な裏付けもないスクールやテクニックが、続々と登場していたからです。あとになって、僕たちも、トレーナーとしての毎日の生活にスピリチュアリティをどのようにしてもたらすか、そしてそれをどのようにしてテクニックやトレーニングに生かすかを学びました。たとえば、意思の疎通とか対立の解消とかに生かす方法です。

スコットランドでの初めてのヘミシンク体験から数週間後、アンウィンはラッセル夫妻と共同で、スロヴァキアでの初めてのヘミシンク・コースを計画しました。これは僕にとって特別な意味を持っていました。1週間前に結婚したばかりで、ふたりでコースの準備にあたるのは、ハネムーンのすばらしい思い出になったからです。コースの準備にはズボレン市文化部、特にミズ・カタリネ・フルチコヴァの大きな協力がありました。彼女はコースのパンフレットのコピーと配布を引き受け、スロヴァキア共和国文化省所有のズボレン・シティ・キャッスルにラッセル夫妻が泊まれるよう、手を回してくれたのです。

コース自体は、ズボレン近郊の山地にあるホテル・クラローヴァで開催されました。色づいた晩秋の景色が、安らぎと静けさに満ちた雰囲気をかもしだしていました。教育程度や職業、あるいはスピリチュアルな背景もさまざまな26人の参加者は、ヘミシンク・テープに続いての討論で活発に意見を交換しました。モンロー研究所ならびに専門委員会には、テープの準備の面でとても助けられました。このトレーニングはもちろん、ジルおよびラスと個人的に知りあえたことは、多くの参加者にとって人生を変えるような体験となりました。彼らは、自分の手に余るほど大きいスピリチュアルな体験を扱うスキルを獲得しました。たとえば、クロアチアにおける戦争に終止符を打つのを助けることが、参加者のひとりの課題でした。ある中年男性のグループは、破滅を覚悟しているようなものの見方を共有していました。たぶん、彼らの世代に共通する体験、特に1968年、侵入したソヴィエト軍によって、僕たちの国に誕生したばかりの自由がストップさせられたという体験に深く根差した考え方なのでしょう。習得した新しいスキルと彼らの内なる教師の助けはもちろん、トレーナーの支えのおかげで、彼らはそうした見方に対処し、そのエネルギーを創造的なことがらに転換することができました。

2年後、僕たちは、ラッセル夫妻と僕たち自身が行うコースをチェコ共和国のプルゼニで開きました。開催場所は大きな精神病院の会議室でした。年配の医師ふたりを含め、参加者はその病院のさまざまな部署からやってきた人たちでした。スロヴァキアと同じく、チェコ共和国もまだ占領の後遺症に苦しんでいました。参加者はコースそのものを楽しんでいましたし、そのあいだじゅう、会議室の上の病棟が異様に静かなことに強い印象を受けていました。2003年に僕たちはふたたびチェコ共和国に戻り、大学都市のオロモウツと首都のプラハで入門コースを開きました。たいへん盛況で、女性よりも男性が多く集まりました。最近チェコ語に翻訳されたロバート・モンローの『Far Journeys』（邦訳は『魂の体外旅行』日本教文社刊）と、近い将来翻訳される『Ultimate Journey』（邦訳は『究極の旅』日本教文社刊）への関心が、ますます高まるのではないかと思います。

## 【日常の使用】

ヘミシンクはとても簡単に使える強力な道具をいくつか、提供してくれます。たとえば、リーボール（REBAL＝Resonant Energy Balloon 共鳴エネルギーバルーン）、『**H・プラス**』機能コマンド、フォーカス10状態に入る簡単な方法などです。僕は特に、リーボールを毎日使えば、対立や問題を解決したり防いだりするのに効果的な道具となることに気づきました。どういうことか、説明してみましょう。かつて共産主義国家だったスロヴァキアは、公共交通が発達しています。おもに、自家用車が不足していたからです。平均的な家族には、高くてとても手が出なかったのです。大都市にはどこも、バスや路面電車による輸送網があります。若かった僕は、もっぱら公共交通機関のお世話になりました。たまに、住んでいる市のはるか遠方から帰宅するときなど、もう数分しかないけれどバスに間に合うだろうかと、やきもきすることがありました。とてもストレスが溜まるものです。そんなとき、僕はリーボールを使って、交差点ではすべて青信号になるようにしました。すると、無事、バスをつかまえることができるのでした。役人や同僚、上司と個人的に接するときにも、リーボールはとても役に立ちます。僕たちがトレーニングで新しいグループと対面するときはいつも、リーボールを使って、グループ内の緊張をやわらげます。僕たちのコースの卒業生も、よくこのテクニックを使います。

## 【良好な反応】

僕たちの初期の事業に、アーノルド・ミンデルの仕事にもとづく心理学的な手法を用いた週末トレーニング・セミナーがありました。彼のプロセス指向心理学（ＰＯＰ）は、とても役に立つスキルを提供します。身体症状や人間関係の対立、慢性病、夢、グループ問題など、心をかき乱すような体験を、成長と発達を促す好ましい体験に転換するためのスキルです。ユングの理論、神経言語プログラミング、道教、シャーマニズムを特殊かつ創造的なやり方で組み合わせることによって、ミンデルは個人や小グループ、共同体の発達に役立つ手法を開発したのです。

僕たちはヘミシンクを、快適でリラックスした、オープンな雰囲気をつくりだすための効果的な道具として用いました。そうしたトレーニング・セミナーのひとつで、人々がスピリチュアリティに関する自分の見解を自由に話し合っていたとき、僕はヘミシンクを夜に導入しようと決めました。実際はスケジュールにはなかったのですが。僕たちは『**ディープ10リラクゼーション**』、続いて『**ザ・ビジット**』に耳を傾けました。参加者が日常の意識に戻ったとき、ひとりが泣き始めました。しばらくすると、彼女はグループの人たちにそのわけを率直に説明しました。父親に会ったというのです。彼女が生まれる数カ月前に亡くなったため、一度も会ったことがない父でした。その父に会えたというので、彼女はとても喜んでいました。この体験は、その後のグループの経過に好ましい影響を及ぼしたのでした。

１９９６年に、バンスカビストリツァで公衆衛生に関する調査が行われました。その結果、健康に好ましくない影響を与える要因のひとつにストレスのあることがわかりました。僕たちはヘミシンク技術にもとづく「ヘミシンク＝アンチストレス」夜間プログラムを新たに提供することにしました。対象としたのは、市内と周辺に住む女性層です。ヘルシー・シティ・コミュニティー基金からの1996年と1997年の助成金のおかげで、参加費をまかなう余裕のない貧しい地域の女性にも参加してもらうことができました。プログラムは全部で6回の夜間セッションからなり、参加者は毎回2本のテープを体験します。この種のプログラムのおもな利点が、参加者からの継続的なフィードバックにあることがわかりました。学んだツールを、次の週末まで1週間かけて試すことができるからです。フィードバックの内容はとても好ましいもので、参加者の多くは、ふたたびプログラムに出席することを望みました。

このプログラムの参加者のなかに、長年ヨーガを用いてきた神経科医がいました。『**ディープ10リラクゼーション**』を聴いたあと、この女性は強い反応を示しました。こんなに深いリラックス状態は、一度も経験したことがないと言うのです。感激のあまり、自分のヨーガ・グループから友人を何人か寄こしたほどでした。また別の参加者は、荒っぽくて危険な地区に住んでいて、絶えず緊張にさらされていました。コースの終了後数カ月して彼女に会った僕は、とても驚きました。自分を助けてくれたと言って、たいそう感謝されたのです。新しい人間になれたと彼女は言います。内なる力に気づき、家族と自分自身を安全に守ることができるようになったのだそうです。

## 【死と臨終】

フィールカと僕は、オーストリア・アルプスで開かれた上級シャーマン訓練コースに参加しました。主催はシャーマン研究財団のミヒャエル・ハーナーです。この訓練中に、僕は初めて「死者の国」を旅し、とても興味深い体験をしました。ボブ・モンローに出会ったのです。彼がガイド役をしてくれました。生前の彼に会ったことはありませんが、写真で顔は知っていましたし、声もテープで聴いたことがありました。これほど興奮させられる体験はありません。おかげで、ボブ・モンローをもう少しよく知ることができたと断言できます！

1年後、フィールカとミロと僕はふたたびスコットランドを訪れました。僕たちはフィンドホーン財団で1週間過ごし、それからラッセル夫妻を訪問して、『**ゴーイング・ホーム**』・シリーズを通して体験しました。スロヴァキアで『**ゴーイング・ホーム**』・ワークショップを準備し、開くには、2年かかりました。開催地は山間の小さなホテルで、ブラチスラヴァにある英国大使館が財政的な援助をしてくれました。僕たちは自分たちだけで事前の週末ワークショップを開きましたが、そこで僕はモンロー研究所やヘミシンク、ボブ・モンローについて話し、参加者にフォーカス10および12でのエクササイズを紹介しました。やがてジルならびにロナルド・ラッセルが『**ゴーイング・ホーム**』・ワークショップを行うためにやってきて、僕たちの事務所での記者会見に臨みました。このプログラムの参加者には、高齢者を扱う仕事をしている人々や癌にかかっている人々、地元の赤十字支部のチーフ、精神病院の院長、ポーランドからやってきた医師、死と臨終にまつわることに関心のある人々などがいました。ワークショップ中の討論では、もう肉体的には生きていない親族その他に会ったという人の個人的体験がたくさん語られました。多くの人にとって、これは貴重な癒しのプロセスとなったのでした。

このコースのいちばん若い参加者は僕たちの息子のパトリックで、まだ生まれて10週間でした。

テープのあいだずっと、すやすや寝ていて、深いリラックス状態をほかの参加者と共有していました。「はい、起きて」という指示のところではすぐに目を覚ましました。そして討論と休憩のあいだは眠り続けました。

僕たちのコースの卒業生の仕事を支援するため、１年に渡って連絡を取り合ってネットワークを作り、新しいグループ２つに『**ゴーイング・ホーム**』・トレーニングを提供しました。

## 【その他の活動とヘミシンク】

１９９７年と１９９８年、フィールカはパートタイムの精神分析医として、知的・身体的障害者のためのソーシャル・ハウスで働きました。自分にも障害者の姉がいたため、彼女はいつも、こうした施設で働く職員とＰＯＰテクニックを共有することを夢見ていました。彼女の体験と、３年に及ぶ彼女のＰＯＰトレーニングをもとに、僕たちは障害者を扱う仕事をしている人たちのためのプログラムを用意しました。このプログラムには、言葉以外の（ごく簡潔な）特殊な合図を使いこなすという基本的なスキルも含まれていました。これはＰＯＰテクニックから考案されたもので、障害者との意思疎通を円滑にするためのものです。もちろん、毎日の仕事のときにヘミシンク・テープを使うことも含まれます。彼らの仕事に精神的な負担がつきものであることを知っていたので、ヘミシンク・アンチストレス・コースを提供しました。好ましい体験がいくつか報告されています。特に、自閉症の子供との触れ合いが改善されたということでした。ヘミシンクを聴いているあいだ、目を合わせている時間が長くなり、意思疎通にも遊びにも、もっと心を開くようになったそうです。

1999年、ズボレンの市長から、市役所の組織改革に対する支援を頼まれました。この仕事には2つのレベルがありました。僕たちは心理テストを用いて上級管理職の幾人かに働きかけ、次いで、あらゆる管理職レベルのための教育訓練計画を立てました。ロンドンにあるウェストミンスター民主主義基金から資金援助を受けた計画でした。この仕事のおもな目的は、市の職員が、市役所内部でも市民に対しても、協調してよりよい仕事をし、円滑な意思疎通をはかれるようにすることでした。職員の教育に対する僕たちの協力は今年も続いていて、ヘミシンク・アンチストレス・ワークショップと、コミュニケーションの上級訓練を含む別のプロジェクトが進行中です。

**【ヘミシンクで血圧が下がった！】**

2年前、僕たちのアパートで火事がありました。そのあとは目の回るような忙しさで、損傷を修復したり、フィールカと幼いパトリックに気を配ったり、仕事を続けたりと、多くのエネルギーが必要でした。僕は極度の疲労感におそわれるようになりました。充分に睡眠がとれたと感じる日など、1日もありませんでした。

それに、血圧が非常に高くなっているのがわかりました。数カ月というもの、155／90くらいが続いたのです。デジタル血圧計を持っていたので、推移をずっと観察できたのです。ちょうどヘミシンク・コースのための教材を準備していたところ、『**H・プラス**』・テープの『**ハイパーテンション**』を見つけました。僕はそれを数日間、聴いてみました。機能コマンドの使用後初めて血圧をチェックしてみると、132／85になっていました。

そこで、ちょっと実験をしてみようと思いました。血圧を測って（140／87）、機能コマンドを使い、すぐにまた血圧をチェックしたのです。結果はなんと119／80！　何度か繰り返してみましたが、結果は同じでした。依然として日中は血圧の変動が続いているので、いまは『**H・プラス**』・『**ハート＝リペア・アンド・メンテナンス**』を夜使っています。2つの機能コマンドがいっしょに働いて、血圧を安定させてくれればいいなと思っています。

## 【現在のプロジェクト】

アンウィンの活動もいまではすっかり軌道に乗り、バンスカビストリツァの中心部に事務所と会議室を持っています。ミロは自分の道を追求するために僕たちのもとを離れ、いま僕たちはまた違う人たちと仕事をしています。社会福祉の分野で働いている人々のためのワークショップに追われて、忙しい毎日です。別の『**ゴーイング・ホーム**』・コースも計画しています。ちょうどいま、CFOR（ロンドン）と共同で、国家間、民族間、人種間の緊張を扱うフォーラムを立ち上げるという3年越しのプロジェクトにかかわっているところです。初年度の資金を出したのはロンドンのアラヴィダ（チャリティ・ノウ・ハウ）と、ウェストミンスター民主主義基金です。今後の資金については、ヨーロッパ連合に申請を出しています。

# スコットランドにおけるヘミシンク

ロナルド・ラッセル（文学修士）
ジル・ラッセル（英国フィジオロジスト協会員・英国フィジオセラピスト）

*ロナルド・ラッセルはオックスフォード大卒で、作家であり講師である。数冊の著書があり、いちばん新しいのは『The Vast Enquiring Soul（探求する雄大な魂）』である。1993年に本書の先行版である『Focusing the Whole Brain（全脳を集中させる）』を編纂した。ときおり、グラスゴー大学で人間の意識に関する講義をする。*

*ジル・ラッセルはケンブリッジ大学の学部図書館員だったが、転身して1980年に治療マッサージセラピストの資格を得る。クラニオセイクラル・テクニックを採用し、治療ヨーガの訓練も受けている。遠泳の泳ぎ手で、さまざまな慈善事業のための募金活動で泳いだ距離が、いまでは6000キロを超えている。アマチュア水泳連盟最高賞の女性最多獲得記録保持者である。ラッセル夫妻はモンロー研究所の顧問委員会のメンバーである。*

ニューギャロウェイはスコットランド最小の勅許自治都市です。人口は約340人。1631年の設立直後とほぼ同じです。郵便局に商店が1軒、9ホールのゴルフコースがあり、周囲には野原や森、湖、荒地、ケン川を望む丘陵があります。1994年以来、ここが英国で唯一のヘミシンク・

センターとなっています。

わたしたちは7年に渡って、ケンブリッジでコースやワークショップを開いてきました。ケンブリッジは大学都市で、活気にあふれていました。新しい技術を研究することや自己改革の新しい方法を見つけることに熱心な、探求心の旺盛な人々がいました。その点、ニューギャロウェイはまったく趣を異にします。スコットランド南西部の素朴な人たちは、このへんてこなものにどんな反応を見せるでしょうか？

意外なことに、彼らはちっともへんてこだとは思わなかったようです。ヘミシンクを試しにやってきた人の多くには、まずメタミュージックを体験してもらいました。これは、彼らがジルのマッサージ台の上にいるあいだずっと、体のリラックスを助けてくれながら、心ははっきりと明敏なままにしておいてくれたのです。自分が聴いていたのは何かと、多くの人が訊ねました。そしてテープかCDを買ったり借りたりして帰りました。たいていは『**インナー・ジャーニー**』か『**スリーピング・スルー・ザ・レイン**』で、ときには『**リメンブランス**』ということもありました。『**ハイアー**』も感情的な解放を助ける作品で、ときには「過去の人生の記憶」を浮かび上がらせたり、トラウマとなったできごとを思い出させたりします。その患者に必要だと思われれば、『**ディープ10リラクゼーション**』あるいは『**エナジー・ウォーク**』を紹介することもありました。さらに進んで、家庭用の『**ゲートウェイ・エクスペリエンス**』・シリーズを探求したり、『**H・プラス**』・エクササイズからいくつか選んで挑戦したりする人もいました。否定的な反応はいっさいありませんでした。

我が家には屋根裏の寝室が2つあって、両方の部屋のあいだにある戸棚に組み込んだオーディオ装置から、ヘッドフォンのための配線がそれぞれに伸びています。7人まで泊まれます。数年前から週末コースを設けており、近くの村から参加するひともいれば、遠くドーヴァーやサウスウェールズからやってくる人もいます。どちらもここから600キロ以上あります。240キロも離れたニューカッスルアポンタインからやってきたグループは、この週末コースを3回も体験したあと、何か新しいものが入ったらまたいつでも来るからと約束して帰って行きました。

とはいうものの、いちばん長距離を旅してきたのはシムコヴィチ兄弟でしょう。アンウィン・センターを立ち上げた人たちで、スロヴァキアのバンスカビストリツァから、ヘミシンクを初めて体験するためにはるばるやってきたのです（この話については、本章の彼らの寄稿文を見てください）。お返しに、わたしたちも2回スロヴァキアを訪問しました。入門ワークショップを行い、2年後には、米国以外での初の開催となる『**ゴーイング・ホーム**』・ワークショップを開いたのです。さらにわたしたちはシムコヴィチ兄弟と協力して、チェコ共和国のピルゼンにある精神病院の職員のための入門ワークショップも行いました。

自宅で2日とか3日のコースを開くことは容易ではありません。宿泊と食事の世話があるからです。2002年にスコットランドのパースに招かれてエクスカーション・ワークショップを行ったのは、いい気晴らしになりました。アプレジャー・センターの設備の整った建物を使わせてもらえたのです。センターを運営し、英国とヨーロッパの多くでその仕事の先頭に立っているジョン・ページとキャロル・ヒューストンは、ヴァージニアでのコースに2度参加したことがあり、ヘミシンクをぜひとも自分たちの仕事に組み入れたいと思っているそうです。近い将来、パースでさらにワークショップを開けたらいいなと思っています。

スコットランドに移って以来、わたしたちが接触した人々は膨大な数にのぼります。質問とか、テープやCDの注文のために電話をかけてくる人もいれば、たまたまモンロー研究所のウェブサイトに出会って、もっと情報がほしいという人もいます。普通でない体験をしたあげく、どこからかここの電話番号やeメールアドレスを知った人たちもいます。

そんな人たちのひとりに、グラスゴーのアンジェラがいました。体外離脱体験というものについて聞いたことがあるかどうか、電話で問い合わせてきたのです。話しているうちに、この12年というもの、ベッドに横になっているとき、自分が体から引き離されるという奇妙な感覚におそわれることを打ち明けました。もし自分の体に戻れなくなったらどうしようと思うと、怖くてしかたがないというのです。一晩に4回とか5回も起こることがあったそうです。

病院へ行くと、精神科医を紹介されました。いろいろな検査を受け、脳波も調べました。エジンバラ大学の超心理学科でも助けが得られず、心霊療法家に相談すると、悪魔に魂を狙われていると言われました。

とうとう自分で調べようと、グラスゴーのミッチェル図書館を訪ねました。英国最大の公共図書館のひとつです。調べていくうちに、「幽体の旅」という言葉に出くわしました。そこで司書に、このことに関する本があるかどうか訊きました。そんな質問を受けたことがなかった司書はびっくり仰天しましたが、図書データを調べると、『Journeys Out of the Body』（邦訳は『ロバート・モンロー「体外への旅」』ハート出版刊）の初版が見つかりました。腰をおろし、拾い読みを始めたアンジェラは、これはまさに自分の体験そのものだと感じました。本を読み終えたアンジェラは、多くの時間とお金を費やして、なんとかモンロー研究所と電話で連絡を取ろうとしました（本にあった電話番号はウィッスルフィールド時代のものだったのです）。海外通話オペレーター相手にさんざん苦労したすえ、ついに有能なヘレン・ウォリンにつながり、わたしたちの番号を教えてもらったというわけです。

それ以来、アンジェラは何度かやってきては、ヘミシンク・テープをいくつか聴きました。恐怖を克服することと、体外離脱体験をコントロールすることを学び、体外離脱体験に関する研究プロジェクトにも参加しています。彼女は、ヘミシンクの仕事を通じてわたしたちが出会った、興味深く優秀な人たちのほんの一例にすぎません。

この2、3年わたしたちは、ヘミシンクが自分たちのプログラムに役立つと気づいたさまざまな団体といっしょに仕事をする方向に目を向けています。地元の癌患者支援グループの人たちが『**キモセラピー・コンパニオン**』にたいそう関心を示しており、それを使った人全員から、心強く好ましい報告が寄せられています。

現在わたしたちは「キャンサー・ブリッジ」という団体と協力し合っています。チャールズ皇太子がノーサンバーランドに開いた新しい癌患者支援センターです。最近、そこのスタッフの幾人かに、週末コースで『**ゴーイング・ホーム**』・シリーズを紹介しました。障害のある青少年とその家族を扱う団体のためのプログラムも計画中で、彼らが設計中の音楽室にヘミシンクを組み込めればいいなと思っています。

もうひとつ、わたしたちが協力している団体に、南西スコットランド・レイプ被害相談センターがあります。面談のバックグラウンドに『**インナー・ジャーニー**』を流しておくと、微妙な内容を扱う会話をスムーズに進められることがわかって、センターの運営者はさらにCDを17枚購入し、地元病院の患者にもヘミシンクを使うことにしたのです。

個人を対象とした仕事もずっと続けています。これについては、新しいメタミュージック、特に『**インディゴ・フォー・クワンタム・フォーカス**』と『**ザ・シーズンズ・アト・ロバーツ・マウンテン**』の発売をとてもうれしく思っています。『**リメンブランス**』の代わりに使うのにちょうどいいのです。ジルは、『**ディープ・ジャーニーズ**』を流しながら治療をした患者からも、すばらしい反応を得ています。

もうひとつの新機軸は、ネコがのどを鳴らす声が骨や組織の修復に及ぼす効果について、研究が行われていると知ったことから生まれました。ネコのけがはとても治りが速いのですが、ゴロゴロのどを鳴らすときの25ヘルツの周波数に、この治癒を助ける効果があるらしいのです。これは人間にも効くかもしれません。といっても、けがをした手足のそばでネコがずっとごろごろいってくれる保証はないので、モンロー研究所では『**ヘミキャット**』をつくりました。25ヘルツの信号を埋め込んだ、「のどを鳴らす」CDです。わたしたちはこれを骨粗鬆症の疑いのある人に使ってみました。その後の検査では、なんと、もう骨粗鬆症はみられませんでした！　この方向の研究がさらに続くことを願っています。

ヘミシンクで何がいちばん魅力的かといえば、ひとつは、使い道が無限にあるように思われることですね。

# メキシコにおけるヘミシンク

ジーン・バステリス

*ジーン・バステリスはモンロー・アウトリーチ・トレーナーで、メキシコに住み、ゲートウェイ・エクスカーションやその他のワークショップをスペイン語で行っている。専門委員会ならびにドルフィン・エナジー・クラブのメンバーで、ヘミシンク・プログラムにフルタイムで取り組んでいる。彼女はカナダのトロントで生まれ、幼い頃に英国へ渡ってそこで教育を受けたのち、カナダに戻った。多彩な興味に導かれるままに、ファッション業界、家族経営の小さな農場、アルバータの牛の牧場での獣医の仕事などを経験した。1985年に親族の集まりでルイス・バステリスに出会う。彼はメキシコ人ビジネスマンで、「メキシコに来て、メキシコを知ってほしい」と彼女を誘う。1年後、ふたりは結婚した。*

ワークショップ参加者の一団に、来るべき意識の変化についての心構えをさせるとき、わたしはいつも、途中で気が散るようなことが起こった場合の対処法も教えておくことにしています。メキシコはとても活気に満ちた国です。人がたくさんいて、それぞれ日々の活動にいそしんでいます。メキシコでヘミシンクの催しを行うのに必要な快適さを備えた、静かで孤立した場所がいつも見つかるとはかぎりません。にぎやかな町や市の真ん中で行うはめになることもしばしばです。わたしが初めてのモンロー・エクスカーション・ワークショップを、メキシコシティから南東へ2時間ほどのプエブラで開くことになったときも、ちょうどそんなぐあいでした。

現地へ行く前の数日、わたしはかなり神経質になっていました。ワークショップのスポンサーになってくれた女性から、参加者として数名の医師を登録しておいたと言われたのです。「あら、やだ。きっとものすごく疑り深い連中で、いちいち反論したり難癖をつけたりするつもりなんだ」と思いました。それに、完全にスペイン語で行う初めてのワークショップのひとつでもあったのです。以前わたしは、米国で英語のプログラムを提供していました。でもメキシコでは、英語がよく分かる参加者だけを相手にしていればよかったのも、スペイン語のワークショップ・テープができるまでのことでした。当時のわたしのレベルでは、疑り深い人たち相手に、専門用語の出てくる討論をスペイン語でこなせるかどうか不安でした。かといって、助けてくれる人もいません。

きっと、雲の上から誰かがわたしを見下ろして、かわいそうに思ってくれたにちがいありません。幸いなことに、医師たちというのが、いわゆる〝伝統的な〟医学とともにホリスティックな代替療法を採用している人たちだったのです。ほとんどは、一般開業医であると同時に、なんらかの療法のスペシャリストでした。全員が、治癒のプロセスにおいて心と体が一緒に働いた場合のパワーを、強力に支持していました。なんてすばらしい！

参加者は全部で18人でした。医師が7人、心理学者が3人、土木技師が2人、大学生が2人、大学教授が1人、主婦が3人です。ちょうど5月、メキシコ中部では雨期の始まるシーズンでした。5月から9月の終わりまでは、たいてい午後遅くに突然あらしがやってきて、滝のような雨を降らせます。激しい雷も伴っていて、大きな雷鳴がとどろき、幾筋もの稲光がひらめきます。1時間以上続くことはほとんどないのですが、とてもドラマチックなのです。始まったときと同じくらい突然やんで、まるでなにごともなかったかのように、太陽が顔をのぞかせます。わたしたちがともに生きている自然の、とてつもないパワーを見せつけられる思いがします。しょっちゅう雷が落ちるので、停電はいつものことです。というわけで、あらしがくる前にワークショップをなんとか終わらせたいというのが、もうひとつの懸案事項となります。複数のヘッドフォンに均等に音を送り込んでいる電子装置は、バッテリーで動いているわけではありませんから。

それはワークショップの2日目のことでした。グループは**「フォーカス12での問題解決」**のエクササイズを始めようとしていました。わたしたちが使っていた2部屋続きの事務室には、両側に大きな見晴らし窓がありました。部屋を少し暗くするため、下から4分の3ほどを大きな工作用紙でおおってありましたが、上のほうには空がはっきり見えています。遠くの空が真っ暗になりました。不吉な雲が、エクササイズの最中にやってこようとしていたからです。

ワークショップが始まった朝の話し合いのときに、気を散らすものへの対処法を参加者に教えてありました。犬の吠え声や通りで人々が叫ぶ声、やかましい車の音などです。それでも、雷にどう対処すべきかを早く考えてやったほうがいいと、あらゆる本能がわたしをせっつきました。そこで、稲妻が突然光っても、そのエネルギーを利用するようにと、ちょうど、大気圏を抜けようとしているスペースシャトルのブースターロケットのようなものだと、示唆してあげました。そうすれば、彼らはそのエネルギーが、彼らをめざすところへ推進させる強力な発射台を象徴するものだと、考えてくれるかもしれません。これは、正確に言えば、テープから得られるような、フォーカス12への静かでリラックスした上昇ではありません。それでも、エクササイズ全体をだめにするよりはいいでしょう。雷に驚いて、そのショックで物質世界に逆戻りしてしまうよりましです！

エクササイズが始まって10分くらいしたとき、ビルのすぐそばに雷が落ちました。窓ガラスがびりびり震え、わたしは思わず椅子から立ち上がりました。続き部屋をつなぐドアのところに陣取っていたわたしは、すばやく両方の部屋を見回しました。参加者はマットや寝袋、クッションなど、それぞれの「巣」に、おもいおもいに寝そべっています。驚いたことに、18人の参加者全員が、静かに横になって、深く呼吸しています。ちらっと眼を開けた人が1人いましたが、またすぐに閉じてしまいました。なんてすばらしい人たちでしょう！　トレーナーが椅子から飛び上がっているのに、穏やかにエクササイズを続行しているなんて。自慢したくなってしまいます。

あとで、輪になって体験を話し合っていたとき、医師の1人が、真っ赤な稲妻が見えたけれど、逆にそれを利用してやったと話してくれました。これまでは体験したことがなかった意識のレベルまで自分自身を勢いよく飛ばすために、使ったといいます。その稲妻を取り込み、自分の体験に組み入れたのだそうです。通り過ぎるあらしを無視したか、フォーカス12という拡大したエネルギー状態に進むために使ったということで、グループの意見は一致しました。ただ1人、薄く目を開けて部屋を一瞥した女性だけが、落雷の衝撃が少し怖かったと言いました。それでも、みんな何事もなく横になっているのを見て、彼女も安心して、その衝撃を取り入れたそうです。

もちろん、ヘミシンクがそんなことをさせたわけではありません。ヘミシンクは、参加者がみずからの内なる能力を使ってその衝撃に対処する機会を与えただけです。この点に、わたしはとてもひきつけられるのです。つまり、ヘミシンクの助けによって、どんな平凡な人でも容易に、またすばやく、みずからの魂の領域に到達でき、そうした豊かさと知恵に出会うことができるのです。個人的には、ヘミシンクがいちばん役に立つのは医学の分野だと思っています。「心と体」のつながりが現に存在し、しかも役に立つものであることを医学界が受け入れるようになればなるほど、科学はもっと開かれたものになるでしょう。そして、わたしたち誰もが持っている、この驚嘆すべき能力の使用を探求し、さらに押し広げるための研究が進む日が、近づくのです。

# 第10章　ヘミシンクは動物にも効果があるのか

もし動物にも意識というものがあるなら（もちろん、あることは否定しようのない事実だが）、彼らもまた、ヘミシンクを聴いて影響を受けていけない理由はないことになる。この方面の研究がもっと行われることを期待したい。動物の手術の際にメタミュージックを流したらどんな違いがあるかみてみるのも、おもしろいだろう。これまでのところ、わたしたちのもとにあるのは、本章に収められているのも含め、事例証拠のみである（例外は、ヘレン・ガットマンが『Using the Whole Brain（全脳を使う）』に報告したサム・マッチとケリー・ミストの実験）。

とはいえ、本章の報告では、ヘミシンクがイヌやネコ、ウマに恩恵をもたらしたさまざまな例が紹介されている。読者も自分で実験をしてみたくなるかもしれない。金魚とブタは興味深い研究対象になりそうだ。野鳥のための餌台にプレーヤーを置いたらどうだろう？『ミッドサマー・ナイト』なんか、よさそうだ。

# 動物の苦痛をやわらげ安心感を与える

スザンヌ・モリス他

## 【スザンヌ・モリスのペット】

わたしはもう20年以上も、ヘミシンクを使って、自分自身の心身の健康を図るとともに、特殊なニーズを持つ幼児や小児の毎日がより快適なものになり、学習能力が向上するように努めてきました。そして人間を対象としたこうした個人的な体験を通じて、苦痛を感じている動物もメタミュージックの支えによってもっと楽になれるのではないだろうかと思い始めました。ここに紹介するのは我が家の3匹のメンバーの物語です。メタミュージックが動物の生活にどれほど大きな恩恵を与えることができるかを、彼らが教えてくれたのです。

### ◆サーレム◆

サーレムはいつも、美しい金褐色の背をすっと伸ばして、アビシニアン・キャット特有の王者のような堂々たる姿勢で座っていました。彼の世界はわたしたち家族の周囲に限られ、撫でてもらいたくて膝によじ登っては、ゴロゴロとのどを鳴らしていたものです。サーレムの世界がひっくり返ったのは、わたしたちがウィスコンシンからヴァージニアに引っ越したときのことでした。引っ越しトラックが来る日、異変を察知した彼は、逃げ出してベランダの隅に隠れるという形で恐怖を訴えました。けれども結局つかまって、大陸を横断する3日間の旅に耐えたあげく、新居に到着したのです。彼の苦しみはさらに続きました。引っ越しのあと何週間も、体の動きには怒りと恐怖がみられました。外に出るのを怖がりましたが、かといって、1日じゅう家にこもっていても楽しそうではありません。抱かれるのを嫌がり、脊中を撫でるとイライラしたようすを見せます。

サーレムは潔癖ともいえるほどきれい好きなネコで、排泄にはネコ用トイレを使い、毛皮をいつも清潔にして、つやつやと光らせていました。ところがしだいに家具の上でおしっこをしたり、ラグの上に排便したりするようになりました。ネコ用トイレの使用を拒否したのです。わたしは思いつけるあらゆる手を使って、彼を落ち着かせ、家のなかで増え続ける粗相に対処しようとしました。どれも効果がありません。わたしはすっかりお手上げ状態でした。とうとう頭にきて、粗相したウンチにサーレムの鼻をこすりつけ、外に放り出してしまったのです。そんな反応をしてしまうほど怒りの感情が高まっていたことに、自分でも愕然としました。とにかく気を静めようと、ヘッドフォンをつけて腰をおろし、メタミュージックのテープをかけました。この状況で自分はどうしたかったのか、どうしたくなかったのかをよくよく思いかえしてみるにつれ、ヘミシンクをサーレムに使えるだろうかと考え始めました。

わたしはちょうど、ある予備研究を終えたところでした。発達障害の子供たち20人を対象に、ヘミシンクを含んだ音楽をセラピー中に使った場合の反応を調べる研究です。そのころのわたしには、周囲の世界へのわたし個人の反応のしかたに、ヘミシンクが影響を及ぼすことはわかっていました。とはいえ、子供たちが最初の好ましい反応を見せたにもかかわらず、それがヘミシンクのせいかどうかは疑わしいと思っていました。セラピーでほかのタイプの音楽を使ったときにもよい反応を見たことがあったので、子供たちは音楽だけでも好ましい反応をするのだろうと、初めは思っていたのです。5年に渡って、わたしは週に1度のセラピーにやってくる子供たちを、きちんとした計画のもとに観察しました。まず、バックグラウンド・ミュージックなしのセッションに対する反応を図表にしました。次に、気持ちを落ち着かせる音楽を流しながら似たようなセッションをしたときの反応を観察しました。最後に、その音楽にヘミシンク・シグナルを加えた場合の反応を観察して、図表にしました。75%の子供たちが、ヘミシンク・セッションに好ましい反応を示しました。これは、音楽だけのセッションのときよりもかなり大きな数字でした。

座り込んでサーレムとわたしがともに陥っている窮状について考えていると、彼の反応と子供たちにみられた反応が似ていると思われてなりませんでした。子供たちは、感覚情報の処理と統合に問題を抱えていました。わたしはすっかり興味をそそられましたが、すぐにその考えに飛びついてはいけない、ヘミシンクをバンドエイド代わりにしてはならないとも思いました。わたしは怒りに我を忘れて感情的になってしまいましたし、サーレムもそれを感じとったことはわかっています。それに、絶えず神経質に動いている動物にどうやってヘミシンクを聴かせればいいか、見当もつきません。彼は部屋で音楽をかけていても、スピーカーから流れてくる音楽にはまったく関心を示さないのです。そこで、子供たちを相手に研究をしたときと同じように、サーレムに接することにしました。知りたいのは、ヘミシンクで本当に違いが出るかどうかです。単にネコ用トイレの使用を再開させるだけでなく、明らかに彼のそうした行動の原因となっている全般的な苦しみを和らげてやれるかどうか、知りたいと思いました。

わたしは自分を落ち着かせるために毎日メタミュージック・テープを使うことを始めました。怒らずにサーレムの粗相をきちんきちんとかたづけ、そうした違反を犯すたびに罰することもやめました。粗相の回数は相変わらずで、日に約3回の「事故」が起こります。サーレムが体に触らせ、撫でさせてくれる時間の長さも把握しておくことにしました。最初は抱っこを受け入れるのですが、30秒もしないうちに居心地が悪そうになって、わたしの膝から飛び出してしまいます。ベースライン・データとして最初の週の実態を表に記入していったところ、週の終りには屋内での粗相が35回という結果になりました。まだ、自分のトイレを使っていません。

2周目には音楽をステレオから聴かせるより、ヘッドフォンを工夫してみることにして、ヘッドフォンのついたウォークマン型のプレーヤーの安いセットを買いました。金属のヘッドバンドを切り取って、イヤーピースどうしをテープでつなぎ、ネコの頭よりわずかに幅が広くなるようにしたのです。最初の週の終りに、音楽を流さない状態で、サーレムにヘッドフォンを見せました。匂いを嗅いで、何だろうと思っているようでしたが、すぐに興味を失いました。次に、テンポのいい、心を静めるような音楽をヘッドフォンに流してサーレムの耳のところに掲げ、聞こえてくる音に注意を向けさせました。とても興味を持ったようでしたが、ヘッドフォンを耳に近づけようとすると、尻ごみしました。次の2日間、なんとか誘い込んで、日に3回か4回、音楽を聴かせました。だんだんに、ヘッドフォンをそっと耳のところにあてても嫌がらなくなりました。わたしの膝に座って、日に数回、1分か2分、聴いているようになりました。スプリッタを使って、わたしも自分のヘッドフォンで同時に聴くことができるようにしました。その週のあいだに、粗相は20%減りました。わたしは勇気づけられる思いで、サーレムは前より居心地よく感じているのだと思いました。

3週目に音楽を『**ミッドサマー・ナイト**』に変えました。サーレムの変化はほとんどすぐに始まりました。最初のセッションのあいだ、サーレムはわたしの膝に座って、5分間聴いていました。前の週は最高2分だったのです。体がとても重たくなって、まるで非常に深いリラックス状態にあるかのようでした。メタミュージックでの2回目のセッションのとき、わたしは彼に心で話しかけてみようと思いました。彼はぐっすり眠っていて、ゴロゴロいっています。わたしは誘導イメージ法を使って、心のなかのイメージを通して彼に語りかけました。まず、膝の上で眠っているサーレムの姿を頭に思い浮かべます。そのサーレムは、おなかが張ってきたのを感じて眼を覚まし、階下へ下りていって、ネコ用トイレで排泄します。この想像上のストーリーを伝えてから1分もしないうちに、サーレムのおなかが固くなるのが感じられました。すると彼は眼を覚まして伸びをし、階下に行って、ネコ用トイレを使ったのです！　また自分のトイレを使ってほしいというわたしの願いを、彼は確かに受け取り、反応したのです。このセッションのあと、数回の失敗はあったものの、たいていはネコ用トイレを使うようになりました。その後も、毎日、メタミュージックのセッションを続けました。彼はすっかりこれが気に入って、音楽を聴きながら40分も寝ていることもありました。ある日など、わたしのところに来てミャオウと鳴くと、ウォークマンを置いておいたテーブルのところへわたしを連れていきます。テーブルに飛び乗ると、ヘッドフォンをぽんぽんと叩き始めました。メタミュージックを聴いたほうがいいという自分自身のニーズを、よくわかっているのです。サーレムはさらに数週間、うっとりとメタミュージックを聴くことを続けました。このあいだに彼は以前と同じレベルの幸せと安らぎを取り戻したのです。戸外の探検が好きになり、抱かれて撫でられるのも喜ぶようになりました。

わたしには、セラピーのときにいつも心に留めていることがあります。それは、子供は自分が何を必要としているかを知っていて、それに引き寄せられるということです。安らぎを与え、学習を支えてくれる活動にどっぷりはまっていても、もはやそれが必要でもなければ役にも立たないとなれば、あっさり捨ててしまうこともよくあります。サーレムにも同じパターンがみられました。いったんヘミシンクのよさに気づくと、聴きたがり、音楽に浸って過ごしたがりました。けれども、ヘミシンクからの恩恵を吸収し、感覚や感情の働きがバランスを取り戻すと、もうセッションを必要としなくなり、だんだんに興味を失っていったのでした。

## ◆ガラドリエル◆

都市からいなかに引っ越したあと、わたしの11歳の息子は、自分の初めての犬を選べるというので、すっかり張り切っていました。一緒に生まれたゴールデンリトリーバーの子犬たちのところにわたしたちが近づくと、すぐにガラドリエルが、熱狂的なひたむきさを見せてデヴィッドに飛びついてきました。いっときもじっとせずにくねくねと子犬らしく動きまわり、なんにでも大喜びして飛び跳ねます。ほとんど活動亢進状態といえるほどでした。わたしたちは彼女を室外犬として育て、屋内に入れるのは特別のときに限ることにし、家のそばに、小さな犬小屋と柵で囲った遊び場を用意してやりました。デヴィッドは夏のあいだほとんど彼女と過ごし、彼らは切っても切れない親友となったのです。家のなかに入れてもらったときにちゃんとした行動をとれるように教えるのは、デヴィッドの責任ということになっていました。これはとほうもない難題であることがわかりました。家に入れてもらうと、興奮のあまり、手がつけられない状態になるのです。走ったり、ジャンプしたり、吠えたり、家具に突進したり。デヴィッドは辛抱強く、落ち着いた行動を学ばせようとしました。とはいえ、入れてもらったということでいったん興奮してしまうと、もうどんなに落ち着かせようとしても不可能なのでした。

デヴィッドは、ネコのサーレムがヘミシンクで変わったのを間近に見ていましたから、ある日、ガラドリエルにも試していいかどうか、訊いてきました。もし、最初に家に入るときに静かにできれば、落ち着いた行動を学びやすくなるはずだというのが、デヴィッドの考えでした。そこでわたしはイヌに合わせた大きさのヘッドフォンを作ってやり、プレーヤーとメタミュージック・テープを渡しました。音楽の流れるヘッドフォンを持って、デヴィッドとガラドリエルはフロント・ポーチに陣取りました。ガラドリエルはデヴィッドの膝の上に座って、ちょっとだけ音楽に耳を傾けます。デヴィッドは彼女をなでて、静かに座って落ち着いていられるなんて、ほんとにいい子だねと話しかけます。静かにしていられる瞬間が増えるにつれ、デヴィッドは玄関のドアにもっと近寄ります。その週のうちに、彼とガラドリエルはリスニング・セッションをしながらじりじりと家のなかに移動しました。ヘッドフォンをはずしてもガラドリエルはとても静かにしていて、熱狂的な行動をしばらくコントロールすることができました。ヘミシンクが、家の中にいるときに幸せでしかも静かにしているのがどんな感じかを学ぶ手助けをしたのです。

ガラドリエルが家族の一員になってから6カ月後、彼女は車を追いかけ始めました。ある日の午後、ゆっくり動いてきた車が彼女にぶつかりました。彼女は打撲傷を負い、ひどくショックを受けました。わたしたちは彼女を落ち着かせるために、ヘッドフォンからメタミュージックを流しながら、車で動物病院へ向かいました。獣医さんは、事故のショックによる身体症状がまったくみられないと、驚いていました。数日は、休息と回復のために屋内にいさせたほうがいいということでした。薬は貰いましたが、ガラドリエルは不安そうで、いくらか痛みもあるようでした。この期間、ヘッドフォンでメタミュージックを聴くセッションをときどきすることで、彼女は大きな安心感を得たのでした。

### ◆フィン◆

フィンはもう13年近くも、わたしたち家族の一員として暮らしています。わりあい穏やかで静かなゴールデンリトリーバーで、なにごともマイペースでこなしていました。生きることを愛し、家のまわりの美しい野原や林を走ることを愛していました。けれども雷雨は苦手。ブルブル震える恐怖心のかたまりになってしまうのです。いつも、空が暗くなって稲妻がひらめきだす30〜40分も前に、あらしの到来を察知します。体を震わせ始めたかと思うと、しまいには全身が細かい震えにおおわれてしまいます。よだれを垂らしてクンクン鳴きながら、家具の下に隠れます。いちばん安心できるのは窓のない小さなバスルームに避難したときですが、それでも、普通の状態に戻るのは、あらしが去って1時間近くたってからです。

何年も、わたしはごく普通のやり方で、このあらし恐怖症に対処してきました。あらしのあいだはそばにいて、なでたり話しかけたりします。ホメオパシーやハーブの治療薬も与えました。獣医さんはお薬まで処方してくれました。やがて、わたしはフィンの恐怖症をただ受け入れるようになりました。試す手はもう残っていないと思ったからです。

8年間、フィンはこうした騒がしいあらしを恐れて生きてきました。そしてわたしは、彼が少しでも耐えやすくなるようにしようと努めてきました。個人的にも、また仕事のうえでも、メタミュージックを使い続けていたのに、フィンに使ってみようという考えは一度も浮かびませんでした。ある特別騒々しいあらしのとき、ふと見ると、居間の床にわたしのラジカセが置いてありました。そばのテーブルの下には、フィンが縮こまっています。わたしは何の気なしにスイッチを入れると、彼の鼻先に置いて、『**インナー・ジャーニー**』を流し始めました。5分もしないうちに、フィンの震えが止まりました。眼の荒々しい光も薄れ始めました。頭を垂れて前足に載せ、音楽に聴き入っているように見えます。10分もすると目がふさがり、あとはあらしのあいだずっと眠っていました。このときから、雷雨がフィンの生活に猛威をふるうことはなくなったのです。あらしが近づくのを察知すれば、やはり不安にはなるようですが、いまはすてきなラジカセがあります。一階のバスルームの床にそれを置いてやりました。あらしのときは、そこが彼の避難所になります。家に逃げ込んで来ると、一目散にバスルームを目指します。そして、鼻づらをラジカセに押しつけて寝そべるのです。メタミュージックが耳いっぱいに流れ込むと、彼は落ち着きます。そうやって、あらしのあいだ眠っていて、過ぎ去ると同時に、姿を表すのです。

サーレムにガラドリエル、フィンのおかげで、わたしはメタミュージックと、身体的・情緒的安らぎに対するその効果についての認識を新たにしました。彼らはわたしに、神経系に対する音や音楽の効果が人間だけのものではないことを教えてくれました。人間のよき伴侶である動物たちも、バイノーラル・ビート音響技術の環境に慰めと癒しを見いだすことができるのです。

## 【キャロル・ハンソンのブランディ】

キャロルの高齢の犬、ブランディは年を追うごとにますます「ハイテンション」（キャロルの表現）になっていました。14歳のとき、彼の神経質な行動は破壊的な様相を呈し始め、特に雷雨のあいだは手がつけられないようになりました。鎮静剤はほとんど役に立ちません。あまりにもひどい興奮ぶりに、とうとうキャロルは自分の睡眠を犠牲にしてまで、ぴったり寄り添って守ってもらいたいという飼い犬の要求に応えてやらなければならなくなりました。

ブランディを落ち着かせるために何ができるだろうと考えているうちに、キャロルはヘミシンクCDの『**サーフ**』に心を静める効果があることを思い出しました。ほかの手はすべて失敗に終わっていたので、試しても損はないと思いました。とはいえ、ブランディはほとんど耳が聞こえなかったので、それほど期待していたわけではありません。ところがブランディはちゃんと反応し、やがてそのリラックス効果のある音がすっかり気に入ってしまいました。自分のベッドに立ち上がってCDプレーヤーに顔を向け、「おねだり」をするほどでした。そのまま、キャロルがCDをかけてくれるまで、じっと立って待っています。かけてもらうと、ブランディはようやく横になり、くつろいで、音楽を楽しむのです！

ブランディは、キャロルが自分自身のためにヘミシンクを使うのにもすっかり慣れました。それがわかったのは、ある日、キャロルが椅子にもたれてヘッドフォンで『**エナジー・ウォーク**』を聴いていたときのことでした。キャロルが横になればいつも上に這い上がってくるブランディが、このときは静かにキャロルの前に座っていました。テープが終わると、ブランディは自分のベッドに行って、すっかりリラックスしたようすで横になったのです。

（『フォーカス』２００１年秋、第23巻４号掲載のキャロル・ハンソンの記事より転載）

## 【ラッセル家のスキ】

何年も前からわたしたちは、ヘミシンクを動物に使うことについての問い合わせを受けています。いちばん奇妙な質問は、北アイルランドの農家の人からのものでした。低空飛行するヘリコプターに家畜が驚いて、しょっちゅうパニックになって野原を走り回るのだそうです。ヘミシンクで鎮められないだろうかという質問でした。わたしたちは彼に、少なくとも２つ、望ましくは４つ以上のラウドスピーカーを野原に設置する必要があること、そして、充分な音量を出すことができさえすれば、効果がないと考える理由はないことを説明しました。テープを２本送ってやったのですが、まだ結果の報告を待っているところです。

もっと実用的な例をあげると、馬を品評会に連れて行くときに困ったことが起こると言われたことがあります。厩舎を出る前に馬を計測して、エントリーしているクラスの限度内に収まっていることを確かめます。ところが品評会の会場で審査員が計測すると、ときどき、１頭か２頭が限度をオーバーしているのです。たとえ１ミリとか２ミリでも、出場資格を剝脱されてしまいます。こういうことになるのは、若くて経験の少ない馬の場合が多いようです。馬運搬車で移動するあいだに神経が高ぶって、体高にその致命的な何ミリかが加わってしまうのです。大きな馬運搬車には、音楽を流すための配線がしてあります。おもに、長距離の旅のあいだのドライバーや厩務員の娯楽のためです。レパートリーにメタミュージックを加えると、馬たちは見るからにリラックスして、異常な計測値の問題はなくなったのでした。

最後に、スキの物語を紹介しましょう。スキは、きわだった個性と美しさを持った三毛猫でした。若いころには、狩りの本能が高まると、殺した小鳥やネズミを家に持ってきたものです。そんなとき、彼女はメタミュージックを流した部屋に閉じ込められました。リラックスさせるだけでなく、ボブ・モンローが言うところの「異なる世界観」を与えてくれるのではないかという期待からで、曲はたいてい『**ミッドサマー・ナイト**』でした。これは効いたように見えました。だんだんに、獲物をその場で殺さなくなったのです。鳥やネズミをつかまえては家に持ってきて放し、観察しています。そのうちにわたしたちが救いだして、庭に逃がしてやるわけです。

スキは18歳になるまで元気で健康でした。その後だんだんに衰えて、ついに、2、3カ月に1度のビタミン注射が必要になりました。それでようやく、まずまずの状態を保てるのでした。けれども、このようなことを続けてはいられないことがはっきりする時が来ました。地元の獣医のジョンが何カ月か診てくれていて、スキのほうでも彼になついていました。電話すると、近くの農場の去勢牛の面倒をみてから、寄ってくれることになりました。

その朝、ジルは寝室でアイロンがけをしていました。スキはベッドに寝そべっていました。メタミュージックの『**インナー・ジャーニー**』と『**スリーピング・スルー・ザ・レイン**』が流れていました。ジルはスキに、もし、いまここで旅立ちたいのなら、そうしてもいいのよと言いました。スキはただあくびをして、ベッドの上で伸びをしただけでした。アイロンがけが終わってジルが階下へ下りると、スキもついてきました。よく晴れた暖かい日でした。わたしたちは庭に座って、獣医さんが来るのを待ちました。スキはガーデン・テーブルの下に丸くなっています。ジョンは経験豊富な田舎の獣医で、おもに農場の動物を診ています。地に足の着いた実際的な人です。電話があって、少し遅くなるということでした。去勢牛の何頭かが協力的でなかったのだそうです。ようやく到着すると、彼はわたしたちといっしょに座ってしばらくおしゃべりをしました。それからスキをとても優しく診察すると、こう言いました。「ええ、もう潮時です。一瞬ですみますよ」。そよ風が吹いていて、ウインドチャイムが美しいメロディをかなでていました。

ジョンは注射器を取り出すと、スキをそっと抱きあげました。そしてほんの2秒くらいで、処置は終わりました。彼はスキを草の上に下ろして、さっきまでしていたように丸くしてやりました。ジルはバスケットを取りに行きました。彼女の村で何年も前に作られたものです。そこに、家族のみんながずっと使ってきたタオルを敷きました。彼女はジョンに、スキをバスケットに入れてもらえないかと訊きました。ジョンは膝をついてスキをとても優しく持ち上げ、バスケットの中に下ろしました。それからがくんと後ろにのけぞって、頭を振りました。わたしたちは、何かまずいことがあったのかと訊きました。

「いや……わからない……」と彼は言いました。「何かが起こったんだが……どういうことかわからない……」

「教えてもらえます？」

「ええと……スキを持ちあげたとき、風がやみました。それなのに、ウインドチャイムの音がまだ聞こえました。それから……彼女をバスケットに入れると、彼女は起き上がって座ったんです……金色の光の輪の中に……」

わたしたちのどちらも、普通と違うものは何も見ていないし、聞いてもいませんーーでもジョンは明らかに震えています。わたしたちは彼に冷たい飲み物を出し、彼は座ってしばらくわたしたちと静かに言葉を交わしていました。ときおり頭を振りながら。

やがて彼は落ち着きを取り戻し、帰って行く準備ができました。バスケットを持ち上げ、車のフロントシートに注意深く置きました。帰ろうときびすを返しながら、彼は突然、こう言いました。「彼女が戻ってきたら、僕にはわかります。そしたら、お宅に連れてきますよ」。そして、車を運転して行ってしまいました。

数日後、ドアにノックがありました。ジョンが小さな木の箱を持って立っていました。「何が起こったのか、僕にはまだ理解できません」と彼は言いました。「あんな経験は初めてです。それに、誰にもあのことは言えません。もし言ったら……」彼は残りの言葉を呑み込んでしまいました。

彼が手渡した箱にはきちんとスキの名前のラベルが貼ってあり、火葬を見届けた人のサインのあるカードと、ドライフラワーの小さな束が添えられていました。

帰ろうとする彼に、わたしたちは彼の言ったことについて尋ねました。スキが戻ったらわかるから連れてくるというのはどういう意味かときいたのです。彼はびっくりしたような顔をしました。「そんなこと、言いましたっけ？　ほかのことは全部覚えていますーーでも、そんなことを言ったなんて、全然記憶にないですね！」

でも、彼は確かにそう言いました。それに、いずれにせよ、きっとそうなることでしょう。

# 第11章　ヘミシンクを科学的に検証する

『Using the Whole Brain』が1993年に出版されて以来、ヘミシンク・プロセスと、意識の状態に対するその影響に関する研究は着実に進んできた。F・H・「スキップ」アトウォーターが言うように、ヘミシンクが意識にどのように影響を及ぼすのかを正確に理解しようとするなら、「バイノーラル・ビート同調という限定的な概念」から一歩離れる必要がある。

ジェイムズ・レーン、スキップ・アトウォーター、ジョナサン・ホルトによる本章の3つの小論は、それぞれの分野の専門家によっていまどのようなタイプの研究が集中的に行われているかを明らかにする。この音響技術が科学界により広く受け入れられるには、そしてその結果さらに幅広く利用され、最高の効果を発揮するには、こうした研究が欠かせない。

それらと対照的ではあるが、やはり非常に関連性の高いのが、スティーヴン・グラフの分析である。彼はロバート・モンローと研究所が意識にまつわる文献に与えた影響を分析している。彼の所見はきわめて明快であり、モンローの発見と著書の影響力の大きさを如実に示す証拠となっている。

# バイノーラル・ビートの効果に関する研究

ジェイムズ・D・レーン（博士）

*ジェイムズ・D・レーン博士は、ノースカリフォルニア州ダラムにあるデューク大学医療センター精神科および行動科学科の、医療心理学および行動医学の準研究教授である。*

当初から、バイノーラル・ビートについて、またヘミシンクの効果についてわかったことの多くが、個人の探求を通じて発見されたものだった。さらに、志願者を対象とした試行錯誤的な試験や、ヘミシンク・プログラムのクライアントや患者への治療効果の注意深い観察を通じても、知識が得られている。しかしながら開発からこれだけ年月がたっているにもかかわらず、ヘミシンク、すなわちバイノーラル・ビートという単純な音響刺激の効果に関する科学的な研究はきわめて少ない。

こうした傾向は、ロバート・モンローが個人の体験の重要性を強調したことからきているとも考えられる。彼は、直接参加を通じて個人的な信念を「既知の事実」に転換することを重視した。事例報告情報はいまも刻々と蓄積されており、共有知識のかなり大きな集合体を生み出している。とはいえ、個人的な体験に集中することが、意図的ではないにせよ、ヘミシンクの臨床および教育現場での利用を制限するという結果をもたらしているように思われる。ヘミシンクの効果を個人的に体験している人には、すでに「知っていること」を裏づけてくれるという意味で、ほかの人からの事例報告があれば十分なのだろう。しかし事例証拠だけでは、医療従事者や教育関係者といった、もっと幅広い、もっと懐疑的な聴衆を納得させることはできない。直接体験したことのない人々のためにもっと公開に耐えうる事実を立証するには、客観的な証拠を集める必要がある。そのためには、科学的研究の条件である厳密な方法を用いなければならない。科学的な研究による客観的かつ公に認められた証拠があれば、専門家さらには一般大衆がヘミシンクの潜在的な恩恵を認める助けになるだろうし、ヘミシンクのプログラムや治療がもっと大々的に受け入れられるようになるだろう。

この章では、ある実験的な研究を紹介する。科学界の人々向けに、論文審査のある専門誌に発表することになった初めての研究であり、これがきっかけとなって、バイノーラル・ビートとヘミシンクの効果に関する研究が継続して行われることを期待したい。オリジナルの論文はほかのところで見ることができるが、この章では、研究の背後にある思考プロセスを述べたいと思う。この小論がほかの人々を勇気づけ、刺激し、導くことを願っている。その人たち自身の研究で、この科学的な取り組みに貢献してくれればいいと思う。

## 【研究の背後にある考え方】

ヘミシンク・プログラムはいくつかの活発な要素の相互作用を通じて効果を発揮する。たんに、聴覚に提示されたバイノーラル・ビートを通じて効果を発揮するのではない。言葉による指示が音楽や音響効果、バイノーラル・ビートと組み合わされて聴き手の期待や意図を支え、意識あるいはその他の精神／身体／霊の機能に望ましい変化を引き起こす。わたしたちはヘミシンクがバイノーラル・ビート以上のものであると考えているものの、最初の研究ではバイノーラル・ビートに焦点を合わせることにした。それにはいくつかの理由がある。

第一の理由は、バイノーラル・ビート（ＢＢ）の使用が、ほかの種類の精神／身体／霊プログラムとヘミシンクを区別する一般的な特性だからである。第二に、懐疑的な人々にとって、受け入れるのがいちばんむずかしいのが、このユニークな特性だからである。科学的な文献にあたっても、ただ聴覚信号を与えるだけで意識に著しい影響を起こすことができるという証拠はほとんど見当たらない。バイノーラル・ビートの効果が一見信じがたいものであるため、ヘミシンクの恩恵をどんなに主張しても、懐疑的な人々にあっさり撥ねつけられてしまうのだ。最後に、厳密な科学的手法で研究するには、バイノーラル・ビートの具体的な効果を対象としたほうがやりやすいからである。ヘミシンク・プログラムの応用がもたらす複雑な効果を研究するとなると、そう簡単にはいかない。実験室での研究がうまくいけば、ヘミシンクを医療や個人的発達に応用するためのより大規模で複雑なテストの準備にもなるし、そうしたテストの実施を正当化することにもなるだろう。我々は、ＢＢ刺激が意識と認知処理に影響を及ぼしうるという証拠を科学的に厳密な方法で集めることが、最初のとっかかりとして最適であるという結論に達した。もしこの核となる効果を立証できれば、恩恵がもたらされるメカニズムに根拠が与えられたということで、ほかの人々の研究――ヘミシンクの応用による恩恵の研究――の促進につながるだろう。

もうひとつ決めたのは、注意、明敏さ、集中に対するＢＢの効果を研究することだった。注意の強化はヘミシンクの使い道として一般的なものであり、注意欠陥障害をはじめとする障害の治療にも、教育およびビジネスの場での成績向上にも用いられている。そのいっぽう、興奮を静め、睡眠を誘導するためのヘミシンク・プログラムも開発されている。こうした応用に効果を発揮するBBパターンはよく知られており、ヘミシンクのその他の要素と切り離してテストすることができる。さらに我々は、明敏さや集中を強化するパターンと弱めるパターンを、ひとつの研究のなかで対比させることができた。これによって、今回の実験条件相互の差がより大きくなり、BB効果が観察されやすくなった。

## 【バイノーラル・ビート】

我々は、注意と集中を高めると考えられるバイノーラル・ビートのパターンと、眠気をもよおさせることによってそうした機能を弱めると考えられるパターンを選んだ。前者はEEGのベータ周波数範囲にある2つのバイノーラル・ビートを含む。1つは16ヘルツ、もう1つは24ヘルツで、本研究ではこれらを「ベータ」状態と呼ぶこととした。EEGのベータ周波数は普通、明敏な精神活動と関係があるとされており、これらの周波数は、注意や集中を高めるようにデザインされたヘミシンク製品によく用いられている。2番目のパターンはEEGの「シータ」と「デルタ」範囲にあるBB、すなわちそれぞれ4ヘルツと1・5ヘルツのBBを含んでいる。EEGのシータとデルタ範囲は一般に、眠気および睡眠と関係があるとされており、これらの周波数はそうした状態を誘発するためのヘミシンク・プログラムに用いられている。この第2のパターンを本研究では「シータ／デルタ」状態と呼ぶことにした。

研究の際、特殊な聴覚刺激を聴いていることを被験者が知ったり、聴いているのがバイノーラル・ビートのどちらのパターンかを区別できたりするのは望ましくない。そこで、2つのバイノーラル・ビート・パターンは、同じピンク・ノイズのバックグラウンドとともに提示した。ピンク・ノイズとは低い周波数の音を均一に混合したもので、勢いよく流れる水音のような音である。いくつかの異なるキャリヤ周波数（トーン）を用いて、異なるバイノーラル・ビートを示したが、各パターンのための最終的な音の混合物には、すべてのキャリヤ周波数が含まれるようにした。ベータ刺激と、シータ／デルタ刺激は別々のカセット・テープに録音された。課題の練習中に使うためにまた別のテープも作った。これも同じバックグラウンドとキャリヤ・トーンを含んでいたが、バイノーラル・ビートはまったく含んでいなかった。こうした予防措置のおかげで、3本のテープはどれも同じに聞こえた。

## 【ビジランス課題】

対照を設けた標準化された実験条件が設定でき、かつBB効果が検出しやすいものとして、「ビジランス課題」（＊訳注＝ビジランスとは警戒、用心の意味）と呼ばれる実験を選んだ。この課題は明敏さや注意に関する研究において長い歴史を持っており、その由来は第二次大戦中のレーダー監視業績の研究にまでさかのぼる。広く受け入れられている手法で、多くの変法があり、単調な条件下で注意を持続したり集中を維持したりする個人の能力をテストするために用いられる。我々は、この課題が今回の2つのBB刺激の効果の研究にぴったりだと考えた。

我々の研究では、被験者は薄暗い静かな部屋に腰を下ろして、コンピュータのビデオ・スクリーンを見つめる。スクリーンには、一続きのブロック体の大文字が1度に1つずつ現れる。1秒おきに新しい文字が現れ、それぞれの表示時間はわずか0・1秒である。被験者は「標的」、つまり同じ文字の2回目の出現を見張り、気づいたらできるだけすばやくキーを押す。標的の出現はそれほどひんぱんでなく、毎分わずか6回だが、1つも見逃さないよう、被験者は常にディスプレーを注視していなくてはならない。この課題を休憩なしに30分続ける。よい成績をあげるために被験者は集中力を維持しなければならない。また、こうした単調な条件下ではつい視線をほかのところにさまよわせがちだが、そうした傾向にも抵抗しなくてはならない。

ビジランス課題の成績は、正しく検出された標的の数（ヒット数）と、標的が現れなかったのに被験者が誤って反応した回数（誤報数）を数えることによって評価される。典型的なビジランス課題では、時間が経過し注意力が衰えるにつれ、標的を検出する能力が低下する。標的の見逃しが増え、誤報反応も増える。我々は、課題中に被験者をベータ周波数ＢＢに曝露すれば、課題への注意集中の維持に役立ち、成績が向上するのではないかと考えた。逆に、シータ／デルタＢＢへの曝露は被験者に眠気をもよおさせ、集中力を失わせて、成績を下げる結果になるだろう。

## 【研究はどのように行われたか】

実験に志願した若年および中年の成人男女32人を採用した。全員が、両耳とも聴覚は正常であると報告した。被験者は学生か、デューク大学または近隣で働く人である。各被験者は3回の実験を完了した。BBなしの練習が1回と、ベータならびにシータ／デルタ条件での実験が1回ずつである。各被験者がすべての実験条件を体験するこの種の研究デザインは、被験者の各グループがただ1つの条件しか体験しないデザインよりも優れていることが多い。とはいえ、同じ被験者が実験を繰り返すことは、研究を無効にしかねないような問題を引き起こす可能性がある。これについても、適切な予防策を講じた。

3回の実験はすべて同じプロトコルにしたがって行われたが、最初の実験は実は練習だった。ビジランス課題に不慣れなことによるためらいやとまどいを克服して、安定した成績を発揮できるようになる機会を、各被験者に与えるためである。練習の際にはBB刺激は与えなかった。ベータまたはシータ／デルタBB条件は2回目と3回目の実験の際に与えられるが、どちらが先にくるかはランダムに決めた。こうした手法のおかげで、慣れによる継続的な成績向上であろうと、反復実験に飽きたことによる成績低下であろうと、とにかく日によって成績がどのような規則的な変化を起こそうと、それが2つのBB条件の比較にバイアスをかけ、研究結果を無効にすることはなくなった。

被験者にはBB刺激の存在、すなわち我々の実験仮説については告げなかった。BB刺激の存在を知らないでいてほしかったからである。もし知っていれば、BBの存在を識別しようとしてビジランス課題への注意がおろそかになったり、興味を掻きたてられて警戒心が高まったりするおそれがある。代わりのストーリーとして、被験者には、研究の目的は単にビジランス課題の成績が日によってどう変化するかを評価することだと話した。課題は毎日正確に同じ条件のもとで行うことになっており、カセット・テープの音は、たんに一定のバックグラウンド音を流して実験室の外からの騒音をマスクするためであると告げた。この偽装は研究に必要なものであり、地元の被験者保護委員会によって、使用を承認された。被験者には、研究終了時に、すべて包み隠さず話した。

好ましい結果を得ようとして、実験者が被験者の行動に影響を与えることは避けなければならない。そこで、実験中に流されるベータならびにシータ／デルタのカセット・テープには、コード番号だけのラベルを貼った。こうすれば、実験中に被験者が聴いているのがベータ刺激なのかシータ／デルタ刺激なのか、誰にもわからない。これによって、意識的にせよ無意識にせよ、実験中の被験者が操作される可能性はなくなった。

実験はすべて午後の早い時間に行われ、午後1時から3時のあいだにスタートするように予定が組まれた。概日リズムのせいで、1日のうちでもこの時間帯はほとんどの人が警戒心と興奮度の低下した状態となっているという信頼できるデータがあるため、BB効果の観察に適していると我々は考えた。個人ごとに、3回の実験はすべて正確に同じ時刻に行った。調べようとしている効果が、時間による警戒心レベルの変動のせいであいまいになってしまうのを防ぐためである。

最初の練習のときに、ビジランス課題について被験者に説明し、失敗やとまどいなしに課題をこなせるようになるまで、しばらく指導した。その後、被験者はビジランス課題を30分行ったが、その間聴いていたカセット・テープにはバイノーラル・ビートは含まれず、バックグラウンド・ノイズとキャリヤ・トーンのみが含まれていた。

次の2回の実験では、ビジランス課題を行う30分のあいだずっと、各被験者はベータまたはシータ／デルタ刺激に曝される。半数の被験者はまずベータ条件で実験を受け、残りの半数はシータ／デルタ条件からスタートした。

被験者には、ビジランス課題の前後に、そのときの気分を評価する標準的な調査票への記入を依頼した。「気分プロフィール検査（ＰＯＭＳ）」には、気分を表す65の項目（たとえば、友好的、緊張している、不機嫌など）があり、現在の精神状態を5点満点で記入するようになっている。65項目に対する回答を用いて、６つの気分、すなわち怒り／敵意、当惑／混乱、憂鬱／落胆、疲労／不活発、緊張／不安、元気／活発に対するスコアを算出する。我々はＢＢ刺激がビジランス課題の成績だけでなく、気分、特に当惑と疲労に関する測定値にも影響を与えるのではないかと考えた。

実験を開始した32人の被験者のうち、29人がプロトコルを完了した。それぞれ、参加の謝礼として30ドルを受け取った。研究後の面談では、被験者の誰一人、カセット・テープの音に何か異常を認めたとか、日によって音に違いがあると感じたとか報告した人はいなかった。

## 【観察されたバイノーラル・ビートの効果】

ビジランス課題の成績は、正しく検出されたターゲットの数（ヒット数）と、ターゲットが現れなかったのに誤って反応した回数（誤報数）として表した。30分の課題全体の成績を出すとともに、5分ごとの成績も出して、時間経過に伴う変化がわかるようにした。これらのスコアを以下の図に示す。統計的に比較したところ、ベータＢＢを聴いているときのほうが、シータ／デルタ条件のときよりも標的の検出数が多く、誤報数が少ないことが明らかになった。検出数の差は、表示された１８０の標的に対してヒット数6の差となった。また誤報は、ＢＢ条件のときが平均して30分に6・6だったのに対し、シータ／デルタ条件では8・7だった。

**［図1および2］ＥＥＧベータならびにシータ／デルタ・バイノーラル・ビートの提示中のビジランス課題成績**

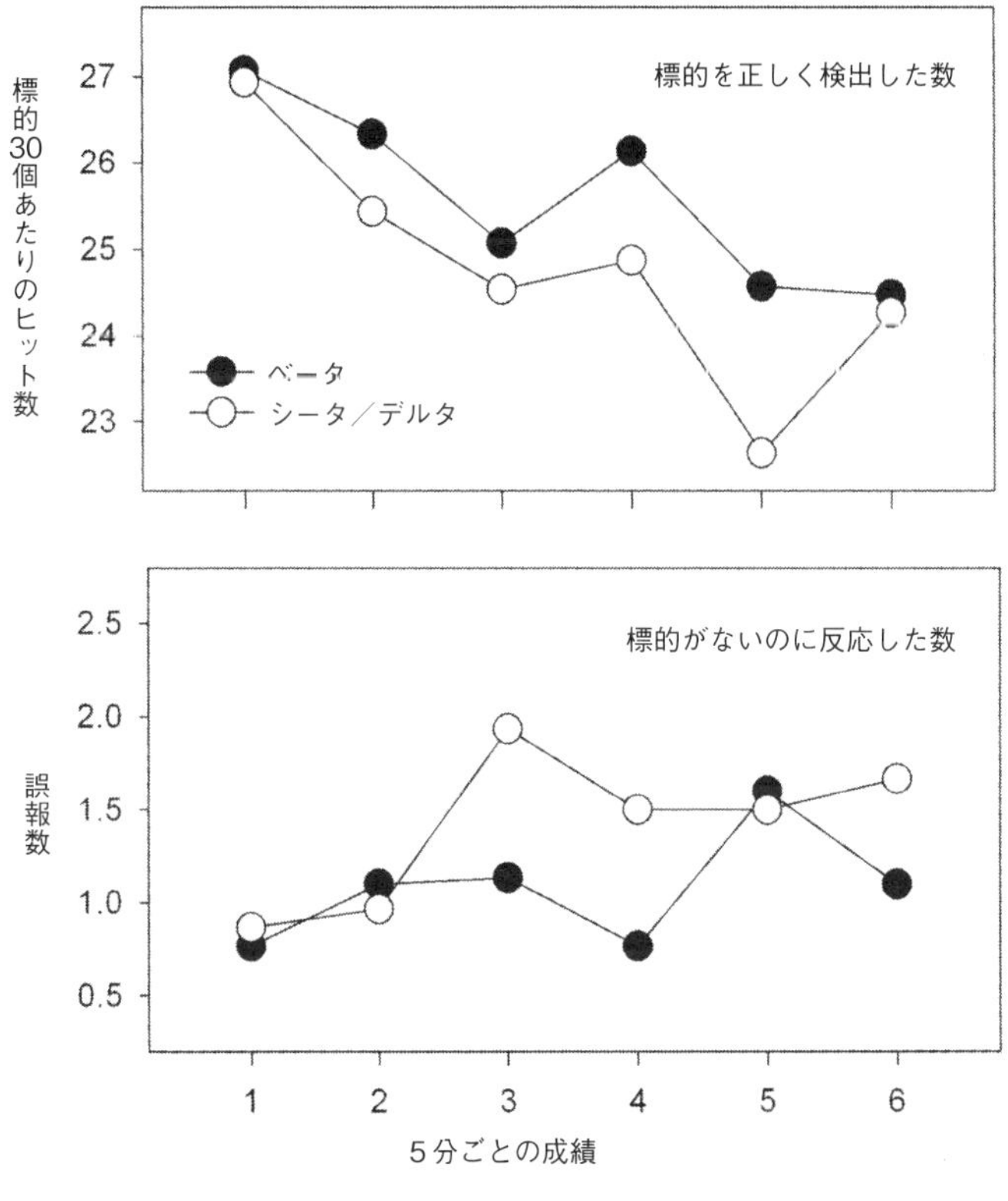

予想したように、課題の初めから終わりに向かって成績は低下した（ビジランス低下）。図からは、シータ／デルタ条件でのほうがビジランス低下は速くまた大きいように見えるものの、統計的に裏づけることはできなかった。実験から確かめられたのは、ベータ条件とシータ／デルタ条件との差が、5分以上経過しないと現れないことである。被験者はこの種のBB刺激にただちに反応するわけではないようだ。

気分に対するBB条件の効果を、ビジランス課題前後におけるPOMS気分スコアの変化を比較することによって調べた。このビジランス課題を30分行うことによって、当惑／混乱、疲労／不活発、憂鬱／落胆のスコアが、両方のBB条件で有意に増加した。しかしながら、その増加はシータ／デルタ条件のほうが有意に大きく、このことは2つのBBパターンが成績だけでなく精神状態にも異なる効果を及ぼすことを示している。ベータ条件は、この単調な課題のあいだも被験者をより明敏かつ積極的に保ちながら、明晰な思考ができるようにしておくように思われる。

## 【この研究の意義】

本研究は、ヘミシンクのユニークな要素であるバイノーラル・ビート刺激が、認知成績と気分に変化を引き起こしうることの実証に成功した。この効果は、2つの対照的なバイノーラル・ビート・パターンのあいだの違いについて、我々が予想したことと一致した。EEGベータ周波数BBを聴いたときのほうが、シータ／デルタ周波数BBを聴いたときよりもビジランス課題の成績がよく、より明敏な気分になる。特に注目に値するのは、聴いている音に何か特別なものが存在することに被験者がまったく気づいていなかったにもかかわらず、こうした効果が観察されたことである。この結果は、行動や気分へのＢＢパターンの強力な影響が、完全に個人の意識の外で起こっている可能性を示唆する。

本研究は、成績と気分に反対の効果を及ぼすことが予想される２つの対照的なＢＢパターンを対比させることによって、実験条件の差を最大にするようにデザインされた。このようなデザインでは、ベータＢＢパターンが、刺激が何もないときよりもよい成績や気分をもたらすかどうかを判断する機会がない。練習中に使用したカセット・テープにはＢＢは含まれていなかったものの、この練習は常に最初に行われたため、あとに行われたベータおよびシータ／デルタ条件と比較しようとすれば、順番による影響を無視できないからである。ただし、今後の研究にこの種の比較を含めることは簡単である。ＢＢを何も含まない回もプロトコルに含めればいい。

本研究のいちばんの意義は、実験を厳密にコントロールすることによって、ベータ条件とシータ／デルタ条件とのあいだの差に対する別の説明を、全部とはいわないまでもほとんど除外できたことである。観察されたこうした差が、被験者が効果を予期していたせいだということはありえない。刺激が存在していたことも、それが日によって違っていたことも、被験者は知らなかったからである。この差が、実験者の意識的あるいは無意識の行動によって引き起こされたということもありえない。どの日も、用いられるＢＢの種類については、プロジェクトのスタッフすべてがブラインド状態に置かれていたからである。慣れの効果などの経時変化、あるいは実験時刻の違いによって、こうした効果が生じたということもありえない。懐疑的な人が持ち出せる唯一の別の説明は、こうした結果がまったくの偶然の産物だということだろう。ランダムなできごとが不幸にも重なりあったせいで引き起こされたものであって、ふたたび起こることはありそうもないというわけだ。科学的に新しい発見には、確かにこうした可能性がつきものである。それを排除するには、さらに研究を行って、同じ観察結果が再現されることを確かめるしかない。とはいえ、いまこの時点で、ビジランス課題の成績と気分に観察された差を説明するとすれば、これがＢＢパターンのちがいによって引き起こされたというのが、もっとも説得力のある説明である。

本研究や、バイノーラル・ビートに関するその他の研究が、ヘミシンク・プログラムの有効性を直接とりあげたものでないことは、我々も承知している。それでも、このような研究に大きな意義があることはまちがいない。今後は、個々のヘミシンク・プログラムを対象とした厳密な実験を行う必要がある。そうすれば、ヘミシンクの癒し効果を専門家や一般の人々に納得させられるような、きちんとした証拠が得られるだろう。今回のＢＢ研究では、ヘミシンクのこのユニークな要素が本当に心と体に影響を及ぼすという科学的な証拠が得られた。今回集められた証拠は、癒し効果の可能性があること、それどころか有望でさえあることを示すことによって、そうしたヘミシンク・プログラムの実験に時間と努力をつぎ込むことの正当性を示す一助となる。このようにして、基礎的な研究は、教育や医療、個人的発達の分野へのヘミシンク・プログラムの応用に関する探求を促す役に立つのである。

◆注◆

この章に記述した科学論文のオリジナル版（Ｊ・Ｄ・レーンらによる「Binaural beats affect vigilance performance and mood（バイノーラル・ビートがビジランス課題成績と気分に影響を及

ぼす）」、『Physiology & Behavior（フィジオロジー・アンド・ビヘイヴィア）』63（1998）：249-252）は、著者から入手可能。左記のアドレスにeメールして、返信メールによる電子コピーを請求していただきたい。

jdlane@duke.edu

# ヘミシンク中の脳と意識の働きを研究する

F・ホームズ・アトウォーター

1988年にフォート・ミードでの遠隔視部隊の作戦および訓練将校としての軍務を退いてまもなく、スキップ・アトウォーター（一般にはこの名で知られている）はモンロー研究所の研究主任の地位に就いた。当時は、ヘミシンク・プロセスが意識状態の変化に影響を与えることができるという事例証拠は豊富にあったものの、それが実際にどのように起こるのかについて、科学界に受け入れられるような研究はほとんど行われていなかった。ただ、それが、医療や教育、心理学、小児発達などの分野の専門家がみずから研究や実験を行い、その結果を発表する妨げになることはなかった。というわけで、ヘミシンクが睡眠パターンの改善、学習環境の向上、記憶力の強化、疼痛管理、ストレス緩和など多くの恩恵をもたらすことが明らかになった。しかしスキップは、ヘミシンクがどのように働くのかを確実に知りたければ、自分自身で見つけるしかないと感じていた。

以下にあげるのは、ヘミシンクに反応して大脳皮質の覚醒度が変化するかどうかを調べるようにデザインされた研究の説明で、F・ホームズ・アトウォーターによる『Captain of My Ship, Master of My Soul（私の船の船長、私の魂の師）』（ハンプトン・ローズ・パブリッシング、2001年）より、一部割愛して転載したものである。

## 【ヘミシンクで意識を変容させる】

わたしたちの意識の状態は、大脳皮質の覚醒度レベルと主観的内容とのバランスであるということができる。脳幹にある網様体賦活系が、大脳皮質と、脳のほかの特化した領域における覚醒を適切なレベルに維持している。また、わたしたちの体験の主観的内容（おそらく皮質内の交流）は、個人の体験レベル、社会心理学的条件づけ、認知スキル、神経学的発達に左右される。

ヘミシンク音響技術はバイノーラル・ビートという聴覚刺激を発生させ、このリズミカルな波形が周波数追従反応として客観的に測定できる。これが、脳の内部にこうした反応が現れているという証拠となる。

この波形は神経学的にいうと網様体に根差すものであるため、そして網様体賦活系は大脳皮質の脳波振幅を支配しているため、ヘミシンクのバイノーラル・ビートは（網様体のメカニズムを通じて）脳波振幅の変化、すなわち意識均衡の覚醒面における変化を誘発する。こうした理解に立てば、ヘミシンクのフォーカス・レベル（フォーカス10、フォーカス12など）とは、脳波覚醒のレベルのことになる。

わたしはこれまでに、低い周波数のさまざまなバイノーラル・ビートによって促進された状態変化（意識の変容）の事例報告を数多く読んでいる。特定のバイノーラル・ビートに耳を傾けることは、いろいろな応用分野において、望ましい意識状態を促進するように思われる。バイノーラル・ビートの周波数に応じて、異なる効果の現れることが報告されている。

デルタ（1～4ヘルツ）およびシータ（4～8ヘルツ）範囲のバイノーラル・ビートが、創造性、感覚統合、リラックス状態や瞑想状態をもたらしたとか、寝つきを助けたという報告がある。ベータ周波数（普通は16〜24ヘルツ）のバイノーラル・ビートは、集中力の増加すなわち明敏さや、記憶力の強化をもたらしたと報告されている。

第三者による研究が、ヘミシンクを、感覚統合、アルファ・バイオフィードバック、リラクゼーション、瞑想、ストレス緩和、疼痛管理などに至る覚醒度の変化と結びつけている。ヘミシンクを睡眠の改善や医療、学習環境の向上、記憶力強化、創造性、発達障害の子供の治療、注意の促進、それにいわゆる至高体験などと結びつけた研究報告も読んだことがある。

さらに、被催眠性の増強、アルコール性欝病の治療、警戒心や成績や気分の促進、直感の強化、遠隔視の信頼性の向上、テレパシー、体外離脱体験にヘミシンクを使うことが有効だとする研究もある。

わたしは、バイノーラル・ビートが大脳皮質の覚醒（自発脳波）と意識状態に変化をもたらす可能性を示唆したフリーランニングEEG研究をいくつか見つけた。とはいえ、わたしは独自の研究をしなければならない。ヘミシンクがどのように働くのかを確実に知るには、自分で知るしかない——まさにボブ・モンローが何年も前に強調していたことである。

## 【ヘミシンクと脳波覚醒】

わたしは2つのフリーランニングEEG研究を行うことにした。最初の研究では、複雑なバイノーラル・ビート刺激に伴う神経調節（自発脳波あるいは総合脳波活動の変化）を測定する。2番目の

### ［図1］90秒ＥＥＧ記録

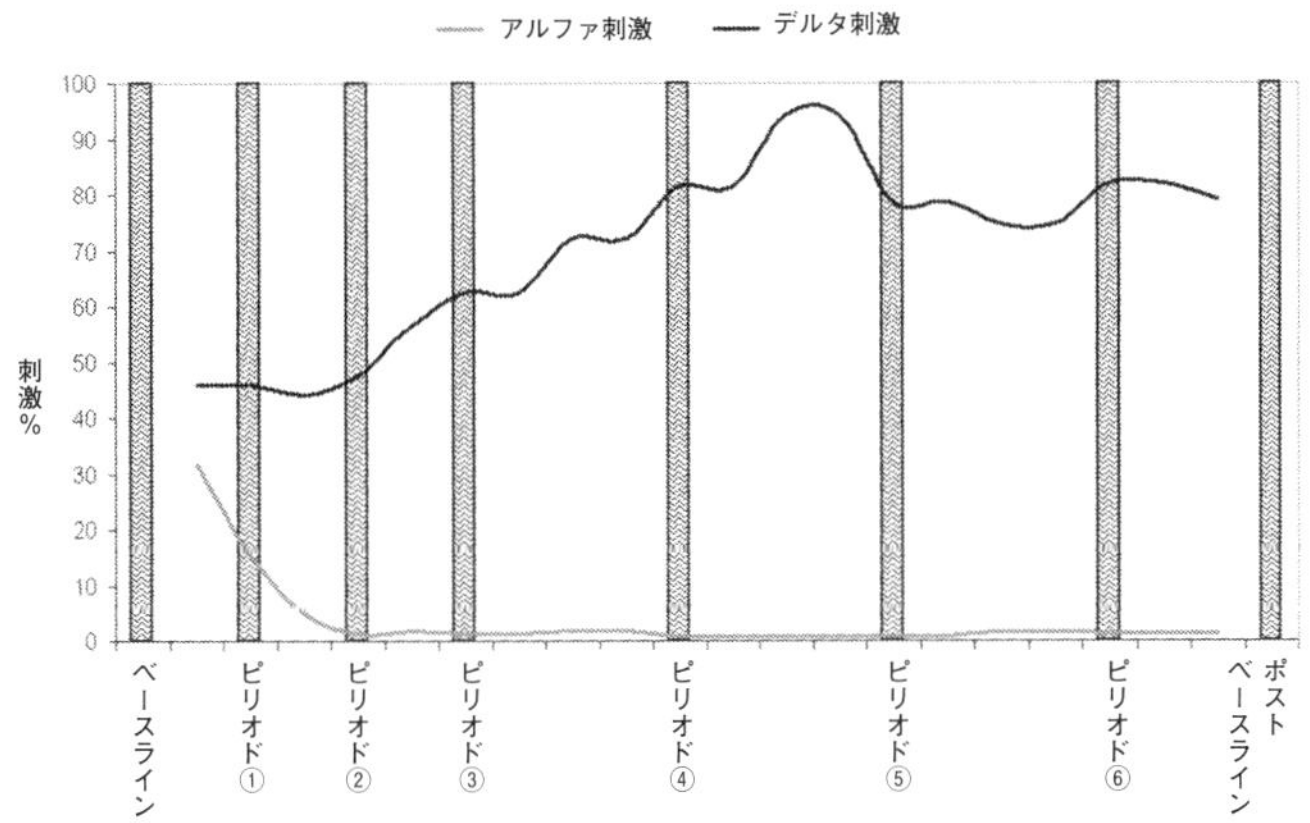


研究では、同じプロトコルに基づいて、プラシーボ刺激に伴う自発脳波活動の変化を測定する。この2つの研究を比較することで、意識を変容させるヘミシンクの力を立証することができるのではないかと思ったのである。

　最初の研究の仮説は、ヘミシンクに数分耳を傾けることで、自発脳波活動がバイノーラル・ビート刺激の方向に変わるというものだった。つまり、デルタ周波数のバイノーラル・ビート刺激の大きさを増すいっぽうで、アルファ周波数のバイノーラル・ビート刺激の大きさを減らせば、大脳皮質の覚醒度にそれに相当する変化が起こり、それをフリーランニングＥＥＧによって測定できるというわけだ。

　実験では、市販されている既存のヘミシンク録音を再現したいと思ったので、実験用のバイノーラル・ビート刺激は正弦波トーンを混ぜ合わせたものとし、それが複雑な周波数パターン（波形）を創りながら45分に渡って変化するようにした。

最初に、刺激を用いないベースライン条件で脳波を測定した。次に、45分に渡って変化するバイノーラル・ビート条件の6つのピリオドで、各被験者の脳波を記録した。最後に、刺激なしのポスト・ベースライン条件でのEEG記録を行った（図1）。

被験者2人のデータについては、人為的な影響による過剰な動きが見られたため除外し、残り18人の記録を分析に用いた。データの統計的信頼性を判定するため、一元配置分散分析（ANOVA）に続いて多重比較法すなわちダネット検定を行った。これは複合ベースライン（前とあと）を対照中間値として、バイノーラル・ビート刺激ピリオドと比較するものである。この分析で、刺激条件時の後頭部アルファのパーセンテージが、6つの刺激ピリオド中5つで、ベースラインに比較して有意に低下していることがわかった（個人で $p<0.05$、合計で $p<0.001$）（図2）。

データの統計分析によって、刺激条件時の正中部デルタのパーセンテージが、6つの刺激ピリオド中4つで、ベースラインに比較して有意に増加していることもわかった（個人で $p<0.05$、合計で $p<0.001$）（図3）。

というわけで、この最初の実験の結果は、刺激ピリオド中に脳波活動が変化することを示す。ベースライン値と比較して、正中部デルタが増加し、後頭部アルファが減少している。デルタ活動の増加とアルファ振幅の減少というこの組み合わせは、大脳皮質覚醒の低下を示すものである。実験の時間経過ならびに刺激の経過にともなって変化が増大していることは、リラクゼーションや寝つきが徐々に深くなる傾向を示唆する。

この最初の研究から、ヘミシンクの役割について根本的な疑問が提起される。ヘミシンク刺激は、観察された脳波変化を単独で、あるいは直接に、引き起こしているのかという疑問である。被験者

## ［図2］後頭部ＥＥＧ記録 - 刺激条件 多重比較 - ダネット分析

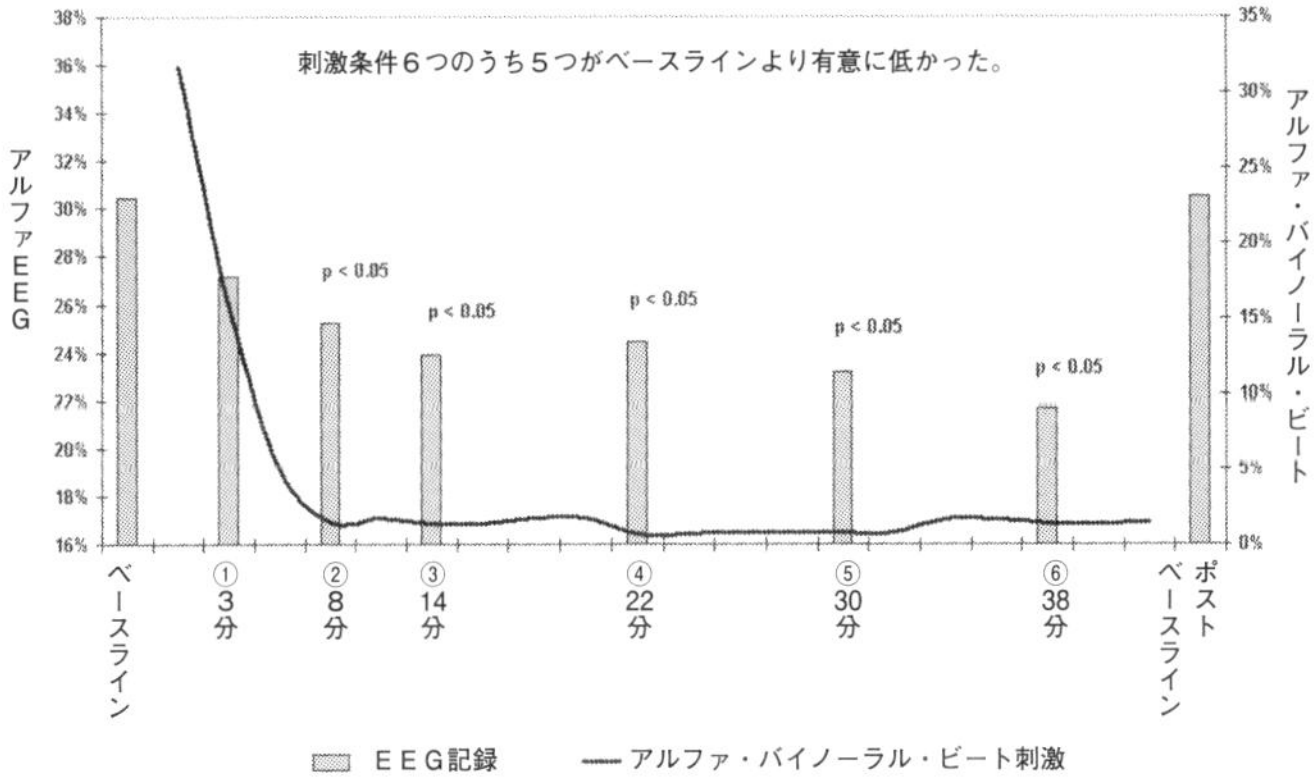


## ［図3］正中部ＥＥＧ記録 - 刺激条件 多重比較 - ダネット分析

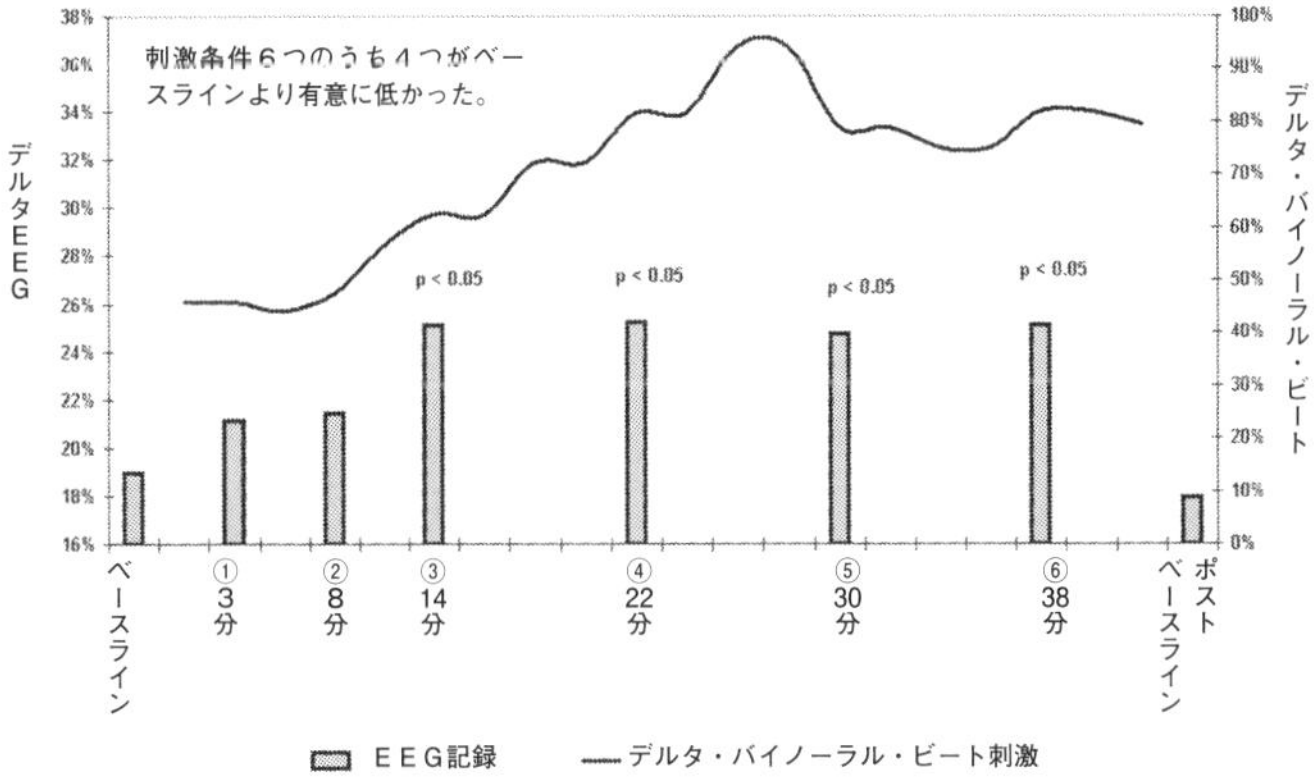

のうち数人は、これまでにかなりのヘミシンク体験をしていた。これらの被験者が、覚醒レベルの変化に自然に熟達していた、つまりヘミシンクを繰り返し体験することでこの能力を獲得していたということはありうるだろうか？　時とともに影響が深まる傾向があることは、寝つきにともなって自然に起こる漸進的な状態変化も考慮に入れる必要があることを示唆する。こうした懸念に対処するため第二の研究をデザインした。

第二の研究の仮説は、単調なトーン（バイノーラル・ビートを含まないプラシーボ刺激）を数分間聴くことが、刺激への慣れや自発脳波活動の低下、リラクゼーション状態の進行をもたらすというものだった。

プラシーボ刺激は最初の研究に用いたのと同じ正弦波トーンからなっていた。ただし、バイノーラル・ビートは引き起こさない。最初の研究と同じく、志願した被験者が刺激なしのベースライン条件を体験し、そのあいだに90秒間ＥＥＧを記録する。次に、各被験者は変化するトーンの同じ流れを45分聴き、そのあいだに、一定の間隔で90秒ＥＥＧを6回記録する。予想による影響を減らすため、トーンの性質について被験者をやはりブラインド状態に置いた。最後に、刺激なしのポスト・ベースライン条件で、90秒ＥＥＧを記録した。

一元配置分散分析（ＡＮＯＶＡ）に続いて多重比較法（ダネット検定）を行い、複合ベースラインを対照中間値としてプラシーボ刺激ピリオドと比較したところ、ベースラインに対する刺激条件時の後頭部アルファのパーセンテージ低下は、有意ではないことが明らかになった（図４）。

統計分析によれば、ベースラインと比較した刺激条件時の正中部デルタのパーセンテージ増加には、有意性のないことが明らかになった（図５）。この２番目の研究の結果では、最初の研究とは

[図4]　後頭部ＥＥＧ記録 - 対照条件
多重比較 - ダネット分析

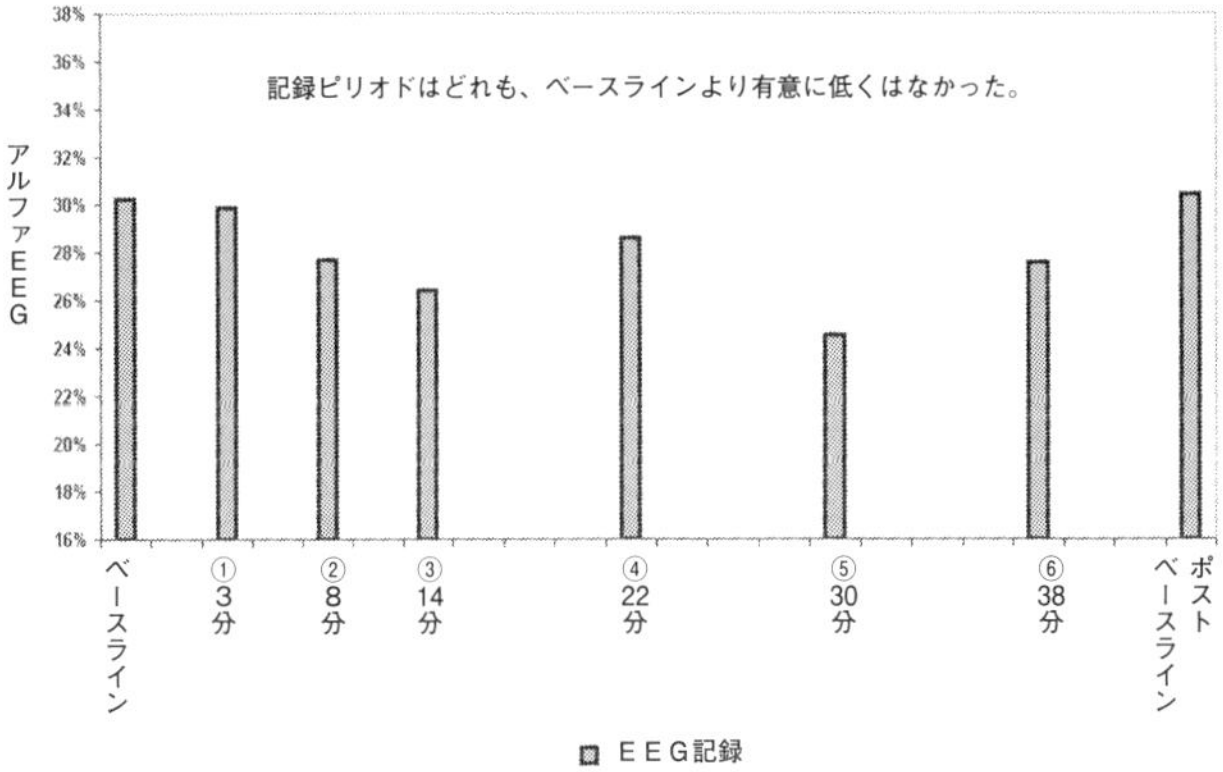


[図5]　正中部ＥＥＧ記録 - 対照条件
多重比較 - ダネット分析

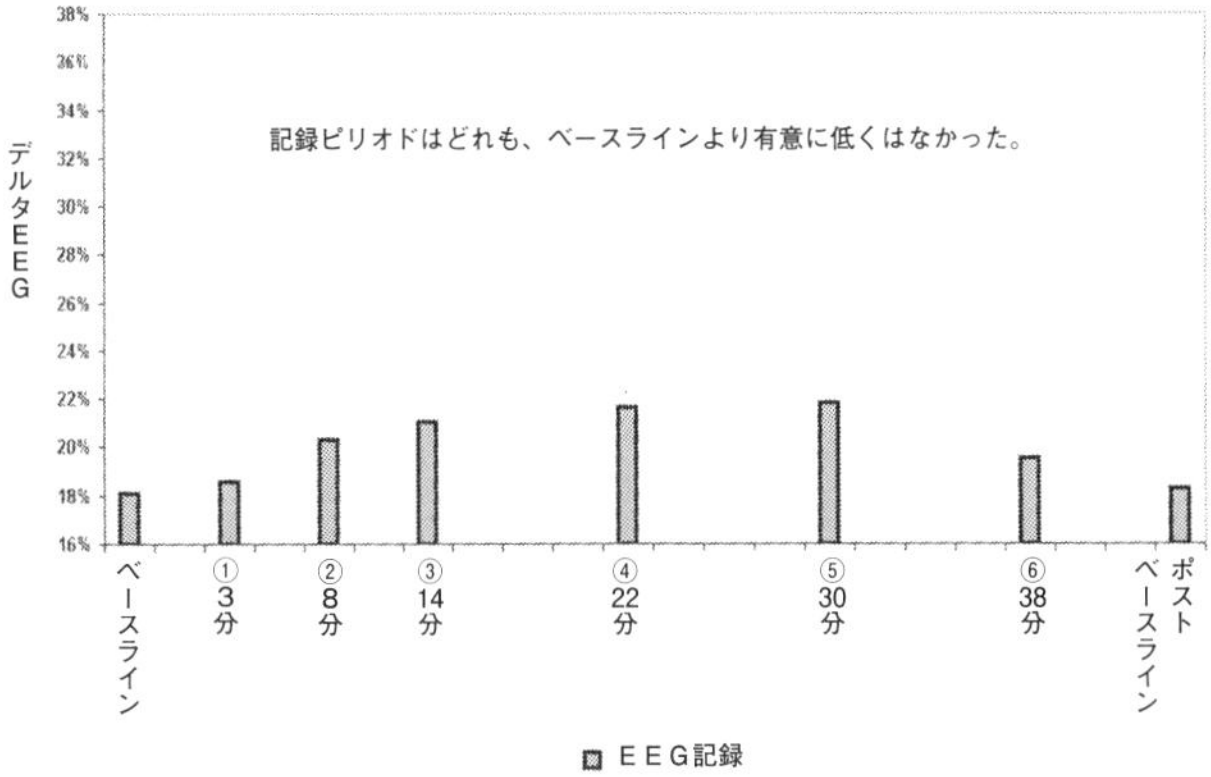

ちがって、プラシーボ刺激ピリオド時の後頭部アルファおよび正中部デルタの脳波活動とベースラインとのあいだに、有意の差はみられなかったのである。

このプラシーボ研究の仮説では、単調なトーンを聴くことへの反応として、アルファ振幅の減少とデルタ活動の増加の組み合わせが観察されると予想していた。しかしながら、どちらの変化も統計的に有意ではなかった。これは、そうしたことが偶然にしか起こりえないことを意味する。

## 【有意義な結果】

これらの研究結果を総合すると、ヘミシンクが脳波活動に直接影響を及ぼすことがわかる。そこには、バイノーラル・ビート刺激と、基本的な休息‐活動周期、その他の感覚刺激、高次記憶、あるいは網様体の監視下にある注意プロセスとの相互作用がかかわっている。これらのシステムがすべて協調して、わたしたちのホメオスタシスや最適性能を維持しているのである。

わたしたちに自然に備わっている状態変化メカニズムや超日周期リズム、個人的な差、過去の体験、信条などはどれも、ヘミシンクの効果やヘミシンクへの反応に影響を与える。しかしわたしにとって肝心なのは、これらの2つの研究が提供する統計的な観察結果によって、ヘミシンクに反応して大脳皮質覚醒に変化が起こることが実証されたことだった。わたしは念願の証拠を手に入れたのである。

これらの研究は、わたしたちの肉体的な感覚を超える個人的な探求にとって望ましい環境を提供するというヘミシンクの力が、現実のものであることをわたしに教えてくれた。インチキやひとりよがり、希望的観測などではなく、現実である――少なくとも、現代神経学の観点からすれば現実なのである。

とはいえ、これは、ヘミシンク・プロセスのバイノーラル・ビートには抵抗できない力があって、あなたにいわば〝魔力〟を実際に及ぼしうるということを意味するのだろうか？　いや、それはちがう！　そのことをいちばんわかりやすく説明しているのが、ほかならぬボブ・モンローである。

ヘミシンクは音楽のようなものです。夜、ディナーとダンスのために出かけたところを思い浮かべてください。テーブルについてカクテルを楽しんでいると、バンドが演奏を始めます。まわりのカップルを見渡してみると、立ちあがってダンスをするカップルもいれば、顔を寄せ合って会話に夢中になっているカップルもいます。

ふと気づくと、あなたは音楽に合わせて足でトントンと拍子をとり、連れは話をやめて、聞き覚えのあるメロディに耳を澄ましています。そこへウェイターが突然現れます。おいしそうなメニューに注意を集中するうちに、音楽に対するあなたの注意と反応はどこかへ行ってしまいます。

つまり、音楽はヘミシンクのように、あなたの体験を別のほうに向けさせるのにつごうのいい、魅力的な環境を提供するわけです。バンドの音楽はカップルにダンスを無理強いしたり、強制したりはしていません。ヘミシンクも、決してあなたに無理強いや強制はできないのです。あなたを変えることができるのはあなただけです。ヘミシンクにどう反応するかは、あなたしだいなのです。もしあなたが喜んで音楽に身を委ねるなら、あなたの体験に限界を設けるのは、あなた自身のスキルと期待と信念だけでしょう。

◆注◆

Ｆ・ホームズ・アトウォーターによる2つの技術論文、「Binaural beats and the Frequency-Following Response（バイノーラル・ビートと周波数追従反応）」および「Binaural beats and the Regulation of Arousal Levels（バイノーラル・ビートと覚醒レベルの調節）」は、モンロー研究所（365 Roberts Mountain Road, Faber, VA 22938）から入手可能。

## ヘミシンク中における脳波の状態を研究する

ジョナサン・H・ホルト（医学博士）

１９９０年代にアルバニー・V・A医療センターでコンサルテーション・リエゾン精神医学（身体的病気の人の精神医学）の主任として働いていたとき、補助金を受けて、EEGバイオフィードバックとスペクトル分析を行う装置（アメリカン・バイオロジック社のCAPSCAN）を取得した。おかげでわたしは、ヘミシンク使用時など、さまざまな変性意識状態や治療中の脳波周波数に関する臨床データを、他に先駆けて得ることができるようになった。得られたデータは統計に基づく証拠となるようなものではないが、根底にあるプロセスを示唆してくれ、今後の研究の方向を示してくれる可能性がある。

前述の装置は、ヘミシンクを聴いている患者の神経電気生理学変化を知る3種類の手段を提供する。まず、頭皮上の1カ所（普通は頭蓋の中心、頭部の頂上）について測定されたEEGデータの毎秒ごとのスペクトル分析図を与える。次に、頭部の両側の1カ所および4カ所からの脳波訓練プロトコルを提供できる。さらに、半球間同時性に関する情報、すなわち、脳の2つの半球を比べたときに両者の脳波の位相がどれくらい一致しているかあるいはずれているかに関する情報を与えることができる。この先行データを得る前後の調査は、ヘミシンクならびにその他の感覚刺激手段（たとえば閃光、ドラム連打のような反復音など）が、脳波周波数や半球間同時性に影響を及ぼしうることを示していた。このプロセスは同調と呼ばれる。電気生理学研究室の装置によって、ヘミシンクとその他の関連するいくつかの治療的介入が、どれほど類似の、あるいは匹敵する電気生理学的効果をもたらすかをあざやかに実証することができた。

ヘミシンク効果の最初の実証は、ヘミシンクを使用した場合と使用しない場合の脳波訓練プロトコルから得られた。ベータ訓練――脳波周波数が毎秒16～30サイクル（Hz（ヘルツ）またはcps）――を数人の被験者に、最初は同調なしで、次にヘミシンク・テープの『**コンセントレーション**』を用いて行った。テープを用いたときのほうが、脳波訓練の目標がかなり速く達成された。同じような結果が、もっと遅い周波数のヘミシンク・テープ（たとえば『**サーフ**』やさまざまなメタミュージック・テープ）を用いたアルファ‐シータ脳波訓練（より遅い周波数グループ）でも得られた。バイノーラル・ビート発生器を用いた場合も、似たような結果になった。「正しくない」周波数のテープを用いた場合は、脳波訓練成績が向上しなかった。ヘミシンク・テープの使用は、半球同時性の訓練においても、目標に達するスピードを向上させた。

次に、シングルサイト・スペクトル分析図（CZプレースメント）を用いて、さまざまな手順やプロセス中の鍵となる瞬間、あるいは代表的な瞬間のスペクトル分析を行った。コンピュータは、自発EEG分析の最中にキーボードのキーを押した状態で「静止」するようにプログラムした。スペクトル分析図から、周波数が左から右へ向かって増加していることがわかる。垂直線の各部分は4サイクルを示す。普通の光をプリズムで屈折させたときのように、「なまの」すなわち普通のEEGの単位時間のスペクトル分析図には、実際には、周波数の異なる電気的エネルギーがさまざまな量で含まれている。EEG、バイオフィードバック、同調のデータは、外から見て注意を集中しているさまざまな意識状態では、ベータ周波数（12または14～30 cps）が最高振幅にあることを示している。ただしそれは、アルファ（8～12 cps）、シータ（4～8 cps）、デルタ（0・5～4 cps）の振幅よりも必ずしも高いわけではない。

標準的な催眠セッションのさまざまな段階でとったEEGスペクトル分析図は、既知の神経病を持たない被験者の場合には、覚醒状態から始まる。誘導段階の最初の部分は、被験者が指示を受け取り、次いで彼らの注意が集中して、ある対象に収束するようすを示す。最初の指示が与えられ、処理されるにつれ、ベータ活動が増加することもある。しかし集中が増すにつれ、アルファ周波数のほうが優勢になってくる。催眠が深まる段階では、集中が続くが（数を順に数えたり、逆に数えたりするときのように）、想像処理も加わる（降下または上昇を想像するときのように）。このとき、スペクトル分析図はベータの減少とアルファおよびシータの増加を示す。利用段階では、被験者にある場面を思い浮かべるように言う（または、ある行動をするところを思い浮かべるように言う。どちらでも同じである）。ひとつの対象への注意の集中は止まる。これは、それまでに見られたような同量のアルファを伴わないシータの隆起をもたらす。終了段階ではアルファおよびシータの回復が見られるが、しばしばシータが残存し（たぶんデルタも少々）、新たな方向づけに入ってもしばらく続くことがある。

これまでに脳波周波数と注意および意識の変化との関係を示したものとしては、ヴィパッサナーすなわち認識瞑想の達人の連続的なスペクトル分析から見出されたものがある。こうした形の瞑想では、意識が通常のパターンから切り替わる。「つかまえ、取り込み、処理する」パターンから、「気づき」のパターンに変わると表現されることもある。このとき、意識は感覚フィールドにあるものは何であれ登録し、次いで処理すなわち考えることなしに手放す。アルファ領域がいちじるしく増加し、ベータ活動は幾分少ない。この同じパターンがほかのヴィパッサナー瞑想家のスペクトル分析図でも確かめられている。こうした瞑想中には、催眠の利用段階のときのような想像思考が促される時間帯はなく、単独のシータ隆起は観察されない。

ＥＥＧ周波数、ヘミシンク、変性意識状態のあいだにある種の関係があることは、ヘミシンク・テープの『**モーメント・オブ・レバレーション**』を聴き、体験している被験者の連続スペクトル分析図の研究からも実証された。このテープは一種の誘導瞑想テープあるいは催眠イメージ法テープだが、体験を支え拡大するようにデザインされたヘミシンク・トーンを含んでいる。聴き手は、空へ続く多色の階段をのぼるところを思い浮かべるように指示される。雲のなかを抜け、さらに上へとのぼっていく。次に、なんらかの霊感を体験するか、霊感を通じての交信（内容は指示されない）を受け取るように指示される。ヘミシンク・トーンと音楽からなり、言葉つまり指示はないこのセクションに、多くの時間が与えられる。その後、階段を下りて通常の意識に戻るように指示される。指示を聴いている被験者はベータ活性化を示すが、アルファもいくらか活性化する。「階段をのぼる」体験をするセクションは催眠プロセスの深化段階に相当する――注意は集中しているが、想像もある。この段階のスペクトル分析図と、催眠の深化段階のスペクトル分析図を比較すると、（ａ）類似のプロフィールおよび（ｂ）それらの周波数での脳活動の顕著な高まりが見て取れる。テープの「雲の上にいる」セクションでは、数えることはストップしていて、シータ活動が増える。さらに霊感セクションに入ると、デルタ活動をいくらか伴う顕著なシータ隆起を見ることができる。たぶん、より深い、あるいはより高い意識要素の突破と関係があるのだろう。催眠とヘミシンク誘導イメージ法のおもな違いは、周波数変化の幅の顕著な増大のように思われる。

装置上の制約のため、以前の研究とは違って、周波数追従反応のスペクトル分析図を得ると同時に半球間同時性に関する情報を得ることは不可能だった。半球間同時性を測定する（そして訓練する）には、別の設定を用いた。ヘミシンク・テープを聴いている被験者の同時性スコアが、前部でも後部でも上昇した。催眠は同時性スコアそのものを顕著に上昇させることはなかった。ヴィパッサナー瞑想を行っている認識瞑想家では、同時性スコアが確かに上昇した。被験者に眼球運動脱感作・再処理（ＥＭＤＲ）プロトコルを課してもやはり同時性スコアが上昇したが、催眠や瞑想、それらに対応するヘミシンク・テープのような総合的な周波数変化効果はなかった。ＥＭＤＲはトラウマを取り除いたり無害にしたりする新しい心理療法である。ＥＭＤＲとヘミシンクの両方を体験した被験者によれば、心をかき乱すような記憶に対して、似てはいるが同一ではない緩和効果があったという。

ベータ・テープを用いた小規模な実験を行い、軽い失読症のある被験者の40秒にわたる累積スペクトル分析図を、ウォーターフォール・ディスプレーと呼ばれるディスプレーに表示した。被験者がベータ・テープを聴いているとき、ベータ波の中の高い周波数領域での大きな隆起が多くなるようだったが、そのほかにも違いが見られた。被験者は、テープを聴いているあいだは非常に意識が明瞭になり、読むのが楽だったと報告した。

最後の小規模実験では、レイキ治療を行っている最中のレイキ施術師のＥＥＧスペクトル分析図を得て、次に患者（関節炎）のスペクトル分析図を得た。レイキは生体エネルギー・ヒーリングの一形態で、患者の体に手を置いた施術者が注意と意識をシフトすることによって効果を引き出す。

この治療中にヘミシンク・テープを流した。施術者のスペクトル分析図は紛失してしまったが、小さなアルファ隆起を示していた。患者のスペクトル分析図は、アルファ、シータ、デルタの非常に大きな隆起を示した。興味深いことに、ウォーターフォール・ディスプレーのために40秒間データを集めているあいだ、施術者は両手をある場所から別の場所へと動かした。手が動くと、低い周波数は振幅が低下し、平常値に戻らなかった。新しい場所に手を置くと、高い振幅の隆起が戻ってきた。これは、何らかの意識効果とレイキの実際の伝達とのあいだに相関関係があることを示しているように思われる。低い隆起は、意識に対するレイキの継続的な効果か、ヘミシンク・テープ、あるいはその両方のせいかもしれない。

まとめると、EEGスペクトル分析を用いた小規模実験の結果、催眠や瞑想にともなう周波数のシフトがあることがわかった。ヘミシンクも類似のシフトを引き起こしうるが、振幅が大きい。ヘミシンクはEEGフィードバックにおける学習時間の短縮に使うことができる。ヘミシンクはEMDRやヴィパッサナー瞑想のように、半球間同時性の増加と関係がある。より高い周波数を用いるヘミシンク・トーンはスペクトル分析図上の高いベータ波と関係がある可能性があり、少なくとも一部の事例では、被験者の体験した認知明晰度の向上と関連があると思われる。

本章の所見で何かを証明するつもりはない。あくまでも可能性を示唆するものであり、さらなる研究を促すためのものである。

◆注◆

著者は、これらの研究のためにCAPSCAN装置の設定を技術的に手伝ってくれたアラン・フィンケルシュタイン博士に感謝したい。また、EMDRの研究を手伝ってくれたロバート・ゲラルディ博士、スティーヴン・ノジク博士、スティーヴン・フリン文学士にも感謝したい。スティーヴン・フリンは瞑想、誘導イメージ法、ベータ研究も手伝ってくれた。

# 〝意識に関する〟出版物におけるロバート・モンローの影響力

スティーヴン・A・グラフ（博士）

*スティーヴ・グラフはオハイオ州立大学で実験心理学の博士号を取得し、一貫して標準変化チャートの使用と普及に興味を持ってきた。カレッジの学生を教えた35年の経験を持ち、カレッジの教科書3冊の著者でもある。流暢に話すことを助けるツールを教育に用いることに関するワークショップを全国で開催している。1990年以来、専門委員会のメンバーであり、ドルフィン・エナジー・クラブに発足当初から参加している。*

1970年ころから、世界中の多くの人々が、ボブ・モンローの著書やモンロー研究所（TMI）でのプログラムを通じて、意識の領域への洞察や情報を得ている。その影響の大きさを数値で表す方法のひとつとして、以下のようなサンプルを採取する方法がある。

●「意識」本の毎年の総ページ数
●ロバート・モンローによって、あるいはロバート・モンローについて書かれた毎年のページ数
●モンロー研究所について書かれた毎年のページ数

どのような範囲のテーマを扱った本を、意識にかかわりがある本とみなしてよいだろう？　一例

をあげれば以下のようなものがある。

●惑星意識
●体外離脱体験
●臨死体験
●睡眠と夢
●遠隔視
●肉体のない存在との接触
●スピリチュアル・ヒーリング
●自己探求
●エイリアンによるアブダクション（誘拐）体験
●未来透視／予言

データは以下から集めた。

●著者および知人の個人蔵書
●地元の公共図書館および大学図書館で利用できる本
●地元の書店で調べられる本
●インターネットを通じてオンライン書店で索引を見られる本

今回分析したサンプルは総数162冊の本で、その版権は1965年から2001年である。これらの本から、3つのカテゴリーに分類されるページ数を年ごとに合計したデータを出す。その結果を図1、2、3に示す。3つのカテゴリーとは＝

●本全体のページ
●ボブ・モンローについての言及があるページ
●モンロー研究所またはその技術についての言及があるページ

モンロー研究所への言及の例としては、次のようなものへの言及がある。

●研究所のスタッフ
●ヘミシンク
●フォーカス・レベル
●研究所の提供するプログラムの名称や説明
●研究所が指揮したり、みずから実施したりした研究

見つけた本のタイトルすべてをサンプルに含めることはできなかった。目次あるいは索引を調べることができなかったタイトルは割愛した。可能な場合は1ページずつ調べて、モンローまたはT

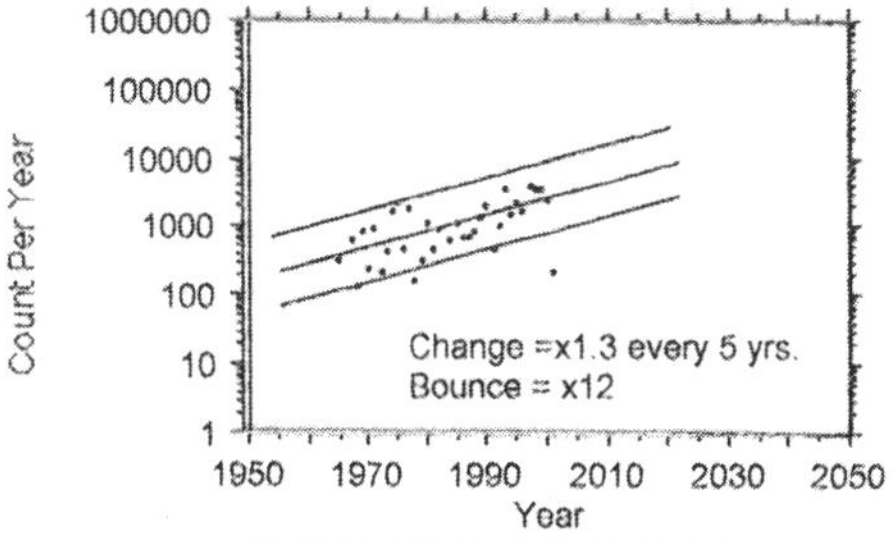


Figure 1. Pages on Consciousness

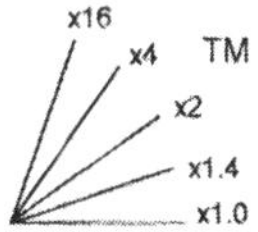


Change per 5 yrs
Celeration Change Fans are a trademark of Ogden R. Lindsley

※セラレーション変化扇はオグドン・R・リンズレーのトレードマークである。

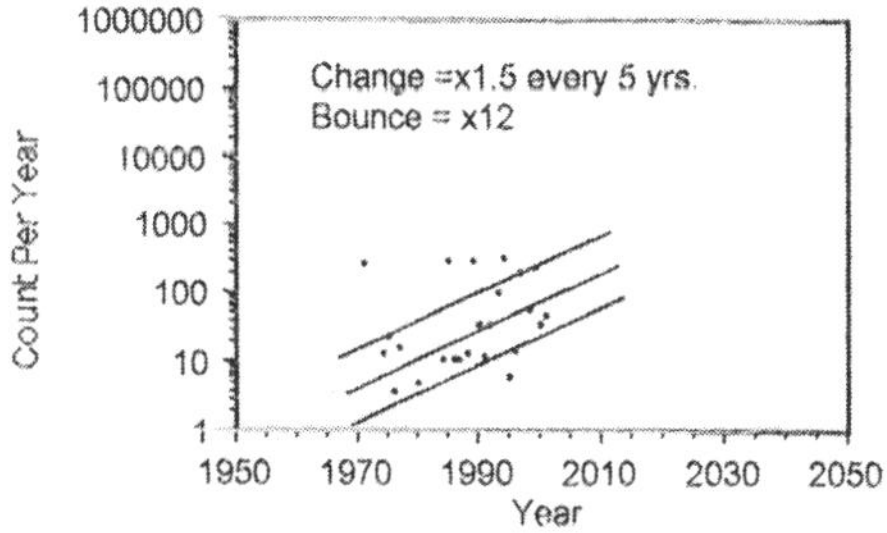


Figure 2. Pages About or By Monroe

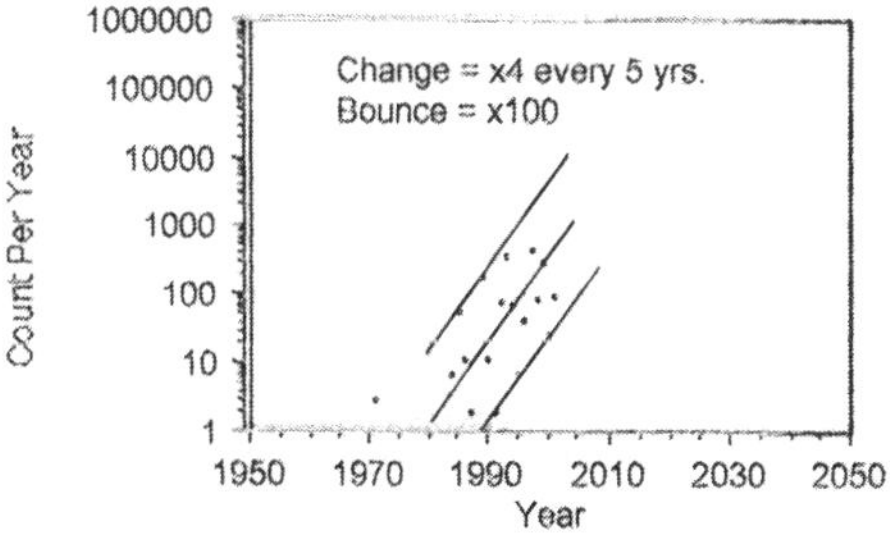


Figure 3. Pages on The Monroe Institute

**上［図１］意識に関するページ数**
**変化は５年ごとに×1.3、跳ね上がりは×12**

**中［図２］モンローに関する、あるいはモンローによるページ数**
**変化は５年ごとに×1.5、跳ね上がりは×12**

**下［図３］モンロー研究所に関するページ数**
**変化は５年ごとに×４、跳ね上がりは×100**

ＭＩへの言及を探した。索引がある場合は、しばしばそれを用いて、関係のあるページ数を出した。文献目録や参考文献リストもカウントに含めた。

図にすることによって、３つのカテゴリーの数字の「変化」や「跳ね上がり」が一目瞭然となり、サンプルとした１６２冊の本に現れている傾向がはっきりした。この小論では、図の作製に関する技術的な詳細は述べず、結果の所見を提示し、要約し、考察することを中心とする。この方法についての基本的な知識はグラフおよびリンズレーによる『Standard Celeration Charting（標準セラレーション作図）』（２００２年）に載っている（＊訳注＝セラレーションはアクセラレーション（加速）とデセラレーション（減速）を合わせた造語で、増減傾向のこと）。

「変化」とは、年ごとのカウント数における傾向のことである。そこから、カウントされたデータが5年のあいだにどれくらい増えているか、または減っているかを表す係数が導かれる。その値は年ごとのカウント全体にもっともよく合致する線の傾きで表される。図1～３では真ん中の線に相当する。変化が大きければ大きいほど、変化値が大きくなる。もし何も変化がなければ、線は平らになる。

「跳ね上がり」は特定の年の最高点と最低点との開きを予測する。これは、自分たちが見ているのが母集団ではなくサンプルであることを思い出させてくれる。またここから、特定のいずれかの年の最高カウントと最低カウントのあいだの隔たりを表す係数が導かれる。図1～３では、変化線の上下にある線の組み合わせと見ることができる。あるサンプルの跳ね上がりが大きければ大きいほど、ばらつきが大きいことになる。跳ね上がりがまったくなければ、すべてのデータは正確に変化線上に落ち着く。

跳ね上がり線の外側にはみ出ているカウントは「異常値」とみなされる。こうしたカウントは全体的なパターンに合致しない。そうしたカウントがなぜ生じたかは、明らかになるときもあれば、不明なときもある。

図1は、サンプルとした162冊の意識本のページ数が、1965年以降、5年ごとに1・3倍という係数で増えていることを示す。1例をあげれば、1983年のサンプルには1000ページが見つかった。5年後の1987年には、サンプル中に1300ページが見つかると予想される（1000×1・3＝1300）。これが「1・3倍の変化」の意味である。

図1からは、跳ね上がりが12倍であることもわかる。これは、どの年もカウント数の帯域幅の係数が12であることを示す。これは図1で、上の線と下の線のあいだの垂直距離と見ることができる。1例をあげれば、1976年には下の跳ね上がり線は約200ページに相当する。跳ね上がりが「12倍」ということは、1976年の上の跳ね上がり線が約2400ページに相当することを意味する（200×12＝2400）。

図1では1978年と2001年に異常値がある。どちらのケースでも、サンプル中にわずか1冊しかなかった。

図2からは、ボブ・モンローに関する、あるいはボブ・モンローによるページ数が1971年以降、5年ごとに1．5倍の係数で増えていることがわかる。1971年は『Journeys Out of the Body』（邦訳は『ロバート・モンロー「体外への旅」』ハート出版刊）が出版された年で、データが存在する最初の年となる。この変化線を図1と比べると、このサンプルに基づいた場合、ボブ・モンローに関する、あるいはボブ・モンローによるページ数が、意識一般に関するページ数よりも

急速に増えていることがわかる。これはどういう違いを意味しているのだろうか？　1971年の2つの数字から引き出される変化のあいだの隔たりを比べると、モンローに関する各ページあたり、意識文献120ページが存在すると推定される。30年ほどあとには、その差はちょうど3分の1になっている。モンローに関する各ページあたり、40ページの意識文献が存在すると推定される。

図2の跳ね上がりは12倍で、図1と同じ値である。このことから、この2つのサンプルの帯域幅が非常に似ていることがわかる。

図2には6つの異常値がある。4つは跳ね上がり線の上にあり、容易に見分けられる。これらはモンローの3冊の著書と、バイヤール・ストックトンによる1988年のモンローの伝記『Catapult（カタパルト）』の出版年にあたる。跳ね上がり線より下にある2つの異常値は1972年と1995年に現れている。1972年のほうは、ジョン・リリーの『The Center of the Cyclone（サイクロンの中心）』にあったモンローへの1ページの言及にあたる。リリーのモンローとの接触は個人的なもので、モンローの最初の著書への言及ではなかった。1995年はモンローの没年である。

図3は、モンロー研究所についてのページ数が1984年以降、5年につき4倍という係数で増えていることを示す。これは、サンプルで測定されたものについていえば、意識一般のページ数の伸び率の3倍以上で、モンロー自身に関するページ数の伸び率の2倍以上にあたる。

図3の跳ね上がりは100倍で、図1および2の跳ね上がりの8倍にあたる。これは、TMIに関して毎年出版されたページ数の上がり下がりが、意識分野やモンロー個人に比較して不安定なことを示す。唯一の異常値が1971年にあるが、これはモンロー自身の著書がこの年に出版された

ことによる。

知識や理解に対する個人または団体の影響をある文化の内側で評価する際、評価する側のバックグラウンドや信条のせいで、色眼鏡で見ることになってしまう可能性がある。その点、この小論で用いたようなサンプルデータの図を見れば、どのような変化が起こっているか、容易に見てとれる。過去に出版された本からさらに多くのデータを利用できるようになれば、図から読み取れる像をさらに明確にすることができる。将来さらにデータが蓄積されるにつれ、継続的な変化の観測が可能になるだろう。たとえば、わたしたちはＴＭＩページ数が今後も5年ごとに4倍という係数で増え続けるとは予想していない。もしそんなペースで増え続ければ、２０１０年になる前に意識文献全体を上回ってしまう！

# 第12章　ヘミシンクで広がる無限の可能性

ここに集めた小論が巻末に回されたのは、編集段階であまり重要でないとみなされたからではなく、どの著者も、ほかには誰も取り上げていないテーマを扱っているからである。ただし彼らにも、共通点があるといえばある。読者を非常に興味深い領域――わたしたちが空間と時間の制約から自由になれる領域――に連れて行ってくれるのだ。確かにそれも、まとめるひとつのものさしと考えていいだろう！

リチャード・ヴェーリングは、モンローがフォーカス21～27と名づけた領域の探検者である。そこで彼はさまざまなコンタクトを体験し、きわめて興味深い情報を持ち帰る。ここに紹介されているのは、彼の探検と発見のごく一部にすぎない。

キャロル・セイビックはモンロー・トレーナーとしての体験のなかで出会った魔法について述べ、特に印象的なできごとを紹介する。リン・ロビンソンはこの「魔法」の別の側面、シンクロニシティを考察する。彼女はモンローが「ROTE《ロート》」と呼んだもの、つまり「ソートボール（思考の玉）」について説明する。彼女はこれを研究所でのコースのあいだに受け取り、なんとかほぐすことができた。

これはこの本のなかでも一番短い章だが、読者によっては、いちばん重要な意味を持つ章かもしれない。

# 影を取り戻すことによる癒し＝リチャード・ヴェーリングの仕事

ロナルド・ラッセル

フォーカス21として知られる状態、つまり意識の段階を体験することは、モンロー研究所でのコースに参加する人々にとって、長年、最高到達地点とされてきました。これは「いま・ここ」の端であり、空間と時間の制約が存在をやめる場所でした。わたしたちはいわば、自分たちに手の届く最高峰に登っていたのです。よく見ると、さらに高い峰があることに気づきましたが、それらの峰々は霧に覆われ、しかもわたしたちにはガイドもいなければ地図もなく、探検は不可能でした。

そこへ、1991年、ロバート・モンローが《ライフライン》プログラムを発表しました。こうして、必要な地図も手に入り、これまでと同じく、モンロー自身がガイド役を務めてくれることになったのです。指示は明確でした。モンローのあとについて、完全に生きてもいず、肉体的に死んでもいない人々が解放されるまでさまよっているフォーカス22の暗い土地を通り、迷子になった霊が救いを待つフォーカス23の混沌を抜け、フォーカス24から26の信念体系の領域を越えて、「公園」に入ります。これは無数の世代の思考や願望によって創られた想像上の領域で、そこではスピリチュアル・ヒーリングや安らぎ、知性、融和を誰でも手にすることができます。続く《エクスプロレーション27》と「ビヨンド27」（＊監訳者注＝フォーカス34／35を探索するプログラム。スターラインズの登場により役割を終えた）のプログラムは探検者を時空連続体からさらに遠くへ、「根源」

のさらに近くへと連れていきます。

チェスやバスケットボールをするとき、時刻表や道路地図を見るとき、あなたはまずルールや凡例を確かめるでしょう。しかし、意識のさらに遠い領域を探検する場合、ルールはありません。確かに、モンローの指示は役に立ちます。特に、フォーカス21を超える領域を初めて探検する人にとっては、頼りになる存在でした。それでも、実際には、探検者はただ、自分が見つけるものを見つけるだけだったのです。しかもそれは、見つかると思っていたものとはかぎりませんでした。たとえば、《ライフライン》の参加者は、フォーカス23で迷子になっている魂（あるいは存在、霊、本質）とコンタクトして、「公園」まで導くように指示されます。そこで、その魂の友人となり、必要なら助言を与えます。ところが、参加者のなかには、自分自身の失われた部分がフォーカス23で苦しんでいるのを見つけた人もいます。その人はそれを再び統合して、完全な自分になることができたのでした。

モンローに言わせれば、それでいいのです。何が起こるのでしょうとか、何を発見するのでしょうとか訊く人には、どんなフォーカス・レベルについても、彼の答えは同じでした。「行って調べなさい。そして何を見つけたか、来て教えてください」。というわけで、フォーカス27とその向こうへの旅から戻った人たち――こうしたプログラムに参加したほとんどすべての人がそれに当たりますが――の報告が豊富にあり、その内容はさまざまです。その1例をモンローの最後の著書である『Ultimate Journey』（邦訳は『究極の旅』日本教文社刊）に見ることができます。

リチャード・ヴェーリングは、フォーカス27までの意識の領域の研究に近年多くの時間を費やした探検者の1人です。彼は工学の学位2つと行政学の博士号を持ち、スタンフォード研究所の上級経営コンサルタントを務めました。ここは遠隔視などの超常現象を研究しています。モンロー研究所でいくつかのプログラムを受けたあと、リチャードは感銘のあまり、関心の方向を変えました。彼は、彼が「〝影〟を構成する小さな人々」と表現したものについて、ある発見をしています。これを説明するため、彼はケン・ウィルバーを引用しています。

影は個人的な無意識、一連の「感情に彩られたコンプレックス」である。これらのコンプレックスは、低級なレベル——とりわけ情緒的・性的レベルによって「汚染される」心象や概念であり、したがって、さまざまな理由から、エゴ・精神という高次の構造にとって脅威と感じられる。したがってコンプレックスは意識から切り離される（影となる）が、このプロセスは同時に自己概念（エゴ）を歪め、その結果、その個人はにせの、あるいは不正確な自己イメージ（ペルソナ）を持つことになる。もしペルソナと影が再結合できれば、完全なエゴという高次の統合体を確立することができる。

（『Eye to Eye: The Quest for the New Paradigm』より）

リチャードは調査のためにある手順を考案しました。彼は、手助けを依頼してきた個人（被験者）とともに、あるいは、その個人のために、または、手助けを必要としている人のために、仕事をします。代表的な手順では、まず、被験者の「ハイアーセルフ（高次の自己）」に向けてセッションを行います。このワークが使われるのは時空連続体の外側でのことなのですが、適切なときに使われるという理解の下に行なわれます。彼は、自分たちがヘミシンクを用いて高い意識状態へと移動するとき、被験者が「ヒッチハイカー」に気づくだろうと示唆します。ヒッチハイカーは彼らに加わりたがるかもしれません。こうしたヒッチハイカーは、過去の身体的あるいは情緒的トラウマの最中に被験者から分離した部分、つまり魂の断片なのです。そうした部分は普通、被験者が2～6歳のあいだ、またはティーンエイジャーのときに形成されます。それらは長いあいだ隠されてきた「影の部分」で、わたしたちはそれを恥じ、認めたがらないことが多いのです。どんな年齢にも起こりうる事故あるいは深刻な情緒的・身体的トラウマから生じる場合もあります。

フォーカス27で、彼らは「ヒーリング・センター」へ、とりわけリチャードが「光と色彩の殿堂」と呼ぶ領域へと移動します。そこでは、神聖なエネルギーが利用でき、それを使って、分離していた部分を被験者のエネルギー体に融合させ、戻します。さらにヒーリング・エネルギーを利用して、このエネルギー体を活性化することができます。リチャードによれば、ヒーリング・センターではヘルパーあるいは案内係が利用できるそうです。こうした者たちはしばしば、被験者の信念体系と関連があります――たとえば聖書の有名な人物だったりするわけです。その他の者たちも、被験者のカルマのレッスンや人間関係、人生設計などを、被験者の高次の自己と相談しながら、助けます。

次に、被験者の状況が明確にされ、評価されます。被験者を「許しの殿堂」に連れて行くことが必要な場合もあります。そこでは、非常に感情的な体験を処理し、エネルギーを解放します。被験者のエネルギー体を部分的に再建することが必要な場合もあります。

さまざまな手順が完了すると、被験者は3つの行動のなかから1つを選べます。いまの体にとどまって、いまの人生を続けるか、「次の生」を迎えるための目標に取り組み、いまの人生を続けるか、いまの肉体の死へと移行するか、のどれかです。次に、通常の意識に戻る前に、被験者は助けてくれたすべての人に感謝の気持ちを伝え、もう肉体的には生きていない最愛の人たちとしばらく過ごします。

これが、リチャードの活動の一例です。そうした「高次の」フォーカス・レベルでの体験は、いつも言葉で表現できるとはかぎりません。ここに描写したことの多くは、文字どおりの説明というより、たとえと考えていただいたほうがいいでしょう。《ライフライン》を終えた人の多くがそのままモンローの指示に沿った活動を続け、移行に困難を抱えている人たちの魂の救助にたずさわっています。こうした助けを提供するための独自のやり方を編み出している人もいれば、同じ目標を目指してグループで活動することを選ぶ人もいます。フォーカス27という概念を紹介してくれたことに対してロバート・モンローに感謝を捧げることに、全員が同意することでしょう——そして全員が、死は終わりではないということに同意するでしょう。

## マジカル・ミックス

キャロル・セイビック

ヘミシンク・プログラムのトレーナーというのは、滞在型のコースでも週末のアウトリーチ・コースでも、長時間のとてもきつい仕事です。地に足がついている必要があるだけでなく、セッションの流れに乗る必要もあります。感情的な大混乱や、言葉のわからない外国人参加者への対応を迫られることもしょっちゅうですし、母親の代役を務めたり（ママがしたことやしてくれなかったことで責められたり）、ルームメイトとのトラブルからテレフォン・カード、食べ物の好き嫌い、果てはヨーガのクンダリニー体験まで、ありとあらゆる問題につきあわされたり……。

本当に疲れます。でも、なんてたくさんの喜びや満足、楽しみが、ぎゅっと詰まっていることでしょう！　いつも気づかされるのは、すべては完璧だということ、そして、研究所も、トレーナーも、参加者も、ストーリー全体を知っているわけでも計画できるわけでもないということです。なぜか、別の次元にいるガイドやヘルパーたちが、わたしたち自身のハイアーセルフ（高次の自己）と共同で、すべてお膳立てしているような気がしてなりません。いつも、その時、その場にぴったりの顔ぶれが揃います。互いに学び、教え合って、その瞬間にそれぞれが必要としている内面を見つめる仕事をするための、完璧なグループができるのです。

顔を合わせたとき、多くの参加者が、すでにお互いを知っていると確信します。同じスピリチュアルなグループの一部だからかもしれません。ロバート・モンローなら「I/There（向こう側の自分）」

と言っただろうグループです。これをあざやかに示すできごとが、思い出されます。翌日の土曜日に始まるライフライン・プログラムのトレーナーをすることになっていたわたしは、地元のとある簡易ホテルで、のんびりおいしいディナーを食べようと、テレビを見ながら待っていました。するとそこに、３人連れが入ってきました。女性がひとり（リンダと呼ぶことにしましょう）、その両脇に男性がひとりずつです。わたしが顔をあげてあいさつしようとすると、リンダの顔に驚きとも懸念とも、あきれた表情ともつかないものが浮かぶのが見えました。彼女はすぐにくるりと身をひるがえし、男性２人を連れて出て行ってしまいました。

　いったい、どうしたのでしょう。スピリチュアルなコースの前にテレビを見るなんてよくないと思ったのでしょうか。それともわたしのデオドラントのつけ方が不十分だったのでしょうか。ディナーの長いテーブルに着くことになったとき、彼らは、わたしがどこに座るかを見ていて、その反対側の端に座りました。こうしたことがあったからといって、わたしはそれほど気にはしていませんでした。たぶん、翌日始まるプログラムのどれかに参加する人たちなのだろうと思ったからです。プログラムの前におかしな精神状態になるのは、珍しいことではありません。思うにそれは、心の奥深く、わたしたちの一部が、これまでとはちがう人間になって帰るのだということを、知っているからなのです。どんな人も、本当は変化が好きではありません。どんな変化になるものやら、まったくわからないときては、なおさらです。

　翌日になると、その３人はわたしがトレーナーを務めるプログラムの参加者だとわかりました。といっても、奇妙な振舞いの謎が解けたわけではありません。彼らが来ているのを見てわたしはびっくりしましたが、わたしがトレーナーだとわかったときの彼らの驚きは、わたし以上だったにちがいありません。初日はすべて滞りなく終わり、ディナーのときのことには誰も触れませんでした。3人は米国の別々の地域から来ていて、ほかの幾人かともども、以前のプログラムで知り合い、今回再会したのでした。

火曜日になると、昼食のときにリンダが隣に座って、あなたのことが少しわかってきたので、あるふしぎなできごとを打ち明けたいと切りだしました。彼女と友人は6月のライフラインに申し込んでいたのに、リンダが数カ月前に見た夢のせいで、8月のこのコースに来ることにしたらしいのです。ある女の人が夢に現れて、とてもはっきりと、しかも聞きまちがえようのない言葉で、彼女と友人は6月のプログラムには行かず、「グループ全員」が集まれるときまで、もう少し待つことになっていると告げたのだそうです。自分たち3人はもう揃っているのに、いったいどういう意味だろうと、彼女はキツネにつままれたような気持ちでした。それでも、とてもはっきりしたメッセージだったし、3人のうち1人は8月のほうがつごうがよかったので、予約の日付を夏の終わりに変更することにしました。

彼らはプログラムの前日に到着しました。そして最初に目にしたのが、夢に出てきた女性――わたし――だったというわけです。顔もそのままなら、来ている服もまったく同じでした。リンダはわたしを一目見るなり、驚きのあまり連れの2人をぎゅっと掴んで、こう言いました。「あれは夢に出てきた女の人よ！　待つようにって言った人！　こんなところで、いったい何してるのかしら？」

3人ともすっかり動転してしまったので、とっさに、わたしを避ける行動に出たわけです。でもいまは、グループ全員とともに数日過ごしたあとなので、リンダにも、何らかのプランが存在したようだと、わかってきたのでした。こうして集まった16人の参加者全員が、数日前には想像もできなかったようなやり方で、互いに助け合っているのです。偶然同じことを述べたり、テープを聴いている最中に同時発生的な体験をしたり、お互いのためのメッセージを受け取ったりと、まるで魔法のようなことが起きていました。古くて深い傷がいくつも、分かち合いや共同での創造と結びついた個人の内的な作業によって、癒されていきました。それは、全員にとって、とても神聖な空間でした。

この神聖な空間が、どのモンロー・プログラムでも、土台の役目を果たしているように思われます。この空間にいれば安全だと感じると、人々はふだんの生活ではやりたがらないことやできないことも、素直に受け入れます。共通の関心を持つ人のグループが集まれば、どんなグループでも、家にいるときよりは新しいことを受け入れやすいものですが、わたしたちにはもうひとつ、特別な要素、つまり技術があります。ヘミシンクはより深いところへの移動を促進します。自己の未知の領域での冒険に乗り出して、自分が本当は誰なのかを探り、見つけ出そうとするわたしたちに、支えを提供してくれます。もう役に立たなくなった古い恐れのパターンや感情を、手放すのを助けてくれます。内側からの真の変化のためのゲートを開ける、微妙で奥深いやり方に熟達しているのです。

少しずつ、ヘミシンクの音とそのプロセスはわたしたちを導きます。肉体と呼ばれる部分からどんどん離れて、自己の別の次元へ、さらにその向こうへと、連れていきます。安全に、そして確実に、わたしたちは導かれ、自分が本当は誰なのかを思い出します。時間を超えた存在を体験し、物理的な時空の現実からすでに移行してしまった人たちに自らを開き、言葉をかわすのです。わたしたちの信念の一部はその途中で脱落し、一部は「既知のもの」に転換されます。
わたしたちはこのプロセスを、次のように「エクス」のつく言葉で説明するのが好きです。

●知覚を拡大（エクスパンド）する
●トータル・セルフをもっと体験（エクスペリエンス）する
●エネルギー・システムを探求（エクスプロア）する
●新しいエネルギーで実験（エクスペリメント）する
●トータル・セルフをもっと表現（エクスプレス）する

グループとしてのエネルギーが、こうしたことすべてをいっそう容易にします。それに、このケースの夢の場合のように、特定の時に特定の個人が集まることとの重要性をはっきりと強調するような合図がいつもあるとはかぎらないにもかかわらず、どのグループもそれぞれ、本当に特別なのです。ほかの参加者たち、それにトレーナーが、もっと体験するようにと、励ましてくれます。さらに探究し、実験を進めるわたしたちに寄り添い、トータル・セルフについて初めてもっと表現しようとするときには、耳を傾けてくれるのです。

モンロー研究所のプログラムは、さまざまな内容が集まってできています。それぞれがちょうどいいぐらい混ざり合って、魔法のような体験をつくりだすのです。トッド・マスラクの研究によれば、この特別の混合物、マジカル・ミックスは、長期にわたる好ましい変化を数多くもたらします。自分の人生にもっと責任を感じるとか、自分をもっと受け入れられるようになるとか、いまをもっと大事に生きるといった変化です。人類全体に愛しさと役に立ちたいという思いを抱いたり、進んでリスクを引き受けようとしたり、直感にしたがってもっと自然に行動したりということもあります。そして忘れてはならないのが、自分は肉体を超える存在であると〝知る〟ようになるという変化です。

念のためにつけ加えておきますが、トレーナーだからといって、わたしたちは皆さんを夢の中で訪問して回るようなことはしていません。もちろんわたしも、今回の夢のことはまったく知りませんでしたし、リンダのことも、プログラムが始まるまで知りませんでした。それにしても妙なのは、3月に夢に出てきたときの服だと、リンダがあれほどはっきり覚えていたわたしの服が、ディナーの前日に買ったものだったことです。彼女の夢の5カ月もあとのことなのです。魔法のようなこと、わたしたちの知らないこと、意識について探求すべきことは、まだたくさんあります。では、どこへ行ったら、そのような探求ができるのでしょう？　最近のある参加者は、こう言っています。「モンロー研究所は、こうしたことができる世界で唯一の場所です」。

# シンクロニシティとソートボールの交差点

リン・B・ロビンソン（博士）

*リンはマーケティングの名誉教授、コンサルタント、著述家であり、何よりもまず、妻、母、そして祖母である。*

フローのなかで生きていると、ものごとが順序正しく起こって、わくわくさせられることがあります。あるできごとが別のできごとにつながり、そこに自分を前進させるパターンがあることに気づいて、畏敬の念に打たれるのです。わたしがここでお話ししたいのはそのこと、つまり、モンロー研究所がどのようにわたしの人生に入ってきて、そこに織り込まれることになったかということです。日付はぴったり正確ではないかもしれませんが、それほどずれてはいないはずです。いろいろなできごとが独自の順序とタイミングで起こり、まるで、ある大きなパターンにしたがっているかのようでした。

１９９０年にわたしは大学を辞めましたが、そこでは教授として学科長を務め、ビジネス学部の大学院生の研究を指導していました。この退職はわたしの長期人生設計の一部ではなかったのですが、どうしてもそうしなければならないと感じたのです。自宅オフィスで、コンサルタントの仕事を始めることにしました。

そのころ、多国籍巨大化学企業の役員をしている友人から、ニューヨーク本社で使っていたプロファイリング法のことを聞きました。彼はその方法の名称は覚えていなかったのですが、「リン、君の得意分野じゃないかな。きっと気に入るよ」と言ったのです。そして、そのアプローチ法と、内容の一部を説明してくれました。

その後間もなく、ある本を読んでいると、ひとつの章が「ハーマン脳優勢度調査」にあてられていました。これこそ、友人の説明してくれたシステムであることに疑いの余地はありませんでした。わたしはすぐにネッド・ハーマンの『The Creative Brain（創造的な脳）』のハードカバー版を注文して、サービスで付いていたプロファイリング調査用紙に記入してみました。そして1992年のはじめ、わたしはノースカロライナ州レイクルアにあるハーマン本部にいました。この調査法を使うための認定コースに申し込んだのです。無事認定を受けると、わたしの会社、ルミニフェラスは、この「ハーマン脳優勢度調査」略してHBDIの使用を認められました。いまは「思考スタイルアセスメント」と呼ばれています。

ネッド・ハーマンと仕事をするなかで、あるとき彼が、モンロー研究所の施設を使って自分が行っているワークショップのことに言及しました。そこの環境や立地、独特の生活様式などが、彼の創造性訓練セミナーにとても役に立っているというのです。わたしはそれを聞いてすっかり興味をひかれ、TMIプログラムの情報を求める手紙を出しました。結局、その情報は、生活と仕事が許すときにじっくり読もうということで、ファイリング・キャビネットにしまいこまれました。本当に行ってみたかったのですが、タイミングが悪かったのです。

やがて下の子がカレッジを卒業しました。わたしは学術書でない本を書くことを考え始め、卒業単位とは関係のない文芸教室を受講することにしました。ビジネスのコンサルタントは続けていました。そのクライアントのひとりから、ある本を読んでほしいと言われたのですが、あいにく、移動公共図書館にも、地元の大学にもない本でした。図書館リクエストサービスを通じて1冊注文してもらうことができ、受け取りに行くと、貸し出しデスクの近くに新着図書が陳列してありました。色鮮やかなぴかぴかの表紙をさっと眺めていると、なんと、棚の一番上からわたしの手に、1冊の本が落ちてきたのです。それは、ロバート・モンローの『Ultimate Journey』（邦訳は『究極の旅』日本教文社刊）でした。

何年も前にも、似たようなことがありました。スコットランドのフィンドホーンに関する本が、やはり手の中に落ちてきたのです。そこはふしぎな場所で、のちにわたしも行ってみました。そうしたことがあったうえ、ほかにも、本のほうからわたしに存在を主張するという、似たような体験をしていたので、『Ultimate Journey』を借りて帰らなければならないのだとわかりました。モンローは死後の存在や、肉体を離れたわたしたちがどこへ行くかについて語っていました。わたしはますます、研究所でのプログラムに参加したいと思うようになりました。ライフライン・プログラムを受けられると知って、いっそうその気持ちが強まりました。ライフラインはわたしの生来の傾向にもっと規律正しく取り組む方法を提供してくれるだろうし、わたしは、開発中の自分のスキルをライフラインの目標達成のために提供できるだろうと思いました。わたしはそうした可能性にわくわくしました。

このころには、わたしの本の執筆もだいぶ進んで、完成をめざしてがんばっていました。けれども、5章となるはずの章がなかなか終わりません。その章にわたしは、もう肉体を持たない人々と意思疎通をした自分の個人的体験を、ありのままに書いているところでした。これまでは、自分の「霊的な隠れ場所」からそんなに遠くまで出て行くことに抵抗し、職業上の評判を守らなければと思っていました。けれども、わたしがそうした体験を受け入れるまでは、本は完成しなかったのです。1994年の7月か8月、わたしは校正原稿を出版社に返しました。本はわたしの手を離れたのです。

まるで、本の完成がわたしとモンロー研究所のあいだの障害をすべて取り除いたかのように、1994年11月、わたしはゲートウェイ・ヴォエッジ・プログラムに参加しました。翌月にはライフライン・プログラム、そして1995年8月にはエクスプロレーション27に参加しました。

こうしたプログラムのひとつで、「ソートボール（思考の玉）」をつかまえるというボブの考え方が、話し合いのテーマになりました。わたしが理解したところによれば、ソートボールというのは、個人の意識に入ってくる完全な形にできあがった概念で、あまりに完璧な知識なので、それを共有するには、ほぐして、芯が出てくるまで巻き戻さなければなりません。別の言い方をすれば、ソートボールがあなたの知的・感覚的処理機構に吸収されると、膨張して、すべてを一度に把握するには大きくなりすぎるのです。『Ultimate Journey』でモンローはこう言っています。「わたしは巨大なエネルギーのうねり、きわめて周波数の高い、とほうもなく強力なバイブレーションに満たされ、ほとんど圧倒された。これは、わたしが『関連づけられ秩序を与えられた思考エネルギー』（Related Organized Thought Energy）、略して『ロート』（ROTE）として知っているもの、つまり濃縮された思考やアイディアからなる一種の玉だった」

その意味するところを、わたしは正確に知っていると感じました。わたしの仕事でも、プログラムやスピーチなどを形づくる、知的、概念的な完全な構築物を受け取ることがありました。そうした構築物は成熟しきったアイディアとして訪れ、わたしの脳にいきなり侵入するのです。それでも、1996年10月に出くわした大きなソートボールには、不意をつかれました。

わたしはふたたび、仕事とは関係のなさそうな学習行事に参加していました。オレゴン州ウィルソンヴィルにあるリビング・エンリッチメント・センターで、「Society for the Universal Human（普遍的人間協会）」の第1回の会合に出席していたのです。メアリ・マニン・モリシー、ジョアン・ボリセンコ、レオ・ブース、キャスリンならびにガイ・ヘンドリックス、ゲアリー・ズーカフ、ジーン・ヒューストン、バーバラ・マークス‐ハバードといった人々が、共通のヴィジョンの誕生に力を合わせていました。驚異的な産みのエネルギーにもみくちゃにされたわたしは、ときおり抜けだしては、瞑想して息抜きをしました。ほとんどの人がそうしていたようです。そうした休憩中のことだったか、それとも、ある朝早く、眠りから抜けだそうとしていたシータ・タイムの最中だったかもしれません。ソートボールが、完全に出来上がった形で、わたしの意識にやってきたのです。

すぐに、わたしは紙とペンに手を伸ばして、その核心部分をできるだけ書きとめようとしました。解きほぐしは、ジーン・ヒューストンがプレゼンテーションで用いていたパターンに沿って進めました。ボブ・モンローからの予備知識とジーン・ヒューストンの全体論的な構造化がなかったら、多くは失われてしまったことでしょう。ひょっとすると何も残らなかったかもしれません。完全な形でやってきたものの複雑さあるいは巨大さに気づくことができず、書きとめることもできなかったでしょう。

以下に示すのが、1996年10月に解きほぐされたソートボールです。かいつまんで言うと、こうなります。「年長者のなかの幼児、幼児のなかの年長者、それらはすべて、ひとつのものの一部である」

**◆レベル1＝人の年代記◆**

年齢を重ねるとき、わたしたちは新生児の抱く驚異の念と知的好奇心を身につけたまま、生存を追求し続けます。生まれるとき、わたしたちは創造者の知識あるいは創造的な知識と細胞記憶とともに、自分という人間のなかに入り、自然に生存を追求し始めます。幼児と非常な高齢者はともに、身体的能力が小さく、他者に大きく依存しています。どちらの状態にも、わたしたちすべてが敬意を払い、認めることを学ぶべき知恵があります。とりわけ、幼児のなかにいる老人の知恵を尊重すべきです。それができるようになれば、年齢にかかわりなく、あらゆる生きとし生けるものを、もっと正しく理解できるようになるでしょう。

**◆レベル2＝自然の序列◆**

ユダヤ教とキリスト教に根差した西洋の伝統では、人間を年長者として一段上の位置に置きます。鉱物や植物、動物よりも、高貴で、経験豊富で、より進化しているというわけです。わたしたちは、年長者である自分のなかにある幼児性を無視してしまっています。つまり、幼児あるいは未発達のものとして分類した生命形態に自分たちが依存していることを、無視しているのです。同時に、そうした「劣った」生命形態という幼児のなかにいる年長者への敬意も忘れています。それらの内部指向、単純で優美なデザイン、わたしたちという「年長者」の生存への貢献に、敬意を払うことを忘れているのです。

**◆レベル3＝社会と文化◆**

わたしたちの文化では、一段上の位置にいるのは伝統的に男性、白人、教育のある者、都市に住む者、財産のある者となっています。彼らは名誉ある年長者の役割を引き受け、社会的幼児（年長者の特徴を持たないあらゆる人あるいはもの）のなかにいる年長者の貢献を無視しています。幼児として分類されたそうした人々のなかにいる年長者を敬わないことが原因で、不均衡や歪み、不調和が生まれ、創造されたパターンが本来持っている一体性《ワンネス》が達成できなくなっています。

**◆レベル4＝原型と神話◆**

わたしたちの文化を支えている偉大な物語は、神や女神（幼児）と超神（年長者）の序列、天使と大天使の序列の物語です。ほかの文化にもそれぞれの偉大な物語がありますが、それらは生命の輪廻や、時間と空間の織物について……つまり一体性についての物語です。わたしたちの文化でいちばんよくお目にかかるのは、原因と結果を強調した物語です。終わりのない時や、まるで漂う朝霧のような存在である人間については、たまにしか触れません。朝霧は野原に露を結び、上昇し集まって雲となり、やがて雨となって降ります。それらはひとつなのです。人間も、霧や露、雲、雨のようにすべてひとつ《ワン》であり、生命の物語と丸い織物のなかのひとつの要素なのです。

**◆レベル5＝神秘的なものと霊的なもの◆**

無限大の記号を思い浮かべてください。交差する点は「飛躍の時」です。その交差点で、年長者は幼児に移行しますが、その幼児はぐるりと回って、年長者へと戻ります。交差点ではこの移行が連続して起こっており、移行は時間と空間の内側と外側に存在します。交差点では、この移行の多様性が、多様な感覚での気づきを持つ人々にだけ、知覚でき、利用できます。交差点では、創造がそれ自身を体験するために手を差し伸べ、中心を通ってその知識を持ち帰ります。次いで、再び手を差し伸べますが、ただ、中心を通って自分自身に戻るだけに終わります。こうして、その知識はみな、互いを知り、最初のものも最後のものも、幼児も年長者も、ひとつ《ワン》に折り畳まれるのです。幼児のなかの年長者、年長者のなかの幼児、それらはひとつ《ワン》なのです。

　こうしたことの持つ意味は、時と共に広がってきました。わたしは、この知識を役立てるにはどうしたらいいか、考えました。幼児や子供たちの知恵に敬意を払うプログラムが、形を取り始めました。わたしは商業活動の場を使うことにしました。７歳と８歳の子供たちがマネジャーの「コンサルタント」となり、管理上の変化をもたらす触媒となるのです。１９９８年5月に試験的なプログラムが完成しました。本も形になり始め、いまも進行中です。家族や社会や文化に波及効果が現れています。ソートボールの意味は成長を続けています。拡大が続き、継続的な仕事となって現れています。

　シンクロニシティも続いています。もしまた別の交差点が現れたとしても、わたしは驚かないでしょう。モンロー研究所の専門委員会の会合で、この本の編集者の人たちと会ったのも、ひとつの交差点にちがいありません。わたしの願いは、読者の皆さんがそれぞれ、シンクロニシティとわたしが受け取ったソートボールとの交差点を見つけてくださること、皆さん自身の人生と仕事において、そのソートボールのメッセージに意味をもたらしてくださることです。もしそれが実現すれば、わたしにはあのソートボールを受け取る資格があった、そして、ボブ・モンローとジーン・ヒューストンという2人の先達が、わたしにその準備をさせてくれていたということになるでしょう。

　もし皆さんがその意味に基づいて行動し、そのことをわたしやほかの人たちと共有することを選ぶなら、肉体を持たずに存在している人々は、わたしたちと一緒に仕事をすることを、繰り返し、光栄に思うことでしょう。肉体のなかにいる自分と、肉体を持たない人々と協調する自分とが、「交差点で」一緒になって「ひとつの統一体」となるでしょう。その交差点では、創造がそれ自身を体験するために手を差し伸べ、その中心を通ってその知識を持ち帰ります。そして再び手を差し伸べますが、その中心を通って自分自身を連れ戻すだけに終わります。こうして、その知識のすべてがお互いを知り、最初の者も最後の者も、幼児も年長者も、ひとつ《ワン》に折り畳まれるのです。

　こうしたわたしの思いに少しでも関心を持っていただければ、さいわいです。

# 第13章　ヘミシンクを自発的に学ぼう

内なる自己にアクセスする補助手段としてヘミシンクを利用したい人のために、さまざまな目標達成を助けることを目指す家庭学習プログラムのシリーズが、たくさん開発されています。体や心の病気の回復を早めることから、自己啓発が効果的に行われる意識領域に容易に到達することまで、実にさまざまな目標に対応したものがあります。

## ヘミシンクCD（アルバム）

**『ゲートウェイ・エクスペリエンス』**

モンロー研究所の6日間の滞在型プログラムである**《ゲートウェイ・ヴォエッジ》**に参加するため、世界中から人々がやってきます。この有名なプログラムをもとに、自宅で使用するための6枚のアルバムからなるシリーズが作られました。それぞれのアルバム、すなわち「ウェーブ」は、より大きな自己を探求する過程で航海することを学ぶ自然エネルギーの波を表します。参加者のスキルが徐々に高まるにつれ、知覚の拡大した深遠な体験へと導かれます。

各**「ウェーブ」**のタイトルが、それぞれが担うステップを端的に表しています。参加者はそのステップにしたがって、自己に対する知識を深め、個人的な潜在能力をより深く体験していきます。順に使うことで、その前の「ウェーブ」で学んだツールやテクニックを足掛かりにできるようになっています。進むペースは個人の自由に任されており、時間の制限はありません。

「ウェーブ」のタイトルは、**「ディスカバリー」「スレッショルド」「フリーダム」「アドベンチャー」「エクスプロアリング」「オデッセイ」**となっており、それぞれ6つのエクササイズを含んでいます。

**『ゴーイング・ホーム』**

これは、ロバート・モンロー、エリザベス・キューブラー・ロス医学博士、チャールズ・タート博士の画期的な共同作業の賜物です。この著名な著述家や研究者が協力して、末期疾患に伴ういろいろな困難に対処する患者とその介護者を手助けするためのエクササイズからなるシリーズを開発したのです。エクササイズは、死を恐れる必要がないことを理解する機会となり、いまという時を最大限に味わう生き方を体験する方法を提供します。

このシリーズは、カセット6本のアルバム2つからなっています。1つは患者のため、もう1つは、家族であれ、介護者やプロのホスピス職員であれ、患者を支える人のためのものです（＊監訳者注＝日本語版は患者用のみで、CD7枚からなる）。

**『オープニング・ザ・ハート』**

研究所の滞在型のハートライン・プログラムから生まれたシリーズで、人生とはかの人々にもっと愛情を込めて向き合うスキルを身につけることを目指します。無償の愛は、わたしたちの忙しい世界ではたいへん実現の困難なもののひとつです。このシリーズは、そうした世界に生きるわたしたちをサポートするため、お互いに関係を築く能力の邪魔になる障害や偏見を解き放つ手助けをしてくれるエクササイズを含んでいます。

**『ルーシッド・ドリーミング（明晰夢）』**

4つのエクササイズからなるこのシリーズの目標は、夜見る夢のサイクルに意識的に参加し、その夢をいっそう完璧に思い出すことです。夢はわたしたちに強力な個人的メッセージをもたらしますが、それはいつも簡単に理解できるとはかぎりません。心の言葉は象徴化されており、その象徴を読み解いて現実の生活にあてはめるのは骨の折れる仕事です。知覚が拡大した状態からの視点を使えば、象徴の領域をもっと容易に探究し、読み解くことができます。

**『オープニング・ザ・ウェイ』**

新しい命を無事にこの世に送り出すという重大な責任を手助けするための、実際的なシリーズです。出産のための身体的な準備はもちろん、新しく親になる人たちの感情面の調整にも対処しています。エクササイズには、産褥期や授乳中の支えになるツールも含まれています。

**『プログレッシブ・アクセレレイテッド・ラーニング（PAL）』**

学習や職務遂行スキルを最大限に発揮するための強力なエクササイズを提供するようにデザインされており、学習の場はもちろん、職場でも役に立ちます。エクササイズは、情報を記憶に収めたり、情報を即座に思い出したり、手元の課題に全注意を傾けたりするのに必要なツールを提供します。注意や学習上の障害のある人に特に役立ちます。

**『PALスチューデント』**・シリーズには4つのエクササイズ、それをさらに拡大した**『PALエグゼクティヴ』**・パッケージには6つのエクササイズが含まれています。エクササイズは個別に購入することもできます。

**『ポジティヴ・イミュニティ』・プログラム**

心と体のつながりを強化するこのシリーズは、免疫機能障害の人だけでなく、健全な免疫防御力をさらに高めたい人にも役立つようにデザインされています。心身が連携してはたらく際のパワーと、罹患している病気への抵抗と治癒に果たすその役割は、いまでは科学的に認められています。

医師や研究者によって、前向きな感情が肉体の健康にとって重要であることが確認されているのです。このシリーズはそうした前向きな効果の支援を目指します。

**『サポート・フォー・ストローク・リカバリ』**

前述のように体がみずからの治癒過程に関与する能力を利用するこのシリーズは、失われた運動および言語能力を取り戻すためのツールを患者に提供します。頭部外傷から回復中の患者に対する使用も医師が勧めています。外傷によって、脳卒中で障害を受けるのと同じ領域が損なわれ、言語や運動の能力が一部分または完全に失われることがしばしばあるのです。理学療法や自宅での継続療法の補助手段として、ストローク・リカバリ・エクササイズは治癒過程を支援します。

**『サージカル・サポート』・シリーズ**

タイトルが示すように、この製品は待機手術や緊急手術のために入院する前や入院中に使うものです。これまでの経験では、医師は、手術中にヘッドフォンでエクササイズを聴きたいという患者の頼みを快くきいてくれます。このシリーズには、体を手術に備えさせたり、処置がうまくいくように手術スタッフに協力したり、手術後に麻酔の影響からすばやく回復したりするためのエクササイズが含まれています。特に重視されているのはリラクゼーション・エクササイズで、手術後に完全な動きや活動を再開するための積極的な働きかけにも力を入れています。

**『キャンサー・サポート』シリーズ**

このシリーズは心身のつながりの強化と、免疫系を活性化させる内的な力へのアクセスを助けるために開発されました。化学療法や放射線治療を受けている人のためのエクササイズが含まれます。タイトルは、**「キモセラピー・コンパニオン」「ジャーニー・スルー・ザ・Tセルズ」「ラディエーション・コンパニオン」「スリーピング・スルー・ザ・レイン」**の4つです。

## ヘミシンクCD（シングル）

3つのグループに分かれています。

**【マインド・フード】**

このグループには音声ガイダンスを含むエクササイズがいくつかあり、カバーする範囲は、疼痛管理、エネルギー生成、リラクゼーション、瞑想、睡眠と、多岐にわたります。リラクゼーションと睡眠のための音声ガイダンスなしのエクササイズもあります。

**【ヒューマン・プラス】**

音声ガイダンスと合図（機能コマンド）のある同じような構成の36のエクササイズがあり、希望する効果を必要なときに再現できるようにしてくれます。さまざまな目的に合わせたものがあります。

**【メタミュージック】**

メタミュージックは、精選された音楽にオーディオシグナルを埋め込んで組み合わせたものです。瞑想やリラクゼーションを容易にしたり、睡眠を促したりするために、非常に遅い周波数を混ぜ合わせたものを組み入れて、過剰な精神活動を抑えるようにした多くのタイトルがあります。ほかに、注意の集中を促すためにおもにベータ周波数を用いたものもあります。

日本でのヘミシンクCD購入については左記までお問い合わせください。

株式会社アクアヴィジョン・アカデミー
千葉県成田市津富浦1228-3
ウェブサイト　www.aqu-aca.com
電話　0476-73-4114　Fax 0476-73-4173　メール reg@aqu-aca.com

株式会社ハート出版
東京都豊島区池袋3-9-23
ウェブサイト　www.810.co.jp
電話　03-3590-6077　Fax 03-3590-6078

# モンロー研究所提供の滞在型プログラム

以下の滞在型プログラムには、ゲートウェイ・ヴォエッジの終了者だけが参加できます。

**《ゲートウェイ・ヴォエッジ》**

この国際的に有名なプログラムは、自己発見、意識の発達と探求、知覚の拡大を可能にするためのツールを提供するようにデザインされています。

**《ガイドラインズ》**

このプログラムは、自己認識とのコミュニケーションをより広範囲に確立するための学習法を提供し、通常は認知できないような全体像を見せてくれます。

**《ライフライン》**

ゲートウェイやガイドラインズで探求した意識の状態を超える状態でのトレーニングを提供します。参加者は、物質的な現実からすでに移行している人々や、前進するための手伝いを必要としている人々との接触の仕方を学びます。

**《エクスプロレーション27》**

地図のない非物質的な領域を集中的に調査する方法を提供します。参加者は、この異なる生存状態に関連した情報を得るとともに、直接、個人的に体験することができます。ライフラインの終了者だけが参加できる、先駆的かつ最先端の探求をする1週間のコースです。

**《ハートライン》**

日常生活において愛の表現を妨げる障害を取り除くための新しい方法だけでなく、自己のより深いレベルを探求する手順も提供します。左脳、すなわち理性的な自己に、心が感じるつながりを受け入れ、認め、歓迎して、バランスを取り戻すようにと促すのです。

**《その他のプログラム》**

研究所では、ここに詳しく述べたほかにも、終了者向けの滞在型プログラムを提供しており、絶えず新しいプログラムがデザインされ、実用に供されています。これらのプログラムについての情報は、ＴＭＩのウェブサイトでご覧になれます。フランス語やスペイン語のプログラムについての情報も掲載しています。

株式会社アクアヴィジョン・アカデミーでは、モンロー研究所公認ヘミシンク・プログラムを日本語で開催しています。詳しくは左記へお問い合わせください。

株式会社アクアヴィジョン・アカデミー
千葉県成田市津富浦１２２８-３
ウェブサイト　www.aqu-aca.com
セミナー案内　電話　03-3267-6006　Fax 03-3267-6013　メール hemi@aqu-aca.com

**【注記】**

※ヘミシンク製品の多くは、健康増進に役立ちますが、医療診断や治療の代わりになるわけではありません。Hemi-Sync®は、車の運転中や重機の操作中に使用しないでください。また、脳波に影響する他の機器との併用を避けてください。発作、聴覚障害、精神障害の傾向がある方は、Hemi-Sync®をご使用になる前に必ず医師にご相談ください。思いがけずに身体的、または精神的な不快感を覚えたときは、直ちにご使用を中止してください。

## ◆参考文献◆


Atwater, H. Holmes. "Captain of My Ship, Master of My Soul" Charlottesville, VA; Hampton Road, 2002

Bache, Christopher. "Dark Night, Early Dawn" New York: SUNY, 2000

Campbell, Don. "The Mozart Effect" New York: Avon Books, 1997

Carter, Gari. "Healing Myself" Charlottesville, VA; Hampton Road,1993

Coren, Stanley. "Sleep Thieves" New York: Simon & Schuster, 1996（邦訳「睡眠不足は危険がいっぱい」文藝春秋社 1996年）

DeMarco, Frank. "Muddy Tracks" Charlottesville, VA; Hampton Road, 2001

Godwin, Malcolm. "The Lucid Dreamer" Shaftesbury, Dorset: Element, 1995; Charlottesville, VA; Hampton Road, 2001（邦訳「夢の劇場——明晰夢の世界」青土社 1997年）

Greenfield, Susan. "The Human Brain" London: Weidenfeld & Nicolson, 1997

Kbler-Ross,Elisabeth. "The Wheel of Life" New York: Simon & Schuster, 1997（邦訳「人生は廻る輪のように」角川書店 2003年）

Laberge, Stephen. "Lucid Dreaming" Los Angeles: Jeremy Tarcher, 1995（邦訳「明晰夢——夢見の技法」春秋社 2005年）

Lorimer, David, ed. "Thinking beyond the Brain" Edinburgh: Floris Books, 2001

———. "Wider Horizons" Leven: Scientific & Medical network, 1999

Martin, Paul. "Counting Sheep" London: Harper Collins, 2002

McKnight, Rosalind. "Cosmic Journeys" Charlottesville, VA; Hampton Road, 1999 (邦訳「宇宙への体外離脱—ロバート・モンローとの次元を超えた旅」太陽出版 2008年)

McMoneagle, Joseph. "Mind Trek" Charlottesville, VA; Hampton Road, 1993（邦訳「マインドトレック——遠隔透視の全貌」中央アート出版社 2006年）

———." The Ultimate Time Machine" Charlottesville, VA; Hampton Road, 1998（邦訳「ジョー・マクモニーグル 未来を透視する」ソフトバンククリエイティブ 2006年）

———." The Stargate Chronicles" Charlottesville, VA; Hampton Road, 2002

Monroe, Robert A. "Journeys Out of the Body" New York: Doubleday, 1972（邦訳「ロバート・モンロー「体外への旅」」ハート出版 2007年）

———." Far Journeys" New York: Doubleday, 1985（邦訳「魂の体外旅行」日本教文社 1990年）

———." Ultimate Journey" New York: Doubleday, 1994（邦訳「究極の旅」日本教文社 1995年）

Russell, Peter. "From Science to God" Novato: New World Library, 2003

Russell, Ronald. "The Vast Enquiring Soul" Charlottesville, VA; Hampton Road, 2000

Stockton, Bayard. "Catapult: The Biography of Robert A. Monroe" Norfolk, VA: Donning, 1988

Talbot, Michael. "The Holographic Universe" New York: Harper Collins, 1991（邦訳「投影された宇宙 ホログラフィック・ユニヴァースへの招待」春秋社 2005年）

Tart, Charles. "States of Consciousness" New York: Dutton, 1975

———." Open Mind, Discriminating Mind" New York: Harper Collins, 1989

———, ed. "Body Mind Spirit" Charlottesville, VA; Hampton Road, 1997

Velmans, Max. "Understanding Consciousness" London: Routledge, 2000

◆編著者◆
**ロナルド・ラッセル**（Ronald Russell）
英国生まれ。英国空軍で軍務に就いたのち、オックスフォード大を卒業。その後教職に就き、いくつかの大学で試験官や講師を務める。
現在、グラスゴー大学で人間の意識に関する講座を担当。モンロー研究所の顧問委員会および専門委員会のメンバー。
著書や編著書は英国および米国で15冊ほど出版されている。1993年に本書の先行版である「Using the Whole Brain」を編集している。

◆監訳者◆
**坂本 政道**（さかもと・まさみち）
モンロー研究所公認レジデンシャル・ファシリテーター
（株）アクアヴィジョン・アカデミー代表取締役
著書に「体外離脱体験」（たま出版）、「死後体験シリーズ１～４」、「絵で見る死後体験」「２０１２年目覚めよ地球人」「分裂する未来」「アセンションの鍵」「ピラミッド体験」「あなたもバシャールと交信できる」（以上ハート出版）、「超意識 あなたの願いを叶える力」（ダイヤモンド社）、「人は、はるか銀河を越えて」（講談社インターナショナル）、「体外離脱と死後体験の謎」（学研）、「楽園実現か天変地異か」「屋久島でヘミシンク」「地球のハートチャクラにつながる」（アメーバブックス新社）、「５次元世界の衝撃」（徳間書店）、「バシャール×坂本政道」（VOICE）など。最近刊は「宇宙のニューバイブレーション」（ヒカルランド）。
最新情報は監訳者のウェブサイト「体外離脱の世界」（http://www.geocities.jp/taidatu/）とアクアヴィジョン・アカデミーのウェブサイト（http://www.aqu-aca.com）に常時アップ。

◆訳者◆
**日向 やよい**（ひむかい・やよい）
東北大学医学部薬学科卒業。主な訳書に「殺菌過剰！」（原書房）、「新型殺人感染症」（ＮＨＫ出版）、「ボディマインド・シンフォニー」（日本教文社）、「異常気象は家庭から始まる」（日本教文社）、「類人猿を直立させた小さな骨」（東洋経済新報社）、などがある。

装幀：フロッグキングスタジオ
翻訳協力：株式会社トランネット　http://www.trannet.co.jp/

# 全脳革命

平成23年3月26日　第1刷発行

編著者　ロナルド・ラッセル
監訳者　坂本 政道
訳　者　日向 やよい
発行者　日高 裕明
発　行　株式会社ハート出版

〒171-0014 東京都豊島区池袋 3-9-23
TEL.03(3590)6077 FAX.03(3590)6078
ハート出版ホームページ　http://www.810.co.jp


ISBN 978-4-89295-681-2 C0011　　編集担当・西山　　乱丁・落丁本はお取り替えいたします。
印刷・中央精版印刷株式会社

# 坂本政道・DVD

## ＤＶＤ「ピラミッド体験」

本体４８００円

**バシャールが教えた**
**ピラミッド構造内で**
**ヘミシンク実験が始まった**

**著者は激しいめまいに襲われながらも**
**隠された数々の古代の英知を暴いていく**

２０１０年５月「ピラミッド体験」刊行記念講演会をＤＶＤ化。

「ピラミッド体験」の内容や、本では語られなかった内容を分かりやすく、図解・解説。

本では語られなかったピラミッド内での共鳴エネルギーの次元間移動についての仮説も収録されています。

坂本氏に聞きたかったことを直撃質問など、充実の63分！

【内容】
・「ピラミッド体験」概要
・アセンションとは
・フラクタル・アンテナ付きピラミッド内でのヘミシンク体験で得られた情報
・質疑応答

# 坂本政道の本

本体１５００円（「ピラミッド体験」除く）

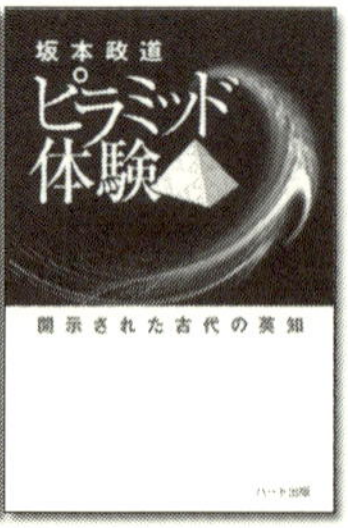


**ピラミッド体験**
バシャールが教えたピラミッド実験で古代の叡智が暴かれる!!
本体１８００円

**アセンションの鍵**
２０１２年とアセンションの大きな誤解バシャールとの交信が真実を明らかにする。

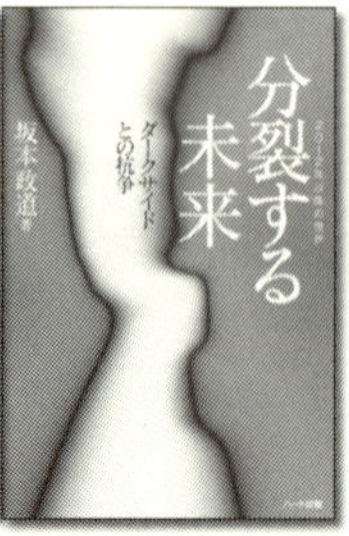


**分裂する未来**
バシャールとの「交信」で明らかになった「事実」。ポジティブとネガティブ、未来を選ぶのはあなた。

**２０１２年目覚めよ地球人**
２０１２年は一大チャンスだ。人類は「輪廻」から卒業する。

**死後体験**
日本人ハイテクエンジニアによる世界観が一転する驚異の体験報告。

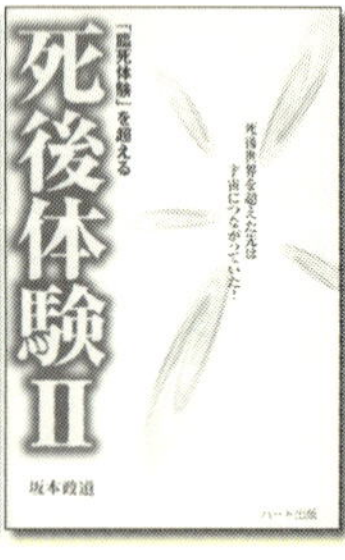


**死後体験Ⅱ**
死後世界を超えた先は宇宙につながっていた！本当に生きながら死後の世界が垣間見えるのか？

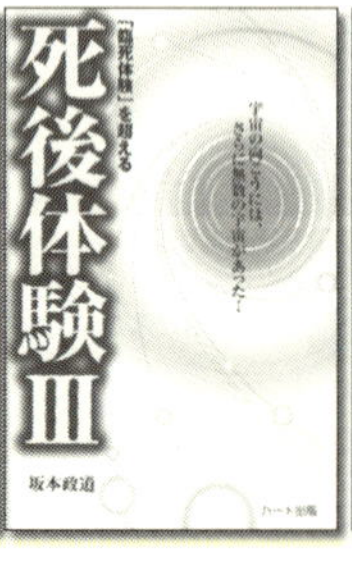


**死後体験Ⅲ**
意識の進化とは？近未来の人類とは？さらなる探求で見えた驚愕の世界。

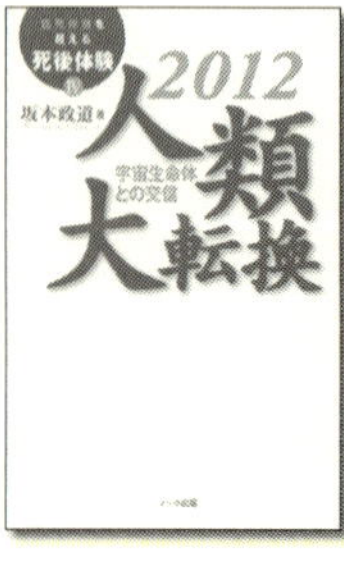


**２０１２人類大転換**
我々はどこから来たのか？死後世界から宇宙までの数々の謎が解き明かされる。

# 坂本政道・監訳シリーズ

死後探索1　未知への旅立ち

本体１５００円

死後探索2　魂の救出

本体１９５０円

死後探索3　純粋な無条件の愛

本体１８００円

死後探索4　人類大進化への旅

本体１９００円

死後探索マニュアル

本体２８００円

ブルース・モーエン：著
坂本政道：監訳
塩﨑麻彩子：訳

シリーズ１から始まった死後探索がついに完結。
モーエンが、いかなる変化を遂げていったのか。
我々は、モーエンの体験と変化を通して、
来るべき「人類進化の姿」を知ることになるのだ。

---

## ロバート・モンロー「体外への旅」

**ヘミシンクの発案者ロバート・モンローが体外離脱について著した古典的名著の初の全訳**

「死の瞬間」のキューブラー・ロス、「死後体験」の坂本政道、「死後探索」のブルース・モーエン、「FBI超能力捜査官」のジョー・マクモニーグルも通った米国モンロー研究所の創始者ロバート・モンローが最初に書いた衝撃の記録。

坂本政道：監訳
川上友子：翻訳

本体２０００円